剖析、辨析与明晰

——舆论及舆论学的解读思路

卢毅刚 编著

中国社会科学出版社

图书在版编目（CIP）数据

剖析、辨析与明晰：舆论及舆论学的解读思路／卢毅刚编著．—北京：中国社会科学出版社，2019.1

ISBN 978-7-5203-3727-4

Ⅰ.①剖… Ⅱ.①卢… Ⅲ.①舆论—作用—社会保障制度—研究—中国 Ⅳ.①C912.63②D632.1

中国版本图书馆 CIP 数据核字（2018）第 285453 号

出 版 人 赵剑英
责任编辑 孔继萍
责任校对 闫 萃
责任印制 李寡寡

出 版 中国社会科学出版社
社 址 北京鼓楼西大街甲 158 号
邮 编 100720
网 址 http://www.csspw.cn
发 行 部 010-84083685
门 市 部 010-84029450
经 销 新华书店及其他书店

印 刷 北京明恒达印务有限公司
装 订 廊坊市广阳区广增装订厂
版 次 2019 年 1 月第 1 版
印 次 2019 年 1 月第 1 次印刷

开 本 710×1000 1/16
印 张 15.75
插 页 2
字 数 251 千字
定 价 68.00 元

目　　录

第一章

从认识舆论到认知舆论学

现代生活中，“舆论”是人们耳熟能详的词语。作为一种常见但又复杂的社会现象，自人类诞生之日起，舆论就如影随形地伴随着历史进程的发展延续至今，遍布世界上的每一个角落。只不过，当时代的步伐进入21世纪、进入高科技和先进的文明社会时，人们对舆论的认知、理解和掌控都比前人有了更为系统性、更为理性和更为科学性的研究。沃尔特·李普曼在《公众舆论》中说：“当代意义最为重大的革命不是经济革命或是政治革命，而是一场在被统治者中制造同意的艺术的革命。”① 这种革命就是舆论所引发的强大社会作用力。在李普曼的眼中，舆论之重要性，不亚于影响一个国家正常运作与健康发展的物质条件。其实，自古以来，人们就已经非常重视舆论所起的作用，荀子“君者，舟也；庶人者，水也。水则载舟，水则覆舟”的论断，一语道破了权力机关不了解舆论，不尊重民意，在社会政治生活中，就无法从事国家统治和管理工作，也无从认识民众各种变化的心态和社会中汹涌的暗流。

那么，到底什么是“舆论”？“舆论学”又是一门什么样的学科？为什么很多社会热点事件出现时，国家和社会管理阶层都要深入民间，捕捉民情？要想解开这些疑问，我们必须回到汉字出现以前的那个时代，从舆论产生的源头追溯舆论发展变化的脚步，解析舆论，掌握舆论传播的规律。

---

① 参见［美］李普曼《舆论学》，林珊译，华夏出版社1989年版，第19页。

第一节 舆论——人类社会形成后的必然产物

舆论是人类社会特有的一种言论。只要有人群的出现，就会有舆论的出现。从现有的史料中，我们已经无从考证人类最初以口头语言的形式表达的心声是否有舆论的概念，但有一点可以肯定的是，舆论是社会的产物，是当人群有了一定的生产关系、思想观念，集合成共同意志时形成的。

一 起源——社会性塑造下的舆论意识萌芽

（一）原始社会形态

原始社会处于人类的幼童时期，那时的人们经常遭受着饥饿、寒冷、猛兽与自然灾害的威胁，整日里为了“能活下来”与大自然做着艰辛的斗争。结群而居，结群而劳，结群而议，是先民们最好的生存方式。原始人共同劳动、共同协作的关系构成了最初的社会，人与人之间通过语言和行为举止相互取得联系，获取信息。在这样的群体生活中，先人们几乎没有自己的私有财产，尽管每位成员都有各自独立的性格特征和思维意识，不过在生存面前，个人的力量显得是那么渺小，以至于人们不得不借助群策群力抵御外侵，不得不用统一的意志唤起民众。

原始社会人们群居的环境，为原始舆论的产生提供了良好的条件，通过信号与语言的传播，聚集在一起的先人们可以通过自由意见的表达寻找谋生的出路，个人意见的相互碰撞中，一些人不得不表示自己的意见或者听从别人的意见，这可以说是舆论形成过程中最自然的一种状态。原始社会在一个部落中，人数的多寡决定了社会关系的复杂程度，较之于现在人们的群居性，那个时候人们信息传播的范围相对来说还很狭小，人际关系的交往多局限在部落内部，使舆论的传播具有区域性、独立性的特征，对家庭和部落内部的生活产生约束力，并保证和调整着氏族部落有序的秩序，正如美国人类学家罗伯特·路威在其著作《文明与野蛮》中认为的，在初民社会里，虽无宪法，无牢狱，无天启之宗教，却能维持常态和平，唯一最大的原因便是舆论。①

原始时代舆论的内容较为单一，多围绕着氏族成员的生产斗争展开，特别是在生产力水平及其低下，人们的思想意识处于蒙昧时期，人们对大自然的恐惧和无奈，使人们需要一种精神和意志，加强成员之间的紧密团结，相互扶持，维持部落现有的生存状态。某种程度上，原始舆论扮演着法庭的角色，判定一个人行为的合理性。

原始社会前期是人类社会最为"祥和"的时期，人们长期进行采集狩猎，过着平均分配的原始共产主义的和平生活，面对着生活的艰难和生存的威胁，先人们越来越渴望在一位杰出的英勇神武的氏族首领的带领下，过上安定祥和的日子。于是，氏族成员们被召集在一起参加议事会，公共推选出合适的人选作为本部落的首领，可以说，这是最早的采用舆论管理社会的一种民主制度形式，并且能被推选出来作为部落首领的，都是些德行和威望很高的领袖式人物，受到人们的尊敬和爱戴。像我国历史上有名的关于"尧传位给舜"的传说和"大禹治水"的传说，就很好地证明了原始社会人们对英雄氏族领袖的歌颂和赞扬，类似的还有女娲补天、伏羲立卦、共工撞山的传说等。由于原始社会是人类的洪荒时期，人们为了解答人类诞生的谜题和表达对历史的追求，很多的事件都是以神话传说的形式流传了下来，使神话传说成为那个时期主要的舆论形态。作为氏族首领，为了能够更好地得到人们的拥护，了解民情，广开言路，都很重视采纳成员的意见。中国第一部上古历史文件和部分追述古代事迹著作的汇编文集《尚书》是一部反映原始社会舆论活动和舆论见解的典籍，里面记录了氏族社会我国经济、政治、哲学和文艺等多方面的内容，其中成书于西周的《洪范》曾有"凡厥庶民，极之敷言，是训是行，以重天子之光""汝则有大疑，谋及乃心，谋及卿士，谋及庶人"② 的描述，说的是庶民的话对天子是大有好处的，天子一旦遇到疑虑的事情，都要征求卿士和庶人的意见。《吕氏春秋·不苟论》也记载了一些氏族首领鼓励成员建言献策的举动："尧有欲谏之鼓，舜有诽谤之木，

---

① 参见［美］罗伯特·路威《文明与野蛮》，吕叔湘译，生活·读书·新知三联书店 2005 年版，第 78 页。

② 参见林语堂《中国新闻舆论史》，上海人民出版社 2008 年版，第 19 页。

汤有司过之士，武王有戒嗔之。”由此可以推断，在氏族社会，氏族首领们已经开始注重普通民众的言论，至少西周以及表示舆论这种事物的概念用的是“谋及庶人”“庶人之言”了。

原始社会末期，部落与部落在交往过程中，因利益产生了诸多的矛盾，血族复仇和掠夺财富的战争舆论成为那个时期舆论的主要内容之一。我国神话传说中共工和蚩尤的战争，黄帝和蚩尤的战争、黄帝与炎帝之间的战争，正是原始社会里掠夺性战争极其频繁的反映。原始社会氏族部落是家族式群居，相互之间没有纯粹的利益，以生同存、死同亡的精神概念维系部落生活，一旦氏族内的成员遭遇到外族的杀害或部落遭到外族的入侵，个人的屈辱、部落的凌辱就会点燃复仇的火焰，成为人人遵奉的舆论。这个时候，勇武强悍的勇士、忠肝义胆的战士在战争中成为人们崇拜的英雄，世界文学名著《荷马史诗》就为我们描述了原始社会英雄时代的一幅全景，塑造了一系列性格突出、个性鲜明的英雄人物，如残暴而温厚的阿喀琉斯、温柔贤良的墨涅拉俄斯、敦厚而的埃阿斯、勇敢而又精细的赫克托尔、充满野心的阿伽门农等等。他们都是些拥有大智慧、大无畏精神、充满斗志和雄心的人物，敢于挑战命运和诸神的摆布，执着地追求自己的宏大目标，永不言败。在古希腊民族舆论看来，英雄史诗用神奇的笔调突出了英雄在人类历史发展过程中的主导地位，歌颂了那些英雄的子孙们。战争是残酷的，当我们为它披上英雄的战衣时，人们往往忽略了战争带来的伤痛和苦难。原始社会这时的舆论已经不仅仅是协调氏族内部平衡、博采众议的管理方式了，而成为有野心的氏族首领可以攻城略地、抢占地盘的武器和工具。

原始社会科技水平以及劳动生产水平极其低下，处于蒙昧时期的先人们，对很多自然现象无法解释，长期生活在忧郁与恐惧之中。于是，人们迫切希望有一种意识形态能够指导他们摆脱恐惧的束缚，缓解心理压力。在这样的背景下，原始宗教中的巫术便孕育而成，某种程度上不仅成为原始社会的文化核心，而且还产生了巫术舆论。《尚书·洪范》中“汝则有大疑，谋及乃心，谋及卿士，谋及庶人，谋及卜筮”的描述，欧洲旧石器时代晚期的奥瑞纳文化中发现的含有巫术性质的遗迹、法国诺克斯洞穴里发现的野牛壁画，都证明了巫术在原始社会政治生活中的广泛应用。原始社会，巫术属于自发形成的一种宗教仪式，巫术的出现，在很大程度上表现了原始人一种逻辑思维的观念，是表达人们愿望的一种方式。

（二）古代社会形态

随着石器的发展、金属工具的出现，劳动生产力有了较大的提高，出现了剩余产品。私有制的产生和国家的建立揭开了人类进入古代社会的篇章，使落后的、相对粗俗和低级的舆论形态步入了一个充满着血腥和斗争的历史时期。在这一时期，古老的民族脱离了氏族社会的血缘关系向着文明社会逐渐过渡，舆论无论在内容上还是在形式上都开始趋于多样化、复杂化。

1. 阶级舆论

当人类社会开始出现产品剩余的时候，原始社会原有的生产关系走向了瓦解，从社会内部分化出来的氏族贵族，不断加剧了与其他成员的贫富差距，债务奴隶、战俘奴隶的增多，使原始社会结束了共同生产、平均分配的原始社会形态，产生了人类社会上第一个统治阶级和被统治阶级：奴隶和奴隶主。自此，人类社会进入了长达几千年的阶级社会。如果说奴隶社会的奴隶完全没有人身自由，只是“会说话的工具”，那么，封建社会中农民阶级则相对具有了一定的自主权，组成了传统农业时代主要的社会成员，推动着历史进程的发展，但是，土地所有权的丧失并没有让农民摆脱被奴役的地位，剥削与被剥削的不可调和的矛盾构成了古代社会的主要矛盾。作为统治阶级，他们一方面希望采用国家机器的手段控制和压迫民众，另一方面试图运用各种学说思想奴化人们的精神意志，而作为被统治阶级，深受生活和精神折磨的奴隶和农民以期通过反抗斗争寻找自由解放的出路，他们一旦反抗就必然要触及乃至颠覆社会结构，具有鲜明的革命性。可以说，在阶级社会中，革命是唯一的自救途径。秦朝末年的陈胜吴广起义、西汉末年的农民领袖樊崇起义、东汉末年的张角于起义、北宋的方腊起义、明朝的李自成起义、古罗马的斯巴达起义等，都是社会底层的人们反抗压迫、反对剥削的光辉事迹。舆论在阶级关系的推动下，日益健全并融入了人们的生产与生活，成为阶级斗争和国家统治的工具与手段。

阶级社会统治阶级需要用思想言论来协调社会成员的行为，与暴力统治手段相补充的就是“钳民之口”。舆论与国家暴力相比属于软性控制，能够诱导全社会成员接受统治阶级的领导，为了保证皇帝天子地位的不可撼动，统治阶级总是千方百计地操控民众的社会生活，把自己的意志强加给人们，民众稍有警觉就会遭到灭顶之灾。有镇压就会有反抗。和统治阶级对立的就是庶民、奴隶和农民反抗的舆论。这种舆论从原始社会末期开始点燃就一直没有熄灭过。《尚书·商书·汤誓》中记录了商汤伐桀时举说桀的罪状只是“率遏众力，率割夏邑”，“有众率怠，弗协”，还记录了庶民斥责夏桀暴虐无度的话：“‘时日害丧，予及汝偕亡。’民欲与之偕亡，虽有台池鸟兽，岂能独乐哉。”奴隶制是人类历史上最惨无人道的压迫制度，没有人身自由的奴隶舆论受传播范围和舆论强度的影响，力量较为弱小，产生的社会作用并不显著。到封建社会，农民阶级成为一个新兴阶级的时候，舆论才在某种程度上真正地发挥了社会凝聚的作用，成为被统治阶级革命的战鼓和号角。

中国传统社会是以农业为主的生产方式，封建土地所有制的确立，让大批的农民沦为农奴，由于农民在封建社会中地位的低下，在统治阶级官方史书涉及农民的资料很少，即使有也大多以贬斥和诋毁的口气，认为他们是“贱民”。反倒是从一些古代文学名著或者稗官野史中可以寻找到农民反抗的足迹，比如在《水浒传》中就生动细致地描绘了北宋末年农民起义的事件，成为我国历史上第一部描写农民起义的长篇小说。封建社会此起彼伏的农民起义是农民抗争最为激烈的表达方式，处于西欧封建社会时期流行的“我的附庸的附庸，不是我的附庸”地位的农民不甘在沉默中灭亡时爆发的愤怒，很快就会感染他人加入抗争的队伍，这在那些振臂高呼、撼动统治地位阶级的起义中没有舆论是难以想象的。作为起义的发起者，最先反抗的农民总是要凭借着一定的纲领或者口号鼓动人心，获得民众支持才可能发动战争甚至颠覆政权。司马迁《史记·陈涉世家》中记载了我国历史上第一次大规模农民起义领袖陈胜、吴广的传记，文中提到的鱼腹中书“大楚兴，陈胜王”的舆论和“王侯将相宁有种乎”的口号，让我们了解到早期农民起义已经开始尝试用利用舆论的社会作用，制造舆论煽动民心。侯外庐先生说：“陈胜吴广的起义，其口号看起来不足称道，但是他们的‘帝王将相，宁有种乎’的口号，是针对了帝王将相的迷信。”[①] 其实，那个时期的农民可能未曾想过利用舆论与帝王抗衡，只是希望通过某种途径使农民起义披上合理化的外衣而已。在以后的农民起义中，制造舆论成为农民抗争的一条普遍路径。东汉末年农民领袖张角起义中广为传播的“太平道”和“苍天已死，黄天当立；岁在甲子，天下大吉”的口号，北宋方腊起义提出财产公有的理想：“凡出入经过，虽不识，党人皆馆谷焉，人物用之无间，谓之一家，故有无碍被之说”，以及明末李自成等贵贱、均田免粮的主张，都延续了陈胜吴广起义的手法，通过舆论传播实现农奴翻身的目的。不过，值得我们深思的是，这些舆论在追求平等自由的同时大多充斥着虚幻的空想，只能在农民起义初期产生良好的社会作用，并不能真正地解决封建社会固有的矛盾，让农民实现彻底的解放。

2. 士人舆论

我国古代社会等级制度森严，社会民众，三教九流，有“官、民”之别，有“九儒、十丐”之分，有“丘八、臭九”之说。官僚阶层掌握着中国古代专制统治的权力，与“民”有着明显的界限。《管子·小匡》中对古代社会中什么是“民”进行了表述：“士农工商四民者，国之石（柱石）民也。”在《管子》所提到的四民中，“士”阶层既是古代社会国家政治的主要参与者，又是文化艺术的创造者、传承者，崛起于周王室走向衰微的过程中，“大抵皆有职之人”，是各级贵族的通称，更多的是指宗法分封制度下的一个等级，处于宗法贵族等级序列的最末一等。到了春秋战国，“士”摆脱了宗教等级的束缚，获得了较多的人身自由，一批非宗法性的“士”崛起，成为政治上、思想上、文化上非常活跃的阶层。各个国家有名有钱的诸侯贵族，如春申君、孟尝君等，都以“养士”为时尚，这些士人学识渊博，各负理想，有些为统治阶级出谋划策，积极宣传诸家学说，有些严于律己、忠君爱国。孔子就曾提出过士人的标准。《论语·子路》子贡问：“何如斯可谓之士矣”？孔子答曰：“行己有耻，使于四方不辱君命，可谓士矣。”[②] 这种“士”的精神，是士人们为了君王托付的使命，不惜付出生命代价彰显的豪迈气概和高洁品质，

① 参见林语堂《中国新闻舆论史》，上海人民出版社 2008 年版，第 31 页。

② 同上书，第 49 页。

在古代常被作为一种精神典范。

士人是我国古代文明文化发展的重要动力，为了宣传和鼓吹各学派的价值观念，奴隶社会的士人以游说的形式传播各种舆论。游说，墨子认为是“行说”，就是以口头劝说的形式推销自己的意见。孔子是当时最为著名的游说家，“大树之下”“杏坛之上”都是宣讲的场所。到了孟子的时候，墨子学说、杨子学说，几乎与儒家学说成三足鼎立之势。《孟子·滕文公下》就曾言道：“杨朱墨翟之言，盈天下，天下之言，不归杨则归墨。”而孟子则是“后车数十乘，从者数百人”，表明那个时候各家痴迷通过游说的方式达到传文讲道的目的，游说是“适应当时物质水平而唯一能够做到的传播舆论的手段，是简单的舆论行为”。春秋战国是我国奴隶社会向封建社会的过渡时期，在那个诸侯割据战火纷飞的年代，出身不同阶层的士人致力于跻身于国家政治中谋求发展，企图通过创立新学说、新思想拉近与官僚阶层的距离，适应社会变动的需要，涌现出了很多历史上有名的舆论大家，荀子、韩非子、庄子、老子、鬼谷子等都是颇有影响力的舆论领袖。这些人广收门徒、游走各国，其代表的文化思想为国家政权奴役民众精神、控制民众意识提供了思路，有些国君还礼贤下士，笑纳百家之言，招揽人才，广采民意，借助社会舆论思潮，巩固政权，谋求大统。

随着秦王朝结束了割据局面，建立专制主义中央集权开始，中国进入了封建社会。城镇与手工业的发展，使整个社会建立了新的社会关系，士大夫与农民、手工业工人、商人都成了社会下层人群。代表皇权的至高无上和占据统治地位的贵族舆论为了加强对下层人民的控制，不断与士人阶层的舆论发生冲突，加上农民舆论和农民起义的号角不时响起，动摇着风雨飘摇的皇权，导致封建社会士人舆论经常遭到无情的镇压，封建统治阶级舆论专政的加强。

到了东汉末年，宦官、外戚专权造成政治腐败，一批代表庶族地主和平民利益的官吏分流出来，反对外戚宦官的舆论一时高涨，蔚然而成“清流”。这股“清流”采用清议的手段，与“天人感应”今文经学的官方意识形态及昏暗、肮脏的政治行为相抗衡。“舆论得到了一次极其罕见，令人怜悯而崇敬的运用，引发了一场规模浩大的‘太学生运动’，有效地抑制了宦官权利的做大，把对汉王朝的最后清算至少延长了数十年。”《后汉书·党锢列传》记载当时的情况时说：“逮桓、灵之间，主荒政缪，国命委于阉寺，士子羞与为伍，故匹夫抗愤，处士横议，遂乃激扬名声，互相题拂，品核公卿，裁量执政，婞直之风，于斯行矣。夫上好则下必甚，矫枉故直必过，其理然矣。”东汉时的士人大多系读书人，既有名人望族也有不少官吏，他们常在乡校、亭台聚义，闲谈时势、交流看法，著名学者兴办的私学里，学生达数千人。这种公共批评的习惯，最终成为遍及全国的风尚，遭到宦官集团的压制，被下狱、处死或流放的士人甚众。两次党锢之祸直到184 年黄巾起义，统治阶级的内部纷争才告暂停，舆论梢归平静。接下来的朝代里，士人对政治和国事变得冷漠起来，人人自危的年代，士人们选择了不动感情的“犬儒式的冷漠生活，或者纵情声色，不问世事”，魏晋时期的士人们几个人聚集在一起，“不闻清谈论道之言，专丑辞嘲弄为先”（《抱朴子·疾谬篇》），清谈与玄学盛行一时，士人舆论的“浊流锄奸”的斗争性趋于衰弱，一直到明代东林党人的“聚集”，士人舆论再次发挥了作用。[①] 东林学派不是放逸山林的隐者，也不是闭门读书的士人，他们的讲学活动是一种结社，是为了推销观点，造成舆论。只可惜，与东汉太学运动的舆论一样，东林党人的舆论活动也遭到了残酷的镇压，天启帝时期，宦官魏忠贤专政，多名东林党人被诬陷先后迫害致死，并列党人榜于全国，每榜少则百人，多至五百余人，凡列名者，生者削籍，死者追夺，朝中善类为之一空。自此以后，明清的帝王时有沿用秦始皇“焚书坑儒”的措施，大兴文字狱，镇压士人舆论。士人，这个代表着先进文化的阶层，构成了封建社会舆论的主体，他们站在舆论的前沿阵地，敢于挑战皇权，一方面显露了士人参与国家政治的热情与斗志；另一方面又反映出士人舆论在古代社会力量发挥的局限性，尤其是在与封建统治阶级的对抗中，一些士人舆论反倒成了社会的靡靡之音，丧失了革命性。

二　发展——社会激变下的舆论意识强化

19 世纪以来，中国在清政府的统治下进入了一个伤痛的年代。强占、逼迫、屈辱、战败、赔款、杀戮等像挥之不去的幽灵残酷地植入人民的

---

① 参见刘建明《舆论传播》，清华大学出版社 2001 年版，第 24 页。

记忆中，就在这样一个动荡不安的时期，中国的许多文人志士都投入到救国救民的战斗中，维新变法、辛亥革命让中国的国人逐渐领略到了报章舆论的威力，揭开了中国新闻媒体代表舆论、引导舆论参与政治变革的新篇章。梁启超、胡汉民、李大钊等相继撰文倡导民主，反对专制，呼吁还给民众言论自由，强调舆论对国家政治的作用。此后，徐宝璜、邵飘萍、戈公振等一批优秀的报人以新闻学特有的视角研究了新闻与舆论的关系。随着大量报刊在国内的涌现，新闻舆论逐渐成为战时的利器被政党和政府广为使用，也成为监督政府监视社会的一种有效途径。至今，新闻舆论仍保持着先进的社会作用，缓解社会矛盾，协调社会生活。不过，较之于以往的舆论形态，现时社会中的舆论环境更加复杂，尤其是网络舆论的异军突起，把普通的民众真正地推到了舆论前沿，彰显出爆发式的影响力。

第二节　舆论学——从概念形成到科学理论

一　概念的缘起

（一）我国舆论概念的形成

因字而解，舆论就是“舆人之论”。春秋战国时期，一般帝王的思想正处于由“敬天”向“重民”的转化，国君和官僚阶层倾听养士和庶人的意见，重视下层人们的舆论成为当时管理国家谋求发展的一种风尚。统治阶层往往把下层民众的意思统称为“庶人之议”“庶人之谤”。“舆”字在春秋末期，指的是“车子”，后来，舆字和人连在一起使用转化为造车的人，称为舆人。《左传·昭公七年》记载：“天有十日，人有十等，下所以事上，上所以共神也。故王臣公，公臣大夫，大夫臣士，士臣皂，皂臣舆，舆臣隶，隶臣僚，僚臣仆，仆臣台。”说明春秋末期社会的人分为十等，舆人为第六等，被赋予抬轿子的人的意思，并逐渐取得了“下等人”的含义。可见在春秋末期，舆人是社会底层地位低下的普通人。

“舆人”这个词出现不久，在表达下层意见的概念中出现了与舆人相似的概念“舆人之诵”“舆人之谋”等。《左传·僖公二十八年》中记载：“晋侯患之，听舆人之谋；晋侯患之，听舆人之诵。”“舆人之诵”

“舆人之谋”都是士兵车夫之类的下等人表达的意见。《国语·楚语》中曾对当时国君面临各种舆论的包围，广泛征集各种意见制定国政、发布命令做过这样的表述：“近臣谏，远臣谤，舆人诵，以自诰也。”谏、谤与诵都是表达某种意见，但是诵具有“谓箴谏之语也”，具有公正劝诫的意味。因此，当时各国国君遇到大事或者紧急情况常常听取舆人议论，广泛征求舆人意见，作为谋政的尺度。春秋时期，与“舆人”相同的还有“国人”的概念。只不过，国人往往是社会上有一定的地位、财产或者敢于起来反对国君暴政的人，他们关心国家政事，了解民情，勇于表达自己的观点和见解。《左传·襄公五年》写道：鲁师“冬十月，邾人、莒人伐鄫。臧纥救鄫，侵邾，败于狐骀。国人逆丧者皆髽。鲁于是乎始髽，国人诵之曰：‘臧之狐裘，败我于狐骀。我君小子，朱儒是使。朱儒！朱儒！使我败于邾。’”讲的是武仲打了败仗，遭到了国人的怨愤，痛骂他是侏儒小子，可见，国人是敢于发表意见的。此外，《史记·周本纪》记载周厉王监谤故事的时候写道：“王行暴虐侈傲，国人谤王。召公谏曰：‘民不堪命矣。’王怒，得卫巫，使监谤者，以告则杀之。”可见，早在西周末年，就出现了平民的议论，代表的是早期市民阶层的意见，具有强大的威力，显示了民间舆论对权力机构的监督作用。

“舆论”概念的形成和出现在我国历史上经历了几百年的时间，最早出现于三国时期，典籍《三国志·王朗传》记载的曹魏谏臣王朗在上书文帝奏疏中写道：“设其傲狠，殊无入志，惧彼舆论之未畅者，并怀伊邑。”此后，《梁书·武帝纪》中再次使用了“舆论”一词，“行能臧否，或素定怀抱，或得之舆论”。舆论这个概念是由舆人之诵、舆人之谋转化而来的，都用来表示老百姓对社会大事的议论。通常我们把舆人之论和舆论理解为同义语，舆论是舆人之论的简称或缩写。在我国古代社会，晚于舆论概念，意思却相似的还有其他几种方式。比如，从六朝时，士大夫阶层进行的清议和清谈某种程度上就代表舆论，一直沿用到了清代。顾炎武在《日知录·清议》中说：“古之哲王所以正百辟者，既已制官刑儆于有位矣，而又为之立闾师，设乡校，存清议于州里，以佐刑罚之穷。”在整个封建社会，人们还用“民心”“民欲”等词表达广大群中国的舆论。如我们非常熟悉的一些古语“民如水，君如舟，水可载舟，亦可覆舟”“得民心者得天下”，都能够体现出封建社会帝王重视民众、关注民众舆论的动向。自历史的车轮驶入近代以来，反封建专制统治的革命风起云涌，伴随而生的就是民主意识的崛起，受到先进文化思潮影响的许多革命家、思想家开始使用“民意”来表达舆论的含义，直到现在，日常生活中很多人都把舆论理解为民意。何谓民意？朱执信解释道：“人民意志何以能发扬其力乎？则又当曰：有主义指导之固也……非武力，亦非金钱，乃有主义之人民意志也，即所谓民意也。”民意是人民思想、意愿、要求的外在表现，是社会舆论的主体构成，只有当民众以绝大多数的比例发出共同心声的时候，舆论才能发挥出真正的作用，形成民意。民意概念在近代社会的提出，是人民自我表达意见意识的提高和社会地位、政治作用提升的表现，受到社会政治势力的重视。在现代社会，只有尊重民意，了解民意，才能提出国家建设发展的正确目标，因此，民意是社会中最有威力的舆论，是人民精神的象征。

（二）西方舆论概念的形成

较之我国“舆论”概念漫长的发展，西方对舆论的解释、界定，比中国要晚许多。在西方奴隶制社会时期，拥有土地的贵族掌握着国家命脉，平民与贵族虽然矛盾激化，但是人民参与政治运作的机会微乎其微，大规模的舆论热潮较为少见，民意并不是像在中国那样受到国君和官僚阶层的重视。中世纪以后，与王权有着相似威力的神权逐渐统治着人们的肉体和意识，教皇成为精神领袖，与王权展开了权力的斗争。比如11世纪，德意志皇帝亨利四世拒不承认教皇所颁开除教籍的敕令，拒绝服从，召集一些附和他的教会人员举行会议，宣布废黜教皇。没想到，教皇反过来却废黜皇帝，开除皇帝的教籍，宣布臣民效忠皇帝的誓约无效。因此，从公元9世纪一直到15世纪，西方的民众被宗教舆论所笼罩，臣服在精神崇拜和信仰的舆论旋涡中。据考证，西方古代大规模的舆论行为，就是发生在罗马统治下人们对各种宗教信仰的议论，最为突出的是“公众的声音就是上帝声音”的观念，这和中国古代的“天听自我民听，天视自我民视”的表达非常相近，英国《大不列颠百科全书》中记载说这种说法一直延续到18世纪以前的数百年间。

西方舆论研究中，舆论概念的提出有着不同的版本，有学者指出，约翰·索尔兹伯里（John Salisbury）于1159年最早使用“公共舆论”这个术语，将公共舆论放在人类历史上的意义不亚于正义、自由或法律；

有的学者认为，公共舆论的法语术语（Opinion Publique）起源于16世纪法国文艺复兴作家蒙田（Montaigne）。在欧洲思想中，该术语被用来专指从君主转向了市民的启蒙时期如何实施政治权力和形成决策。[①] 目前，西方关于舆论概念最先的说法，至今尚无定论。不过，早期的时候到底什么是舆论，现在学界基本上得到的共识为“公众意见”（Public Opinion）。卢梭是第一个使用“舆论”这个概念的政治哲学家，他在1762年的《社会契约论》中阐释了公众意见的含义，“若干人自动结合起来组成一个整体，那么，在有关方面，他们就只应该有一个共同生存和公共幸福的意志”，这一论断奠定了卢梭对舆论研究的权威声音之一。

其实，卢梭提出的“公众意见”是两个词语的整合。1513年，英国布雷德肖的圣徒沃伯首先使用了“公众”这一概念，用来表示广大群众。三年之后，英国的空想社会主义者莫尔在《乌托邦》书中说到：乌托邦城市的最高首领有一项严格规定，“任何公事都必须在会议上经过十分充分的讨论，才能做出决定，除了元老院和民众大会，任何个人不得对公众事务做出决定，否则处以死刑”。这是西方舆论史上第一次提出“公众事务”的著作，是从公众概念中派生出来的。“意见”的概念早在14世纪欧洲各国语言中就被广泛应用了。只不过在封建专制统治下，意见的声音较为微弱，与封建统治格格不入。在以后的反封建的斗争中，随着民众民主意识的提高和人文主义的传播，公众事务和公众意见渐渐地被人们所重视，特别是在18世纪的法国，代表新兴阶级的思想家与封建生产关系发生了激烈的冲突，孟德斯鸠、伏尔泰、卢梭等人提出了平等博爱的主张，倡导人权，公众意见成为思想家斗争的武器，在卢梭看来，公众意见是裁决善恶、好坏的社会处罚，是一种强大的法律，不屈服于强制力。

（三）对舆论科学定义的辩证认识

近代以来，舆论的概念更加规范和严格，很多的专家学者都试图从自己的研究领域给舆论下个定义，使舆论的定义多得不胜枚举。20世纪30年代，美国舆论学家威廉·艾尔贝格指出尽管人们广泛地使用舆论这个概念，但对于什么是舆论，并没有统一的看法。美国学者哈伍德对相

---

① 参见倪琳《西方舆论概念的争议与论辩》，上海交通大学出版社2012年版，第57页。

关的历史文献进行了研究，收集到的有关舆论的概念有50多个。我国学者对舆论的理解也是界定不一。例如：

舆论是社会或社会群体中对近期发生的，为人们普遍关心的某一争议的社会问题的共同意见。——喻国明《中国民意研究》

舆论是显示社会整体知觉和集合意识、具有权威性的多数人的共同意见。——刘建明《基础舆论学》

舆论是公众关于现实社会及社会中的各种现象、问题所表达的信念、态度、意见和情绪表现的总和，具有相对的一致性、强烈程度和持续性，对社会发展及有关事态的进程产生影响，其中混杂着理智和非理智的成分。——陈力丹《舆论学——舆论导向研究》

舆论是社会生活中经济政治地位基本相近的人们或社会集团对某一事态的大体相近的看法。——甘惜分《新闻理论基础》

舆论是由用富有情绪色彩的语言发表的态度、意见及其相伴随的意象与思想所构成的，显示出一种在心理上有制约作用的共同意见。——林秉贤《社会心理学》

从上述这些定义中，我们可以看出，舆论涉及学科非常广泛，产生的过程中受多种因素的影响和制约，舆论自身的复杂性，带来了舆论解释的多样性。“在科学上，一切定义都只有微小的价值。”恩格斯的这番言论非常聪慧。因为一个定义应该能够体现出该事物的特征和属性，揭示的是事物本质，上面的那些定义，它们在外延上很不一致，原因就在于下定义的人对舆论本质属性理解的程度和方向不一样，根源在于舆论本身就是一个复杂的社会现象，包含了很多的变量，能够确切地反映舆论本质特征的科学研究还在不断地发展。

二 殊途同归的认知

尽管目前学界对舆论的定义在表述上有一些差距，但是仔细分析还是能发现学者们对于舆论的理解有共同的要素，即都承认舆论有发出的主体，有讨论的客观对象，还有表达的意见，并且是共同意见，这三个要素构成了舆论形成的基本条件。

（一）公众主体的能动与被动

自从人类诞生的时候，群居的生活意味着已经开始形成了社会，那时的人们为了共同利益、价值观和生活目标通过各种关系联系在一起，组建的联盟让社会关系变得越来越复杂，群居中的人成了社会中的一员，也成了舆论中“论”的发出者。因为只有成为社会成员与外部世界产生了若干联系，人们才有可能产生舆论。相反，如果有人脱离了社会，比如在深山老林里的独居者，或者已经丧失了思想表达能力，比如因病成的植物人，或者受到了法律的严惩剥夺话语权利的人，那么，他们的言论某种程度上不能算作社会成员发出的舆论。所以，能否成为社会成员关键在于他是否有独立的行为能力和表达能力，是否参与了社会的生产劳动，是否具有自主意识。只有这样的社会人，才能称为社会成员。

（二）客体事件的刺激与激活

社会成员要想发出舆论，必须要有谈论的对象，也就是必须针对着客体才能就事论事。舆论的客体，通常是在变动的客观事实。包括宏观的社会政局变动，微观的如权力机关的贪污腐败、社会的流行趋势、新近的重大时政事件、涉及人们生活利益的热点问题等。舆论客体首先是客观世界发生的不以人的意志为转移的客观事实，其次，一定要处于变化之中，产生某种反常，某种冲突，能引起争议才行；否则，人们对习以为常的事件问题是不会过多关注、引发舆论的。比如，2011 年 10 月 13 日，佛山女童小悦悦在当地巷子里被一辆面包车两次碾压，十几位路人冷漠不问的事件引发了全国反思的热潮。社会中、报章里、网络上到处充斥着对“人心”的拷问和对社会道德滑坡的争议。围绕“小悦悦事件”，广东省组织召开了“谴责见死不救行为，倡导见义勇为精神”为主题的系列座谈会，抨击和谴责见死不救、人心冷漠的可耻行为；法学专家对我们各地现行的见义勇为相关法规提出了倡议；许多中小学校都开展了拒绝冷漠传递温情的活动。“小悦悦事件”在人们舆论的推动下，已经不仅仅是一起车祸，而是社会道德和良知在市场经济大潮中的沦陷，是新形势下人际关系问题的一个缩影。

（三）表意方式的潜隐与公开

人是社会中的人，在社会中生活，每天都与客观外部世界发生若干联系。为了生存发展，人们必须参与社会劳动，同社会其他的人或事产生意识情感交流。人与人之间的交往会产生意识活动，为了获得群体或者社会认同，有些人会根据自己的理解发表观点，有些则保持缄默、隐藏想法，还有些人会受他人言行和思想的影响走向他人的立场。舆论不是一个人意识的结果，而是众多社会成员各自的思想在一段时间内经过相互碰撞反射交融而成的集合意识。尽管个人在事件面前会不断地在头脑中产生大量的个体意识，一旦介入社会舆论，个体意识往往占的比重较小，用柏拉图的话说，在大家都这么说的情况下，个人只能跟着大家说，个人意识的独立性开始动摇。

舆论意见的表达具有消解性。它能溶解个人观点，让个体意识进行修正，渐渐汇入集合意识的洪流。无论是群体、团体或是阶级，当人们热议某一问题时，舆论刚开始比较散乱和稀落，随着意见的互动、整合，多个个人意识最终形成统一性的思想，左右他人，并对社会生活产生极大的现实作用。这种现实作用，主要以舆论压力体现出现：作为一种力量远远超过了一己所拥有的力量，并且大于个人力量的简单相加，能够对社会管理决策发挥重大作用，也能够推动社会健康良好地发展，维持社会的平衡与和谐。

通过对上面三个要素的分析，我们眼前基本上已经能够判断出舆论是个什么样的言论。涉及对舆论的内涵的理解，对舆论本身的科学解释在于既能够表达其内涵又能够说明其性征，还能够阐释其从哪里来到哪里去的发展路径。因此，其定义可以做如下描述：舆论是公众关于现实社会及其表象所表达出的特定社会心理（包括信念、态度、意见和情绪表现的总和）的再现，具有相对的一致性、强烈程度和稳定性，对社会发展和进程产生影响。其中既有理智成分，也有非理智成分。

第三节　目的、方法、意义——舆论学研究该如何“进场”

一　舆论学的研究

我们理解了舆论这个概念，这就为我们掌握舆论学的基本理论和知识奠定了基础。所谓舆论学，是研究人类舆论活动的性质、功能及其规律的科学。作为一门学科，它的研究是近代资产阶级反对封建专制制度的产物，发端于前文提到的欧洲启蒙思想家卢梭的著作《社会契约论》，该文提出了许多重要的舆论原则，其中“公意、众意、民意和集团意志”

四个概念为我们现在划分舆论类型提供了思想基础。

（一）西方舆论学研究溯源

继卢梭之后，英国的哲学家和作家威廉·葛德文和德国的政治哲学家黑格尔等人都对舆论现象进行过研究。直到 19 世纪末，无论是社会学派还是心理学派都无法提供解释舆论意识的钥匙，人们不得不从研究大规模的集团行为和社会信念入手研究分析舆论，这就产生了研究舆论现象的专著。1899 年，法国社会学家埃尔·德·塔尔德写了《社会舆论与公众》一书，成为人类社会科学史上第一部关于舆论研究的专著。这本书探讨了公众形成的过程，认为社会结构和真正的社会力量都以舆论这种形式表现出来。较之于前人的研究，埃尔·德·塔尔德的舆论研究在为舆论学的创立打开了思路和视野，揭示了社会集体意识的本质作用的同时，也显示出了该著作的历史局限性：一是受到当时舆论表现形态和近代舆论思想的不成熟的限制，确立的学说和原理缺乏一定的逻辑性，不成体系；二是忽视了下层群众的力量，带有唯心主义的色彩。这就使得舆论研究陷入了瓶颈。

1922 年，美国著名专栏作家沃尔特·李普曼出版了《舆论学》一书，第一次给了公众舆论一个全景式的描述，较为完整地揭示了社会意识现象的舆论规律，深刻地剖析了舆论与新闻报道之间的关系，曾在美国政界和学术界产生过较大的反响，成为人类历史上第一部自成体系的舆论学著作，标志着舆论研究进入到了现代舆论学时期。此后，国外又先后出版了一些舆论学著作，像美国爱德华·伯尼斯写的《舆论学的凝结》（1923 年）、乔治·盖洛普写的《民意测验指南》（1944 年）等，这些著作都没有李普曼的《舆论学》影响深远。

（二）我国舆论学研究溯源

我国舆论学的研究起步较晚。古代社会时期，零星的有一些学者浅尝辄止地对舆论进行过初步的研究，如顾炎武的《日知录》中就探讨过“清议”“巧言”“莠言”等舆论现象。19 世纪末期，西方列强的大炮和鸦片打开了清政府的大门，受到西方资产阶级思想熏陶的改良派以期在中国推行资产阶级政治改革，戊戌变法兴起一股改良的舆论热潮，梁启超在这次热潮中声名远播，成为舆论界的代表人物，他写的《舆论之母与舆论之仆》是近代舆论学研究中最先出现的专论。在这篇论著中，梁启超精湛地论述了精英豪杰与公众舆论的关系，在他看来，舆论不过是常人之见而已，而英雄豪杰贵在能发现常人所不及者，善于领导舆论，故而英雄人物不只是舆论之母，也是舆论之仆，以图人民利益而制造舆论，洞察时事真相，唤起人们的响应，是立功成业的“不二法门”①。

自梁启超之后，我国研究舆论的人有了大幅度的增加，但是并没有出现一本系统地论述舆论现象和规律的专著。其中，值得让我们提到的就是林语堂在1936年出版的《中国新闻舆论史》一书，书中大部分讲述的是中国报刊发展的历史，专门阐述舆论的章节很少，所以与其说它是一本舆论史，不如说它是一本报章史。从现有的资料来看，我国现代舆论学的研究是在20世纪80年代才开始出现的。1988年，中国人民大学刘建明先生出版了三十余万字的《基础舆论学》，是我国舆论学研究的真正开始。该书内容翔实、观点新颖，论证有力，材料丰富，一经出版就有四家报纸杂志发表了书评，读者踊跃抢购。同年，杨张乔撰写的《声张自我的艺术——舆论社会学》，也是较早地对舆论现象作出系统探索的专著之一，书中综合运用人类学、政治学、新闻学、社会学、心理学等学科的研究成果，对历史嬗变中的舆论现象以及自我声张的艺术进行深入的研究。此后，舆论学的研究逐渐完善与发展，相关的著作达到了二十多部，代表性的有李广智的《舆论学通论》（1989年）、陈力丹的《舆论学——舆论导向研究》（1999年）、刘建明的《舆论传播》（2001年）、许静的《舆论学概论》（2009年）等。

二 舆论学研究的目的与方法

学习舆论，了解舆论的各种法则和规律，从而使人们正确的认识舆论在社会生活中的作用，有效地利用舆论为人类服务，改造社会，是舆论学研究的目的和任务。

舆论学的学科体系较为庞杂，涉及心理学、社会学、统计学、社会调查学、传播学、新闻学等多种学科的理论知识，包括基础舆论学、应用舆论学和舆论学史三大部分。因此，学习和研究舆论学，应该从当前

① 参见陈力丹《舆论学——舆论导向研究》，中国广播电视出版社1999年版，第10—25页。

我国社会现实中的舆论出发，以马克思主义的辩证唯物主义和历史唯物主义为指导，借鉴和吸收世界各国在舆论学研究及相关学科的实践和理论中一切有用的经验和知识，研究与探索新形势下舆论的特征、属性、形成模式和传播途径，逐步建立和完善我国舆论学研究体系，为促进社会发展和经济文化建设，引导社会公众积极投身国家建设提供思路和路径。

舆论学是一门理论性与实践性并重的学科，研究方法主要有：

1. 案例分析法：案例分析法又叫问题法，是应用性社会科学中最常用的研究方法，也是学科研究的一种学习方式。舆论研究中，案例分析法主要是通过对案例的阐述和解析，分析舆论产生与形成过程中的各种特质，要求人们能够在思考中寻求答案。案例分析中的案例一般要求来自实际，且有某种特定研究和学习价值。案例中的分析往往都能够带来一定的社会影响，正面的也好，负面的也好，都需要用舆论学的理论加以说明，从中得到现实的启发和思考。对于初涉舆论学的人来说，采用案例分析法具有真实感和现实性，对于深刻理解舆论学的原理有相当大的帮助。

2. 文献研究法：文献研究法是根据一定的研究目的或课题，通过调查文献来获得资料，从而全面地、正确地了解、掌握所要研究问题的一种方法。文献研究法被广泛应用于各种学科研究，是我们了解其他学者和印证舆论原理的重要手段。其作用有：一是能使我们了解有关舆论问题的历史和现状，帮助确定研究内容；二是能形成关于研究对象的一般印象，有助于观察舆论现象和了解民意；三是能够比较过去与现在在舆论研究中的差异与轨迹；四是有助于我们了解舆论发生、发展、传播的全貌。

3. 社会调查法：舆论是民心民意的表达，面对一起能够热议的事件，人们的态度和观点到底是什么不是我们通过臆断得来的，而是需要我们深入到群众中进行调查研究获得民意。社会调查法是掌握舆情的重要方法，指的是有目的、有计划、有系统地收集有关研究对象社会现实状况或历史状况材料的方法。舆论研究中，社会调查综合运用了历史研究法、观察研究法等方法，以及访谈、问卷调查、个案研究、测验或实验等科学方式，对有关舆论现象进行有计划的、周密的、系统的了解，并对调查收集到的大量资料进行分析、综合、比较、归纳，借以通过定量的研究达到定性的目的。

4. 大数据舆情判研：随着互联网技术的快速发展，尤其是移动互联网的普及，为网民表达、参与和聚合资源提供了条件，多元化语境下利益群体的差异化诉求瓦解着传统的社会关系和思想观念，传统的以血缘和宗族为纽带的人际关系模式被打破，逐渐向网格状、去中心化的开放性、发散性模式转变。微博、贴吧等自媒体的大量使用，使用户的人际关系不再受到时间和空间的限制而得到极大延伸，人际大网逐渐形成。手机、平板电脑、电视等传播载体的智能化、普及化，以及各种类型的APP的出现完善，使信息传播渠道和载体呈现出多元化的特征，媒介形态越来越多，屏幕爆发式增长，在线视频用户跨屏使用成为潮流。从本质上来说，互联网的快速发展，尤其是“互联网+”模式的提出，使社会上信息传播的资源和渠道都被重新整合。当下，以互联网为依托，世界进入了大数据时代。大数据，顾名思义就是指无法在一定时间范围内用常规软件工具进行捕捉、管理和处理的数据集合，是需要新处理模式才能具有更强的决策力、洞察发现力和流程优化能力的海量、高增长率和多样化的信息资产。因此，大数据具有规模性、多样性、高速性和有价值等特点。当下，“互联网+”的发展模式受到了社会上各行各业的青睐，全社会似乎都参与进了“互联网+”模式的发展进程中，因此，对于互联网来说，互联网游戏规则在本质上就转变为了“互联网+”逻辑。在这种逻辑下以网络舆论传播生态的种种变化为基础，探讨互联网游戏规则下舆情变化呈现出的新规律，在大数据背景下结合这些规律研究出新的舆情研判观念，最后总结出一种适应互联网游戏规则的舆情判研逻辑线索。可以将上述过程简单归结为：数据—洞察—行动的研究范式。

除了上述的方法，还有其他的一些研究方法也适用于舆论学研究，如比较法、观察法等。

三 舆论学研究的意义

舆论学作为一个专门的研究领域和学科，来源于社会实践，指导着我们正确地认识民众的时代要求，调整政府与社会的关系，对深化我国改革开放，肃清社会阴暗问题，构建良好的社会新秩序，协调和平衡社会生活中的各种矛盾，有着重要的现实意义。

（一）有利于社会管理者和新闻媒介提高舆论引导与控制的水平

当今社会，随着经济社会的快速发展和科学技术水平的不断提高，信息传播的渠道走向多元化，网络、手机等新媒体的出现动摇了传统媒体和社会管理阶层原有的舆论引导手段，改变了以往我们对舆论传播的方式。新的媒介环境，促使我们必须认清当前的舆论现状，从现实着手重新认识舆论在当前社会所起的作用。舆论学原理理论从社会舆论活动的全局出发，系统地告诉了我们舆论形成中诸种因素的影响，告诉了我们舆论的传播效果的刚性与惰性，这样，我们在社会管理中和新闻媒介发挥作用引导舆论时，就能深切地感受到舆论的发展态势，懂得应该通过什么样的途径和手段引导正面的舆论，抢占舆论阵地，深刻地理解舆论产生的根源，从根部消除舆论的负面效果，不断地推进社会主义的经济文化建设工作。只有懂得应该怎么做，明白为什么要这么做，采取什么方式方法做，才可能结合现实，探索出新的工作方法，引导路径，让舆论服务大众，服务社会，服务国家的政策管理。舆论学讲的都是人类的舆论活动的根本道理。社会管理者和新闻媒介如果缺乏舆论学的知识和修养，就会对舆情把握不严、估计不足，不仅会失去舆论引导的主动性，还可能会演变成民众对社会和媒介的信任危机，导致不良的社会恶果。

（二）有利于增强社会的理性精神

舆论是社会的“晴雨表”和“风向标”，能够明确地告诉我们民众现在的情绪如何，需求如何，意见如何。由于舆论是个人意见的一种集合，往往会夹杂着很多个人的心理因素、情感因素，有理性与非理性之分。比如说减肥，有些人知道过于肥胖会导致各种疾病，于是就会注意膳食的荤素搭配，合理化、科学化减肥，这是人的理性诉求。但是，有些人明明知道减肥会损害身体机能，却偏偏视“瘦”为美，只靠水果充饥，此时，理性的减肥观念早已被抛之脑后，非理性占据上风。作为一个社会的人，理性与非理性总是交织在一起构成人的精神因素。舆论是由公众所表达的观点，当公众以科学的意识运用抽象力、综合力、批判力等认识能力判断事物的原委时，理性的思维就占据了重要的位置，这时的舆论就能在一种平和的、有秩序的意识环境中发挥作用，反映切实的民意。相反，当公众以情感、直觉或下意识等潜藏在人们内心深处的精神因素冲动地表达意见时，舆论随时可能冲破理性的樊篱，控制我们的思维和行为，导致人们的言行或者出现情绪化或者走向极端。现在我国正处于市场转型的关键时期，生活中新问题、新现象、新事物层出不穷，社会里光怪陆离、灯红酒绿的生活方式和消费主义的倾向，容易使舆论出现非理性的状况，这一点特别值得我们重视，此时，学习舆论学就显得很有必要。因为舆论学的一个重要研究目标就是建立理性框架中的舆论，使理性舆论成为舆论活动中的价值规范，保证人们的社会需求与社会目标的统一性。

（三）有利于了解民情，掌握民意，推动社会民主政治的发展

了解民意、掌握民情、关注民生是政府的职责。那么什么程度的舆论代表着大多数的意见，反映民意呢？人们针对某一事件具体的态度和认知到底又是什么呢？政府要想了解这些不能通过走访几个人或者想当然地就认为是民意。毕竟，舆论作为一种集合意识，需要用科学的手段和方法测量才能得出较为准确的结果。定量化的、精细化的把握是政府了解民意的必须工作之一。舆论学研究内容丰富，其中的应用部分就为我们了解民意、掌握民情提供了方法。政府只有通过舆论调查才能确定什么是民意，什么不是民意；也只有确定了民意的具体内容，才能把满足民众需求、提高民众生活水平作为行动指标，为民服务，做人民的公仆。

同时随着网络问政时代的到来，热心于国家发展的精英网民们，热衷于通过网络这个新兴媒介发表感言，提供建议，参政议政热情高涨，不仅监督着国家政策的具体实践，而且还推动着社会民主政治的发展。利用舆论学的知识正确地认识网络舆论，合理地引导网络舆论，发挥网络舆论的导向作用，对于当前我们的舆论现状来说，无疑具有重要的现实意义。

第二章

舆论——拥有多种性征的意识综合体

第一节　不同社会形态下的舆论

一　封闭社会的舆论

从舆论发展的历史角度看，它是一种控制机制。人的社会化进程不可逆转，原始社会，以血缘为基础的氏族、部落得以形成和保持稳定的精神因素便是舆论。当然，这尚不是现代意义上的舆论，而是一种群体意识。在较为封闭、交往范围非常狭窄的传统社会，除非社会制度发生巨大变动，舆论的变化通常很小。作为一种观念形态，它往往滞后于社会经济、政治、文化的发展，从而基本上是社会中的保守性因素。例如"王权至上"的观念，在很长的历史时期内都是多数人认同的。这也导致了在封闭社会形态下舆论的形成与发展严重依赖一种既存的差序社会结构，舆论发展相当缓慢。

当周围的生活环境几乎是固化状态时，舆论会集纳各种传统的观念，如三纲五常，呈现为一种僵滞态势。社会外部因素若没有足够的冲击力，很难使麻木的舆论发生重大变化。因此，传统社会的舆论通常不处于世人们的主要视野内。

二　开放社会的舆论

随着社会物质密度和精神密度的增加，各地区内部和地区之间的交往频率急剧增加，公众参与社会经济、政治的机会日见增多，较大范围内的共同利益得以形成，于是现代舆论开始显示出它的独特作用和能量，同时亦唤起公众自身的自主意识。不知不觉中，舆论变得十分灵敏，外界的微小变动在一定条件下都有可能引起舆论的波动，无论是各种情绪表现、纷纷议论，还是公开的言论和行为，都会进而影响整个社会的进程。于是，舆论的滞后性似乎消失了，它成为现代社会变动的先兆、观察社会动向的晴雨表。鉴于舆论在社会变动中的显性效应，从 18 世纪起，它作为一种重要的社会精神现象和交往形态，得到了世人的持续关注。

以第二次世界大战后兴起的对舆论在法西斯主义产生和扩张中的作用问题研究为例。1933 年，法西斯主义刚刚在德国获得成功之际，奥地利社会心理学家赖希便出版了他的《法西斯主义群众心理学》，指出："法西斯主义的精神是'小人'的精神，小人被奴役，渴望权威，同时喜欢造反。……以法西斯主义的形式，机械主义的权威主义文明从被压抑的小人那里收获的只是若干世纪以来在被征服的人民大众中以神秘主义、军国主义、自发主义的方式种下的东西。"① 在德国长期受到压抑的公众中存在的各种"主义"，其实就是当时德国舆论的主要表现形式之一，在一定的意义上，"小人"希特勒是在德国舆论的拥戴下上台的；反过来，希特勒又通过宣传，更大地扩张了拥戴法西斯主义的舆论。就此赖希写道："正是人的畏惧自由的权威主义结构，使希特勒的宣传获得了根基。因此，社会学上有关希特勒的重要东西，不是来自他的个性，而是来自群众给予他的重要性。使这一问题显得更加复杂的是，希特勒把握了群众，以十足的蔑视态度想靠群众的帮助来实行他的帝国主义。用不着举很多例子来证明这一点，看看一个坦率的表白也就足够了：'人民的情绪永远是上面输入到舆论中的东西的十足排泄物。'尽管如此，群众的性格结构仍能吸收希特勒的宣传。"②

在平和的社会环境中，人们侧重的是另一类问题。如同德国舆论学研究者诺埃勒—诺依曼注意到多数人的舆论对个人意见的发表具有很大制约力一样，捷克作家昆德拉也深刻地意识到这种现象，即个人通常需

① ［奥］赖希：《法西斯主义群众心理学》，张峰译，重庆出版社 1990 年版，第 5 页。

② 同上书，第 35 页。

要考虑大多数人的心态和做法，然后再把自己放到这个既定的思潮之中，而把自己真实的意见隐藏起来，这种现象他称之为媚俗，就此写道："我们中没有一个超人，强大得足以完全逃避媚俗。无论我们如何鄙视它，媚俗都是人类境况的一个组成部分。""脑子里留有一个公众，就意味着生活在谎言之中。"① 他希望人们学会思索，以便保持个性。他引证一句犹太谚语"人们一思索，上帝就发笑"，说明思索对于人生的意义，因为"这个世界可以没有弗洛伊德的心理分析学说，但是不能没有抗拒各种泛滥思潮的能力。这些洪水般的思潮输入电脑，借助于大众传播媒介，恐怕会凝聚成一股粉碎独立思想和个人创见的势力"②。显然，他对舆论的认识站在文化精英的角度，更多地考虑的是舆论在商业化社会中的非理智成分问题。

在我国从计划经济向社会主义市场经济的转型时期，在人们感到社会风气不正、抱怨"道德滑坡"时，黑格尔的舆论理解，或许能引发共鸣：

"公共舆论中真理和无穷错误直接混杂在一起，所以决不能把它们任何一个看做是确认真的东西。""公共舆论又值得重视，又不值一顾。不值一顾的是它的具体意识和具体表达，值得重视的是在那具体表达中只是隐隐约约地映现着的本质基础。……脱离公共舆论而独立乃是取得某种伟大的和合乎理性的成就（不论在现实生活或科学方面）的第一个形式上条件。这种成就可以保得住事后将为公共舆论所嘉纳和承认。""谁在这里和那里听到了公共舆论而不懂得去藐视它，这种人决做不出伟大的事业来。"③

法国艺术史学家丹纳的舆论观从同样的前提出发，认为"形成舆论的方式证明舆论的可靠，近代批评所用的方法进一步证明舆论的可靠"。他写道："大众像个人一样有时会有错误的判断，错误的理解，但也像个人一样，分歧的见解互相纠正，摇摆的观点互相抵消以后，会

---

① ［捷］米兰·昆德拉：《不能承受的生命之轻》，韩少功译，上海译文出版社 1989 年版，第 273、118 页。

② 同上。

③ ［德］黑格尔：《历史哲学》，王造时译，生活·读书·新知三联书店 1956 年版，第 333—334 页。

逐渐趋于固定，确实，得出一个相当可靠相当合理的意见，使我们能很有根据很有信心的接受。”“可以用判断的过程证明判断的可靠。……有多少不同的气质，不同的教育，不同的思想感情共同参与；每个人在趣味方面的缺陷由别人的不同的趣味加以补足；许多成见在互相冲突之下获得平衡；这种连续而相互的补充逐渐使最后的意见更接近事实。”①

不论有多少种关于舆论的不同解读，有些成分是可以被看作常量来进行研究的。舆论的主体是公众，普通的社会成员，虽然公众会出现错误的判断，舆论形成的过程则可能会集中社会的理智，因而舆论应当得到尊重，这是社会民主化的基础。然而舆论的自发、混杂又需要理智的引导。某种意义上讲，如果不去讨论黑格尔对民众过于藐视的态度、昆德拉文化精英式的清高，他们对舆论的分析还是相当深刻的，恰好说出了强调舆论导向时人们考虑的舆论的另一面。在舆论形成中让公众多一些独立思索而少一些盲目从众，使舆论增添些理智的成分，这应当是舆论导向的本来意义。不过，卢梭的“公意”引导“众意”背后隐藏的可能的思想专制，则是需要警惕的。在这个意义上，丹纳多少有些理想化的舆论观仍然应当作为总体上认识舆论价值的基础。

第二节　多维要素组合的舆论

一　舆论的核心力量——公众

作为舆论主体的公众，是自在的对于外部社会有一定的共同知觉，或者对具体的社会现象和问题有相近看法的人群。他们在舆论调查的分析报告中是集合的，但在现实社会中一般是分散的。把他们联系起来的，是在某一方面对外部事物的共同或相近的情绪、观点等。因而，每个人对“公众”的感知既是实在的，又是模糊的。公众通常面临着共同的社会问题和利益，但有时不同利益和文化背景的人群也可能在某些问题的看法上形成较为一致的意见。公众的构成是变动的，会随着社会结构的变化、某些社会现象和问题的出现、消失而不断重新组合。由于公众面

① ［法］丹纳：《艺术哲学》，傅雷译，人民文学出版社1983年版，第17、344—345页。

临的社会问题或现象有局部的，也有全局的，因而面对不同舆论客体的公众群的成员，经常是交叉的。对于特定问题的情绪表现也许较为朦胧、观点表达较为简单，或正确或荒谬，但是应当能够自主表现或表达，具有自主意识。这是能够视为舆论主体的必要条件，否则，公众意见也许并不是真正来自公众。我国漫长的古代社会结构的特点，是将血缘、宗法的伦理法则上升为国家的政治法则，修齐治平的精神原则高度一致，国家与社会高度一体化，消解了私人生活空间存在的可能性。因而，自主公众的形成，对于估量舆论的价值具有重要意义。

物质密度和精神密度较高的区域容易成为舆论的中心。显然，在目前情势下，城市具有这一鲜明的特点，并且值得注意的是具有自主意识的舆论主体正在生成。一位作者就此这样写道："据最保守的统计，每年最少有1000万农民涌入城市。而生活在城市中的人们，也不甘于现状，他们从小城镇流入发达的大城市，……这些流动着的在新的经济体制下寻找机会的劳动者普遍具有最基本的文化水准。被纳入现代化的生产体系和全球规模的市场之后，他们很快与大众意识认同，大众传媒的渲染与引导又使这种意识得到深化。于是，大众，作为一种重要的社会现象，在中国现代化的进程中浮出海面。"①

各种社会团体、党派、学校、企业和政府机关等的宣传部门、接待部门和公关部门，传播代表自己组织的方针政策方面的信息，组织社会活动，执行着一种与舆论群体性质相近的职能。这种按照一定的规则有意识地组织起来的群体，与本来意义的自在的公众是有区别的。其成员分散在社会中的时候，可能是围绕各种不同问题发表自己意见的公众，但由法定社会组织成员形成的执行某种社会职能的群体，仅是对公众的模拟，可称为"模拟公众"②。

由相近或相同的认知而关联、具有社会参与的自主性，这是作为舆论主体的公众的两个主要标志。

---

① 参见陈刚《大众文化与当代乌托邦》，作家出版社1996年版，第8—9页。

② 参见沙莲香《传播学——以人为主体的图像世界之谜》，中国人民大学出版社1987年版，第320页。

二　舆论客体的激活作用

关于舆论的客体，通常是在变动过程中成为公众注意对象的。宏观的如社会的变动，微观的如社会活动家的活动、新近发生的重大事件、流行的现象和观念、社会热点问题等等。舆论客体不同程度地具有争议性，但争议性较大的客体毕竟是少数，它们直接而快速地引发公众参与议论，形成多种显性舆论。不少舆论学的定义都将舆论客体的主要特征规定为“带有争议性”，是有道理的。但是对于“舆论导向”这个研究视角来说，公众对社会变动的知觉，对于各种现实社会现象和问题所表现或表达出来的情绪、态度、观点，只要形成一定规模，表现出一种或几种发展趋势或明显的倾向，即使争议不大，都应视为舆论的存在形式。较为全面而细微地关注这些舆论客体，而不是仅仅关注少数争议性较大的问题，进而观察公众的情绪和态度，对于把握舆论可能的发展方向，进而及时引导是十分重要的。

三　意见产生的基础原子

人们一般把公众公开表达的言语意见视为舆论，有的舆论定义则相反，把“一切不同见解、信仰、想象、成见与渴望等的综合体”视为舆论。就一种舆论而言，它的较为明显的存在形式当然是公开的言语意见，但是有时人们感觉到的存在的舆论并不是明显而清晰的言语，而是一种情绪，由体态语、行为语和流露的冲动性只言片语等形式来表现。若从“舆论导向”的角度观察舆论，仅仅注意公开的表露就不够了，任何外露的言语、情绪都是一种特殊的态度，而态度是由一定的信念决定的。

信念，这里是指人们在接触外界之前，头脑里已经存在的关于现实世界的图像、信条、价值观。换句话说，即人们过去积累的较为牢固的判断事物的标准。“信念”这个英文词的含义就是：当受到外部信息的刺激时，人们常常不以观察和分析为基础，而作出接受或拒绝的反应。把信念作为舆论本身的深层内容，有助于深刻地理解舆论。李普曼较早地注意到这个问题，虽然他有时把信念视为“固定成见”，但是信念对于产生舆论的决定性作用，是看得很透的。他认为，人们生活中接触的外界信息刺激很多，不可能一一对应作出反应，于是便有一种自然的“省力”

原则，起到自我保护的作用，这便是依据信念对感兴趣的事物作出不经思考的直接判断。他写道："信念一旦引起任何人入迷，就永远不会停止它的影响。""不管我们认识什么熟悉的东西，我们都会借助于我们脑子已经有的形象。"信念"唤起了每个人对于某种景色、某种家具和某些面貌的感情，……不需要追忆那些原始的形象就能唤起这些信念"。"我们的一些信条在很大程度上决定着我们将看到什么。"[①] 信念在舆论本身的各种存在形式中处于核心位置，也是在得到外界信息刺激后，进行逻辑推论的大前提。例如对于古典音乐和摇滚乐，如果评价性信念认为前者优雅后者吵闹，那么凡是涉及古典音乐的外部刺激，都会作出相当接近性的反映，而关于摇滚乐的外部信息，将不屑理会；如果评价性信念是前者淡而无味后者振奋精神，那么对于二者的态度就会与前面的截然相反。在日常生活中，每个人感触到一种新环境、新信息，都会习惯性地将它们归类到已经存在于自己头脑里的许许多多关于事物的描述、评价性信念的"分检箱"[②] 里。

显然，态度是建立在信念之上的较为表层的结构，表现为"刺激—反应"之间的中介。它包含认知因素，总是对于一定的客体而言；它包含情感因素，大都要对客体表现出好恶的情感；它包含意向因素，是行为前的思想倾向（接近或远离、占有或放弃等）。

态度的表现形式是多样的，以言语形式的表达，构成显舆论；以情绪形式的表达，构成潜舆论；以规模行为来表达，构成行为舆论。这里容易被忽略的是潜舆论，一些相关著作不把它视为舆论的表现形式，另一些著作则注意到这个问题。例如美国学者伦纳德·多博 1948 年提出"内在舆论""潜隐舆论"的概念。沙莲香 1987 年在其《社会心理学》一书中，将舆论形式分为两类，即"显在性舆论和潜在性舆论"。她认为，潜在性舆论是"只在熟人、亲友之间散布的舆论"，"带有明显的情绪性"。1993 年喻国明在《中国民意研究》一书中，以词条形式将"潜在舆论"确定为舆论学的基本概念，但是他却解释为"多属社会不容公

---

① ［美］李普曼：《舆论学》，林珊译，华夏出版社 1989 年版，第 146、76、157、79 页。

② 孟小平：《揭示公共关系的奥秘——舆论学》，中国新闻出版社 1989 年版，第 41 页。

开议论的内容"[①]。潜舆论不是一般的纯粹个人的情绪表现，而是指有着规模公众、既定舆论客体的情绪性意见，它预示着多数人的预存立场，并有可能进一步形成显舆论。因此，对于舆论引导来说，注意潜舆论甚为重要。如果在舆论处于潜舆论的时候进行适当的引导，容易得到较好的效果；而引导显舆论的困难程度，则远大于潜舆论。

当谈到舆论如何的时候，我们通常指的是这样两个步骤：直接感受公众的公开言语及各种情绪化的表现，接着将这些意见形式的内容归纳为不同层次人群的态度。"信念"这个舆论的深层内容往往被忽略，而这是理解舆论的真正钥匙。因此，将舆论本身确定为信念、态度、意见和情绪表现的总和，对于准确把握舆论具有重要意义。

这里讲的"总和"，不是各种舆论表现的叠加，而是在感受到一种意见时，将它平行地理解为"信念→态度→意见和情绪表现"这样一种精神活动的过程，并将注意力集中于对信念的探究。

四　参与的量度

舆论的数量即舆论的一致性程度。围绕一个舆论客体产生的各种意见，如果处于众说纷纭的境地，呈现几乎无限的多样性，那么便不存在关于这个客体的舆论。因而，舆论的数量是辨别舆论存在与否、存在程度的一个客观标准。按照亨内西的说法，小范围内的或较为简单的舆论客体，围绕它产生的各种意见，无论是凭直觉还是进行调查，其多样性是有限的。如果客体本身十分复杂，关心的公众不仅众多，而且差异性强，产生的意见就五光十色了[②]。这时，估量舆论的数量就显得十分重要。对于较小范围内的较为简单的客体，可以通过随机访问一些人，凭直觉得出"相当数量""超过半数""较多"或"很多"等模糊性的概念，表达关于某个舆论客体的某种意见的一致性程度。对于较为复杂、涉及面广泛的客体的意见，只能凭借科学的舆论调查来估量舆论的数量。

国内有位学者认为："按照感知事物比例的思维习惯，四分之一的比数通常被认为是'较多'的底数。也就是说，一定范围内有四分之一的

---

① 喻国明：《中国民意研究》，中国人民大学出版社 1993 年版，第 280 页。

② 王石番：《民意理论与实务》，黎明文化事业公司 1995 年版，第 16 页。

人议论某一事物或持有一种意见，使人能够获得‘相当多数’的概念，标志着舆论已经形成。”① 这种出于本能的感觉，是以生活经验为基础的，但是最好还是有个科学依据。实际上，运筹学（系统工程方面的应用数学）已经为这种许多人的模糊感觉作出了说明。在研究信息搜索、宏观的“排队问题”、具体的“顺序问题”方面，运筹学用“优选法”解决了不少难题，解决这些问题需要回答：掌握了整体中的多少，能够对整体产生决定性影响，或者可以使整体感觉到一种重要影响的存在。这个在整体中的“点”显然是个临界点。应用数学根据系统工程理论得出的计算结果，便是被称为黄金分割比例的“0.618”。一般地说，当在整体“1”中达到0.618，就能够产生对整体的决定性的、全面的影响；而达到临界点的另一半，即达到0.382，则可以使整体感觉到一种重要影响的存在。依据这个临界点来考察舆论的数量（一致性），则可以说，在一定范围内，有38.2%（约1/3多）的人持某种意见，这种意见便在这一范围内具有了相当的（但尚不能影响全局）影响力；而若有61.8%的人持某种意见，则这种意见在这一范围内将成为主导性舆论。当然，实际生活中没有必要精确到如此地步。换句话说，舆论的数量起点，在于一定范围内持某种意见的人数需要达到总体的约1/3，这时，这种意见可称为“舆论”。

基于以上讨论得出的结果是：

结论一：舆论测验不仅告诉人们议论和舆论的区别，还告诉人们舆论的是非曲直，看到人们的态度指向，即舆论强度。

结论二：一定人数所持有的态度级差，表明一种意见在社会环境中的气势，以及舆论的高涨程度。把舆论的量度和强度截然分开是不科学的，没有一定量的支持，即使态度非常坚定，个人和少数人的意见也是微弱的。公众意见的气势：意见的从众人数和态度的坚定程度构成意见的气势，使意见获得广度和力度。舆论气势 = 舆论量度 × 舆论强度。舆论强势 = 强大的舆论气流 + 庞大的舆论阵营。

把握舆论的数量，目的在于了解关于某一舆论客体的不同舆论的力量对比。对于“舆论导向”来说，这也是估量舆论，以便采取相应措施

---

① 刘建明：《舆论的量度和典论的增长》，《民意》1996年第6期。

进行引导的依据之一。例如，如果一种舆论属于“较多”量级且倾向不够正确，那么起码需要一定范围内 1/3 的人持有另外的较为正确的意见，方可能不使这种意见发生影响全局的作用；反之，如果一种意见的持有人数远远低于总体的 1/3，其他较为正确的意见在整体中占有较大比例，则没有必要对这些不同意见做专门的引导。在保证总体舆论导向正确的前提下，舆论的不一律本来就是正常的，也是社会精神生态平衡所必需的。当然，根据经验，当某种不够正确的意见达到 1/4—1/3 时，则可以将这种意见列为观察对象，做好及时引导的准备。

五　意见的强烈度

舆论的强烈程度有两种表现方式，一种是用行为舆论来表达，通常行为舆论比言语舆论的强烈程度大些，例如静坐、游行示威和其他更激烈的行为；另一种除了部分通过言语表达外，相当程度上表现为没有用言语表达的内在态度，其强烈程度需要通过舆论调查来测量其量级。前者的强烈程度，一般通过实际的观察、访谈和体验进行估量；后者需要根据舆论调查中常用的各种意见量表分析得来。量表中对于舆论客体的态度通常提供择一的七个选择阶梯，中心为“中立”或“无所谓”，两边分别为正反两种意见的阶梯，例如“略加肯定、肯定、非常肯定”和“略加否定、否定、完全否定”。如果有约 1/3 人所持的某种意见达到“略加”点，可以说这种意见转变为舆论，并表现出相对弱的强烈程度；如果 2/3 人的意见处于“非常”“完全”点上，则舆论的强烈程度趋向极点。一般地说，某种意见处于极点是不大正常的状态，需要加以疏导，保持一定程度的舆论分流，以便使社会处于稳态。

舆论的强度与公众对于舆论客体的知晓状况相关。对于舆论客体了解得越清楚，有所体验，对表达的意见倾向信心越强，则意见强度越大；对于客体略知皮毛，决定自己的倾向迟疑，所选择的意见阶梯通常是“略加”点，因而其意见容易受外界影响而变化。

强烈程度是测量舆论存在与否的量度之一。如果只是有少数人持某种意见，表现强度又很微弱，一般无法将它视为舆论。现在所说的“舆论导向”，不能只对于不够正确的舆论给予引导，也应包括对于舆论强度的适当控制，避免过度的舆论趋同，带来舆论震荡。

六　意见的持续性（存在时间）

在解释这一要素时先来廓清几个基本概念：

舆论的“向量”：每一种意见，都有一定的方向或倾向、偏好，同时又有一定的强度，这种意见称为舆论向量。向量空间：针对一个问题，所有可能发生的向量，称为向量空间。如：社区、网络论坛、某些媒介。向量丛：不同意见的集合，构成一个向量丛。

意见通过涨落，发生相变，即相互联系相互凭借的因素发生变化，使舆论产生新的有序结构。这种变化的“临界点”是什么？舆论形成的标志是：第一，达成共识。公众取得倾向一致的意见，其意见核心的向量成为意见向量空间的基本取向。第二，社会认可。舆论以相当数量的公众为依托，具有一定的代表性。这里的相当数量是指：①参与议论同一个公共事务，并发表意见的公众总数中的“相当数量”；②在最低限度上必须满足统计需要，具有统计意义，不少于公众的 1/3 超越个别性，具有代表性和社会性，形成社会声势或社会势力，人们能感受到存在。第三，群体制约。舆论形成社会性的精神力量，即具有意见调节的功能。对比来看：

> 舆论形成层：个体言论→相当数量的公众言论→媒介宣传放大→产生强大的舆论氛围
>
> 实际反应层：微不足道→代表群体的意志→言论功效增加→对公共事务解决施加影响

在日常生活中，存在着许多话题，但往往随意性很大，偶尔一谈论，过后即淡忘，谈不上存在时间；人们每天接收到数不清的信息，绝大多数也很快被淡忘。只有不多的话题或传来的信息给公众留下深刻印象，从而形成舆论。而舆论一旦形成，总要存在一段时间，即使舆论客体消失了，人们还会有所议论，因为舆论的发生总是滞后于舆论客体的。舆论的存在时间或持续性是舆论存在的另一标志，短则几小时，长则多少年。人们对舆论的感觉，一定程度上是由于舆论通过它的持续性存在，给人不断刺激造成的。

舆论的持续性有时被称为舆论的韧性。它与舆论客体的情况相关。如果人们议论的舆论客体所体现的信念、价值观与公众差距较大，或者说“问题没有解决”，舆论是不会消失的；即使暂时被新的刺激物转移，一旦原有的问题再现，还会形成相近的舆论。还有另一种情况，如果舆论客体所体现的信念、价值观与公众十分相近，只要这个客体存在着，便会产生与之相应的舆论，在通常情况下，这类舆论的强度不大，但存在时间较长，或者说韧性较强，例如涉及道德认识的舆论。

舆论的韧性是从“舆论导向”角度考察舆论的一个重要方面。凸显符合精神文明、同时与公众的现实信念、价值观相近的舆论客体，从而形成较为持久而稳定的良好舆论氛围，这对于抑制倾向不良的舆论是有效的。但是舆论的韧性同时也可能是正确引导舆论的巨大障碍，因为一些陈旧的道德观方面的舆论，具有相当强大的韧性。在从传统社会转向现代社会的过程中，改变大多数人的某些陈旧信念，需要引导者具有较大的韧性。

七 反作用力的体现

舆论存在的综合表现，是能够以自在的方式，直接地或间接地、明显地或隐蔽地影响着舆论客体。如果说一种舆论在它存在的范围内没有产生对客体的任何影响，那么这种舆论便谈不上是舆论，而是一种一般的无足轻重的议论。人们所以能够感觉到周围存在着各种相近的或相对立的舆论，就是由于各种舆论在相互交织中时时影响着舆论客体，促使客体朝着主导性舆论的方向发展或转变。所以，这种影响表现为各种舆论相互作用的过程。在这个意义上，国际交流委员会 1980 年的那份著名报告中关于舆论讲了这样一段话：“舆论也不仅仅是各种意见的总和，而是在广泛的知识和经验的基础上不断比较和对比一些意见的一种待续的过程。”①

舆论的功能表现是自在的，而引导舆论则是自为的。因而，调查现实的各种舆论对于舆论客体将产生、已经产生何种影响，以及影响的程

---

① ［英］麦克布赖德：《多种声音　一个世界》，中国对外翻译出版公司第二编译室译，对外翻译出版公司 1981 年版，第 268 页。

度，是进行舆论引导的前提之一。

八　理智性因素

舆论的质量是指舆论所表达的价值观、具体观念及情绪的理智程度。一般说来，在一定时期一定范围内的主导舆论，是大多数公众的意志，这种意志应当尊重，至少要得到重视。在这个意义上，舆论是民主的重要因素。但从以下舆论的特征考察，舆论又是一种内容十分庞杂而多变的社会精神形态：

舆论是一种群体意见的自然形态，因而它带有较强的自发性和盲目性，它的变化、发展在一定程度上是被动的，文化和道德的传统对它的影响相当巨大，同时各种偶然的外界因素也会经常不断地引起它的波动。不稳定和多变是现代舆论的表面特征；同时由于传统的影响，舆论在一些问题上又相当滞后，传统的封闭社会的观念在较长的时期内还会对现实舆论发生作用，尽管这种影响力在逐渐减弱。

舆论的主体公众，有时来自完全不同的社会阶层，因在某个问题上持有相同或相近的意见，于是在观念形态上呈现为相关联的舆论群体。而舆论本身，实际上也许只在表面意见上相同，进一步考察舆论的信念层次，会发现很大的差距。

不少舆论主要是以不同的社会阶层、不同的发生范围、不同的舆论客体等划分存在空间的，而不同空间的舆论主体的文化水平和信息接受能力悬殊。

就舆论的数量、强烈程度和持续性而言，对社会整体感知方面的舆论，社会的最大多数，即社会的中下层公众，经常决定着舆论的发展方向，具有较高文化水平的所谓精英阶层的舆论，有时并不能够左右这种舆论。

即使是精英阶层的舆论，也是自在的形态，同样会受到各种现实和历史的政治制度、经济制度、文化环境、自身利益的影响，并非总是社会理智的代表。

基于以上五方面的分析，舆论中同时含有理智和非理智的成分是正常的。舆论不同于自为组织的纲领政策，可以对各种问题表现得十分理智，它的自在形态决定了它在总体上是一种理智与非理智的混合体。分析具体舆论，对它作出正确、错误或无害等的判断，通常是舆论引导者要做的工作。无论引导者对具体舆论的判断如何，深切地理解各种舆论得以产生的社会心理原因，以实事求是的态度而不是以固定、单一的理想化模式苛求舆论，是引导舆论成功的首要前提。

舆论对个人的独立意识来说，是一种无形的精神压力，它可以迫使个人从众而失去自己独立的精神人格，一些社会心理学家就是从这个角度，深刻地分析了舆论的威力。显然，识别舆论的质量，需要较高的素养，尤其是冷静的理智和丰富的知识。舆论有时带有较多的传统成分，并非时时代表社会的良知和发展方向。即使是从保持个人独立意识的角度，也应当在实际情景中去考察这种理智性是否具有推动公共事物过程朝着有利用社会发展的方向去行进。

第三节 “场合”“背景”因素下的舆论差异

就具体发生的舆论而言，存在于一种怎样的状态之下，与其产生时所处的环境背景有着深刻的联系。舆论在差异情景下存在变体形态，不同状态都可能对在其影响下的主体和客体形成压力和造成失衡，对于具体的事件而言则可能产生方向上的变迁。因此，在这里首先对舆论产生过程中可能存在的不同形态进行分析。

一 潜舆论的弥散模式

这类舆论的性征是具有情绪性、不公开性和分散性。

在舆论客体出现之前，每个人不论是否意识到，都有着预存立场，即以往积累的生活经验和较为牢固的判断事物的标准。这些东西有意无意地决定着个人意见的基本倾向。预存立场相近的公众，其信念则构成舆论的深层内容，需要通过对具体舆论客体的接触才会显露。在这个意义上，舆论的深层次内容——信念，是一种具有弥散性质的舆论。李普曼谈到过一种现象：“在日常世界里，常常是在有证据以前很久就已有了真正的判断，这种判断本身就包含着结论，证据是很自然地进一步证实这种结论的。"[①] 他所说的"判断"，即是一种预先存在于人们头脑里的观念，这不是一般的对具体问题的看法，而是人在社会化过程中习得的相对固定的价值观、道德信条、最基本的好恶等带有所在群体特有传统、现实政治经济体制印记、个人性格特征的信念。尽管在相同文化传统和政治经济体制下的公众，信念有相近的地方，但是，由于生活于不同社会群体之中，公众的信念差异亦会很大；即使生活于同一个群体中，个人间的信念也存在着差异。研究这种看不见的不同人群的信念，是做好舆论导向工作的基础；但是对此的把握也是最困难的，因为世界上最莫测的便是人的内心。

人们能够多少知觉到的一定范围内较为一致的公众情绪，也是一种弥散舆论的表现形式。有的舆论学研究者把这种舆论形态视为"低水平的民意"[②]，其实，对于舆论导向来说，舆论的水平无所谓高低，关键在于它是否较为真实地反映公众对舆论客体的倾向性意见。关于以情绪表达的舆论，刘建明的论述较为全面，他写道："公共情绪是一种集合社会心理，它的外在形态一般表现为对某一事物的普遍心绪，并通过只言片语透露出来。""弥散舆论是意见的萌芽或潜伏形式，情绪是这种舆论的唯一外部形态。"[③]

有时弥散舆论比表意舆论更能确切地说明舆论的真正倾向，因为表意舆论的发表会受到各种其他因素的规范，而各种社会规范很难直接干预情绪型弥散舆论的表达，在较少约束的情况下，反倒能够体现意见的真实状态。

有不少舆论客体，最初引发的不是直接的较为清晰的意见，而是公众的情绪。情绪通常较为含糊地表达了公众对于舆论客体的态度，是显舆论的原始阶段。如果在这种舆论形态下及时将某种良好的社会情绪升华为明显的意见，或者对不大健康的公众情绪进行适当引导，效果比弥散舆论转化为显舆论时，要显著得多，对于社会的稳定更为有利。

根据心理学家拉扎勒斯的论述，公众情绪的产生与他们对刺激情景

---

① ［美］李普曼：《舆论学》，林珊译，华夏出版社 1989 年版，第 78 页。

② 喻国明：《中国民意研究》，中国人民大学出版社 1993 年版，第 278 页。

③ 刘建明：《基础舆论学》，中国人民大学出版社 1988 年版，第 350 页。

的估量——好或坏有密切关系。这种估量通常是直觉的，但又依赖记忆。当社会发生较大的变动，例如实行了某种经济改革或发生了影响全局的事件，人们会习惯性地调动头脑里的记忆，不经意地运用信念进行对比判断，并以一种直觉的形式——兴奋、愉快、敬慕、爱戴、悲怆、抑郁、焦虑、厌烦、冷漠、恐惧、愤怒等情绪的波动表现出来。如果在一定范围内的这类情绪表达遍及相当多的公众，那么可以说一种弥散舆论已经形成。

情绪型弥散舆论不同于信念型弥散舆论，它与人的本能和无意识有更多的联系，往往情不自禁，以或明或暗的可以感觉到的各种形式，诸如体态语、行为语、只言片语、简单的图画符号、片断的音乐曲调等表达出来。在社会范围内，这些片断又持续出现的外在表达形式如果达到一定规模，会在较快的时间和更大的空间内流动，从而促进或抑制社会的发展进程。因为社会情绪通常不是单向的信息表达，而是双向和多项的沟通，情绪表达需要表达的对象。情绪表达的主体与表达对象之间必须具有同感共识，才能达到表情达意的目的。另外，情绪具有社会感染的特点，特别在具体的舆论场中，这种感染十分迅速，例如大型会议的会场、体育赛事的场地等，往往少数人的情绪表达（鼓掌、欢呼、叫骂、狂喊等）会在瞬间转变为全场多数人的情绪表现。在社会范围内的政治革命或经济改革所引发的各种情绪表现，也会以舆论波的流动方式，较快地波及全社会。

情绪型舆论是公众意见倾向的征兆，虽然实际产生的对社会发展的影响力不及显舆论强大，但不可轻视。如果对非理性的情绪型舆论引导不力或出现引导失误，可能导致不利于社会稳定的显舆论和行为舆论。然而，情绪型舆论对于研究舆论导向来说，又是一个极好的了解现实公众意见倾向的窗口，因为情绪的表达不同于清晰而明确的公开意见，它们或是片断地表达闪现，或是集群性地爆发，无形的道德规范和成文的法规对此很少能够给予有效的约束，因而它们可以是舆论的较为真切的形态，尽管缺少理性和清晰度。

具体来说，弥散舆论的表达多数带有明显的情绪性色彩，当然也不排除具有理性性征的意味。对于它的引导中要学会去粗取精，去伪存真。

二　显舆论的表意模式

表意舆论是指在一定范围内相当数量的公众，以各种公开的形式表达的对舆论客体的态度，它或是由外界刺激直接引起，或者是由情绪型潜舆论经过一段时间的酝酿，转化而来。表意舆论在意见倾向方面相对清晰，但由于毕竟是自发的社会观念形态，具体的表达呈多样化，无法达到精英型意见的形态。

表意舆论是对外界刺激的认知、意向和情感的综合反应。它可以是公众对于外界信息刺激的一种本能反应，真实地表达了公众的意见倾向，但有时表意舆论本身也表现出它的工具性机能，因为每个人在表达自己的意见时，除了个人具有的内在信念、期望或目标，以及偏好等心理因素决定意见倾向外，“公开表达”这个条件对于舆论主体来说，还增加了不少外在的影响心理活动的因素。这主要表现为以下三方面：

1. 为适应具体环境而形成的表意舆论

人们为适应自己的生活环境，必须观察他人、群体、已有的舆论、社会意识形态等的现实状况和相互的力量对比，以便获得较好的人际关系、社会承认，即获得基本的生存条件，并顺利从事自己的工作。公开表达的意见，这时至少在语言词汇上会与流行同步，多少要符合现实的主流观念，适应的程度依个人的自主性强度、社会精神压力的强度而呈现不同的级差。于是，相当多的表意舆论，带有从众的特征。

这一点在新闻学理论中也有所体现。受众在接受新闻信息的过程中对媒介的依赖程度可以用受众忠诚度来体现。但是，在一系列调查研究后发现：受众的忠诚度分作两种情况，即行为忠诚度和情感忠诚度。前者仅仅在行为上表现为接受新闻信息，但实际内心并没有产生真正的认可，甚至存在内心的抵触，而表面上的接受行为只是因为外在的影响或是迫于某种压力。对于这一现象的研究有助于我们厘清现实公众的行为背后的心理，从而更有效地产生舆论引导。

对于从众这一概念，不同心理学家的观点不尽相同。心理学家迈尔斯认为从众是个体在真实的或想象的团体压力下改变行为与信念的倾向。而史蒂芬·弗伦左则把从众定义为对知觉到的团体压力的一种屈服倾向。尽管表达上有差异，但都指出了这一概念的实质，即从众是一种在压力之下发生行为改变的倾向。

最早对从众行为进行实验研究的是出生于土耳其的心理学家谢立夫，1935年谢立夫发表了他的有关团体规范如何形成的研究报告。在这篇报告中，他明确反对作为美国心理学奠基人之一的F. 奥尔波特关于群体问题的观点，认为团体不是个体的简单组合，团体大于个体之和。

为了证明在不确定条件下团体压力会对个体的判断产生影响，谢立夫利用知觉错觉中的自主运动现象研究大学生被试的判断情况。自主运动现象是指在一个黑暗的没有参照系的屋子里，当人们盯着一个静止不动的光点时，会感到该光点向各个方向运动的现象。在研究中谢立夫把大学生三个人分为一组，让他们判断光点移动的距离到底有多少，每一组在判断之后把自己的结果告诉给其他的被试组。最初的时候，人们判断上的差异很大，有的人认为光点移动了七八英寸，而有的人认为只移动了零点几英寸。但随着时间的推移，人们的判断趋向一致，到第三个阶段时，所有被试组的判断基本上达到了一致，即对这个问题形成了一个共同的标准，谢立夫认为这个阶段实际上已经建立起了团体规范。这种规范对每个人的行为与信念起着制约作用。有意思的是，在研究结束时谢立夫问参加实验的被试他们的判断是否受到他人的影响，结果被试都否认他人对自己有影响。谢立夫的研究还发现在情境越不明确以及人们不知道如何定义该情境时，人们受到他人的影响也越大。

谢立夫进一步研究了在自主运动情境中形成的团体规范能够存在多久，结果发现团体规范对个体判断的作用越强大，团体规范被团体接受和传递的可能性越小。也就是说，规范的压制性力量越大，它以后被修改的可能性越大。这个结论有助于我们理解为什么强大的独裁政府会在一夜之间土崩瓦解。

与谢立夫的研究相比，阿希的研究被认为是有关从众研究的典范。由于谢立夫的研究是在一种模糊的情境中进行的，所以人们往往认为是比明确的情境使人们易受他人影响。那么，当情境很明确的时候，人们会不会从众呢?

在阿希研究的基础上，有学者进一步对从众的原因做了说明。根据他们的观点，促使人们从众的团体压力有两个来源：规范性和信息性的社会影响。前者发生在人们想要获得奖励与避免惩罚时；后者发生在个体希望从他人或其他团体那儿获得精确的信息时。比如坎贝尔等人就指出，人们经常从团体获得信息，尤其是在情境不明确的时候，所以人们常常在团体情境中产生从众。

阿希的研究从某种意义上证明了从众是人类的一种基本倾向。同时阿希及其他的心理学家发现有许多因素对人们的从众行为有影响，这些因素包括情境因素和个人因素等。

情境因素：影响从众行为的情境因素很多，总结起来有三个方面：一是团体的规模：在阿希的系列实验中，他通过改变同谋的数量（由 1—15 人发生变化），发现随着人数的增加，从众也越常发生。但这个人数有一个极限，即不能超过 4 人，如果超过这个范围，人数增加并不必然导致从众行为的增加。另外一种情境因素是团体的凝聚力：霍格、洛特等人指出，在一般情况下，团体的凝聚力越大，从众的压力越大，人们的从众行为越可能发生。第三种情境因素是团体的社会支持：在阿希的研究中，如果有一名实验者的同谋选择了正确的答案（不是故意选择错误的答案），结果将会如何呢？实际上当有这样的一个人时，被试从众的可能性会大大下降，降到面对一致性决定时的 1/4。阿伦和莱文就指出社会支持通过降低规范性社会影响而减少了人们的从众行为。

个人因素：人们的从众行为倾向也受自身特征的影响，与从众有关的个人因素有以下几个方面：自我：内在自我意识强的人做事情往往按照自己的方式，不太会去从众；而公众自我意识强的人往往以他人的要求与期望作为自己的行为标准，所以从众的可能性更大。个体保持自身独特性的需求：许多研究证明，有时候人们不从众是为了保持自身独特的自我同一性。其中在森蒂的实验中，他首先让参加实验的被试相信自己最重要的 10 个态度与另外 1000 个大学生的态度有的不同，有的则完全相同。然后这些被试参加从众实验，结果那些被告知与他人态度差异极大的被试往往通过不接受他人的影响来保持自我同一性。因此，尽管人们经常从众以避免他人消极的评价，但有时候我们不从众仅仅是因为我们感到自己与众不同。

个人的控制愿望：对自己行为的控制愿望也会影响到人们对从众行为的反应。布雷姆提出的心理抗拒理论就认为：人们相信对自己的行为拥有控制权，因此当这种控制自由受到限制的时候，人们往往会采取对抗的方式，以保持自己的自由。在生活中经常有这样的事情，比如父母告诉自己的女儿不要和某个人交朋友，女儿却偏偏要和这个人好。她之所以这样做，实际上是通过抗拒体现自己的自由。

除了以上因素之外，个体的社会地位、预先的承诺和性别等都会对从众行为产生影响。在一个群体中，社会地位越低的人从众的可能性越大；对组织或他人的承诺越大，从众的可能性越高。性别与从众行为的关系比较复杂，早期的研究者认为女性的从众倾向比男性高，但最近的研究并不完全支持这一结论。伊格列指出，如果男女在从众行为上有差异的话，也仅仅发生在要求女性当面反对对方的情境下。

社会压力会引发人们的从众行为，但有时候人们也以其他方式进行反应，最常见的有反从众和独立，其中反从众是指由心理抗拒引起的在所有情况下对抗从众的现象，它与社会压力的要求恰恰相反；而独立是指人们不愿受制于他人的倾向，独立的人不在乎社会的压力与他人的要求，往往是按自己的意愿行事。

舆论学上的沉默的螺旋理论、文化规范论等，都是从不同角度对舆论受到的外部制约力量的研究。

2. 表意舆论中的自我表现成分

自我表现是一种人格特质。它的社会心理学解释可以用顺从来表达。顺从是指在他人的直接请求下按照他人要求做的倾向，在做出顺从行为的时候，人们可能私下同意他人的请求，也可能私下不同意他人的请求，或者没有自己的主意。在现实生活中，我们经常向他人提出这样那样的要求，希望他人能顺从我们的观点与行为。巴斯和顾德对引起顺从的环境与策略进行了探讨，指出增加他人顺从的技巧与我们对他人的了解程度、自己的社会地位、请求的性质等有关。要想使他人顺从我们的请求，创建良好的顺从环境非常重要，其中有三个因素有助于建立一个使人们感到愉快的顺从气氛：

积极的情绪：情绪好的时候人们顺从的可能性更大，尤其是要求他人做出亲社会的助人行为时。心情之所以有这样的作用，原因之一是因为心情好的人们更愿意也更可能参与各种各样的行为。第二种解释则认为好的心情会激发愉快的想法和记忆，而这些想法和记忆使人们喜欢提要求的人。由于好的心情有助于增加顺从，所以人们经常会在向他人提要求之前先给他人一点好处，李顿和米歇尔把这种自我表现的策略称为讨好，预先的讨好和奉承对增加顺从十分有效。

强调顺从行为的互惠性：在社会规范中，互惠规范对顺从的影响也不小。互惠规范强调一个人必须对他人给予自己的恩惠予以回报，如果他人给了我们一些好处，我们必须相应地给他人一些好处。这种规范使双方在社会交换中的公平性得以保持，但同时也变成了影响他人的一种手段。迪斯·瑞恩的一项实验室研究就证明了互惠规范的这种影响。在研究中被试与另外一个学生一起完成一项工作，实际上这名学生是实验者的助手，在有些情况下他对被试很友好，而在另外一些情况下他对被试不友好。在实验中间休息的时候，助手出去了一会儿，几分钟之后又回来了。回来的时候有些人给被试带来一瓶饮料，有些人则什么也没带。不久，助手要求被试购买票面价值为 25 美分的演出票，结果发现有饮料的被试人均购票两张，而没有饮料的被试只买了一张票。互惠规范被广泛地运用于我们的日常生活之中，尤其是在市场销售活动中。汽车销售人员在你购买了他们的产品之后，经常会给你送一些礼物；保险销售人员也如此，当他们挨家挨户推销保险的时候，经常会给人们送诸如台历之类的小礼品，他们这样做无非是为了增加人们的顺从愿望。

合理原因的效果：我们对他人的顺从也需要合理的原因，当他人能给自己的请求一个合理解释的时候，我们顺从的可能性也越大。艾伦和她的同事对给理由对增加顺从的影响进行了研究，在研究中她让助手去“插队”复印一些文件，在有些情况下助手没有说出理由，只是简单地说“我可以先印这 5 页文件吗？”结果 60% 的排队的人顺从了助手的要求；而在另外一种情况下，助手给了一个简单的理由，他说“我时间紧张，可以先印这 5 页文件吗？”结果 94% 的排队的人顺从了助手的要求。仅仅给出一个简单的理由就可以增加他人的顺从，是因为人们习惯于对他人的行为寻找原因，并且我们也相信他人不会提出不当的要求。

3. 表意舆论中的自我防卫成分

公众生活中充满了各种矛盾和利益的划分，出于自我防卫的目的，不少公开表达的意见是含糊的，或者回避关键问题。当群体内外出现某种威胁时，公开表达的意见往往首先服务于保护自身的目的。这时的某些舆论带有一定的暧昧性质，与另一些可以从公开意见中得到好处的明确意见形成对照。

但是，公众为了内在的心理平衡，亦在自觉不自觉地努力保持着前后较为一致的意见倾向，于是当外在压力造成一种意见的选择以后，如果这种压力持续时间较长，公众表达意见的动机，会依次出现“服从→同化→内化”[①] 的过程。同化是把别人的看法、观点、判断等吸收过来，看成自己的东西，是一种“表同”，尚没有把外在影响与内在的信念统一起来；当把接受过来的观念无形中纳入自己的信念体系的时候，外在的观念便成为自我知觉和自我评价的一部分。这种情况常出现于无组织状态的公众群体，但每个人处于哪个阶段，如何接受外在影响进入到某个阶段，差异会很大。对于组织较为严密的群体，或者独立性较强的个体来说，外在的压力引起的变化属于“工具性机制”，内在信念发生根本变化的情形较少。

表意舆论所表达的公众意见倾向复杂一些，需要做较多的细致的调查研究工作，因为公开表达的意见中可能含有表面化的“样子”成分，特别是一些公众面对媒介采访者所说的套话，常常并不能代表舆论。

社会心理学关于以上现象的解释是十分清晰的，那么关于表意舆论的有关引导中就得注意公众实际的接受情况。媒介的信息传播要更具有质量上的提升，真正产生公众层面的理解和记忆。

三　行为舆论的召唤模式

行为舆论是指主要以行为的方式表达的舆论，这种情形中通常还会夹杂着语言和文字的意见表达，严格说是一种综合型舆论，在行为中既有情绪的表达，也有公开的言语。例如一定规模的时髦展示、社会公益活动、游行示威、自发狂欢等。从社会学的角度看，行为舆论是社会集合行为中的一类，它与其他社会行为的主要区别，在于行为目的是观念的传播或情绪的发泄。在这方面，美国社会学家斯梅塞于 1962 年提出的

① 沙莲香：《社会心理学》，中国人民大学出版社 1987 年版，第 250 页。

“集合行为理论”[①] 颇能借用来说明行为舆论的发生原因。

根据斯梅塞的理论，发生行为舆论的原因可以归结为五种，即：(1) 社会结构的诱发。同传统社会相比，现代社会更容易出现时髦行为的舆论。(2) 社会内部发生“结构紧张”。这是指各种价值、规范间相克而引发冲突造成对立的行为舆论。(3) 某些一般化了的信念得到发展和普及。这种情形常伴随着各种行为舆论。(4) 契机要素的引发。例如社会恐慌的出现。(5) 对行为参与者的动员，其中舆论领袖的作用甚为重要。

同样根据斯梅塞的理论，行为舆论可以分为五种类型：(1) 旨在实现价值志向的行为舆论，诸如环境保护、捐助难民的宣传展示活动等；(2) 旨在实现规范志向行为舆论，诸如我国公众展开的学习雷锋运动、文明窗口活动等；(3) 敌意暴露行为，诸如出于示威目的的游行集会、罢工罢课等；(4) 恐慌和疯狂行为，诸如盲目的群体逃亡、赛场骚乱等；(5) 各种相对短时的围观。

斯梅塞所讲的社会集合行为，大多有一定的组织性，而且属于凸显性的社会行为，有的可能代表了公众意见而属于行为舆论，有的可能并不代表舆论，是按组织系统安排的，但表现形式上基本相同。

一般地说，行为舆论的意见表达强度要大于一般的表意舆论。个人处于群体之中的时候，个性减弱，受群体意志支配的程度加强。如果行为舆论表达的是健康的价值志向，或是符合社会一般要求的规范志向时，有利于较快地将个人意见转化为健康舆论的一部分；如果是相反的情形，特别在群体失去理智的情况下，社会感染、信息传播中的暗示会较快地激发参与者强烈的情绪，并使行为非理智化，这对于社会的稳定是一种较大的威胁。因此，对可能出现的负面行为舆论，媒介的引导要及时，要有一定的预见性。

还有一类行为舆论，诸如各种流行时尚，自发性更大些，意见表达强度也不一定很强，但影响范围却比较广泛。这种行为舆论更带有当代

---

① 集合行为理论：在集合行为中个人的特征已经被集体的特征湮没，出现了一种集体心理，人群中的个体尽管背景各异，但是他们都会遵循某种共同规则。以下三种理论主要在于解释为何集合行为中人们的行为倾向一致，即“感染论”“趋同论”“紧急规范理论”。

的特征，日本学者中野收在他的著作《现代人的信息行为》中，曾分析过都市公众的流行现象。因为人在信息时代处于既感到孤独又感到社会联系太多的矛盾中，为了使二者在内心均衡，便不断地用“变身”和体验来对抗孤独和过剩的联系，于是出现一个接一个以“热”著称的社会行为，诸如某类小说热、某种社会活动热、某项兴趣爱好热等。它们本身也是一类行为舆论，直接表达着公众一个时期内的心态倾向，间接表达着一定的意见倾向。

第 三 章

剖析——舆论的社会心理因素之一：认知

在舆论中，一些相关的信息是否准确地给公众提供认知是十分重要的。当公众能够客观、公正、全面地对人或事物形成认知时，产生的相关舆论可能是良性的、理性的。反之，由于信息的不公开或支离破碎的流传，公众形成的并不是一种理性认知时，舆论又会变成社会传闻，甚至是谣言。

在搭建舆论体系中的认知层面时最基本的构建形式是人际传播，这也是一种最基本的方法。但显然人际传播中的一些信息可能因为传播者过于浓厚的主观倾向性而失真，甚至以讹传讹。在现代社会中公众形成对某人或事的认识更多地依赖大众传播媒介，而传媒也乐于承担此项功能——既为其形成了一定社会声望，又可以获得可观的利益。可是不论如何，传媒为公众所提供的信息也并非一种准确的“事件复制”。在传播者编码的过程中对信息的选择、过滤和筛选形成了他们认为可以传播的信息，而且这些信息很快以媒介议程设置的形式迅速、大量地植入公众的眼球。在这些经过加工的信息中也包含着传者或传媒的倾向性，只不过不像人际传播表现得那样明显而已。在标榜“中立”的口号中，传媒为公众在形成某种舆论前所搭建的认知平台中包含的预存立场同样以隐晦的方式体现出来。可见，传媒的这种间接构成公众对真实世界认识的做法其实给形成舆论的主体提供了与现实略有不同的“拷贝世界”或是“拟态环境”①。毫无疑问，一种

① 沙莲香：《传播学——以人为主体的图像世界之谜》，中国人民大学出版社 1990 年版，第 119 页。

先决的认知会影响个体最终形成的判断、态度。正是认知决定态度的过程性，才催生了传媒不断对公众的认知平台构建施加影响的可能，传播学中议程设置、把关人等理论开始了基于这一层面的考虑。而最为典型的莫过于申农的信息论和维纳的控制论，以精密的数理思维模式导出信息量并形成对信息量的有效控制从而进入对接受信息人群的心理控制，这无疑是两位学者的巨大贡献。但是，即便如此，在申农的理论中我们还是看到了他的忧虑，再精密的计算当其到达解码层面时还是会引起一些预想不到的歧义，何况在编码过程中本身就存在着诸如信息冗余度、变异度等问题。

某些问题对于传播者来说是可以精密策划的，但对于接受者而言是基于其本身的认知状态、认知习惯、认知思维来完成最终对态度层面的驱动。所以，在这里不妨换一个角度去了解传受双方的认知心理，以达到共鸣点的多少来判断传播的效果。而在这一切的基础还得从社会心理学的认知理论谈起。

认知理论是社会心理学中最重要的理论之一。按照认知理论的观点，人的行为决定于他对社会情境的知觉与加工过程。心理学家在研究人类认知过程的时候发现，有关社会知觉的定律和与对物体知觉的定律极为相似，人们常常很自然地把对某一社会情境的知觉、想法和信念组织成一种简单而又有意义的形式，就像对物体的知觉一样，并且不管社会情境如何错综复杂，人们都会将它变得有规律。这种对环境的知觉、组织及解释影响了一个人对社会情境的反应，而这个解释社会事物的过程被心理学家称为社会认知。社会认知的范围极为广泛，它不仅包括我们对他人外在特征的认识，也包括我们对他人内在特征（像人格、情绪）以及人际关系的认识。显然，舆论生成的前提中舆论主体产生认知的心理活动是必经的过程，从个体认知上升到社会认知共识的可能便会出现。接下来就用一些篇幅来说明心理学中的认知问题。

第一节　以认知为起点的舆论意见

认知是人类独特的心理过程。它充满神秘的加工活动吸引了无数优秀科学家的注意，他们从不同的视角研究认知现象，丰富和完善着认知理论。本节力图介绍现代认知理论对认知活动的基本观点。

一　认知概念及其包含的问题

认知的概念："认知"是心理学界普遍使用的一个心理学术语，但是国内外心理学家在使用"认知"一词时往往含义不同。一般认为，认知有广义和狭义之分。广义的认知与认识的含义基本相同，指个体通过感觉、知觉、表象、想象、记忆、思维等形式，把握客观事物的性质和规律的认识活动。狭义的认知与记忆含义基本相同，是指个体获取信息并进行加工、贮存和提取的过程。认知是个体重要的心理活动，是人的意识的集中表现。认知对人的情绪、行为具有重要的调节作用。认知心理学对认知活动的研究涉及以下四个方面内容：

认知过程：认知过程是个体认知活动的信息加工过程。认知心理学将认知过程看成是一个由信息的获得、编码、贮存、提取和使用等一系列连续的认知操作阶段组成的按一定程序进行信息加工的系统。信息的获得就是接收直接作用于感官的刺激信息，感觉的作用就在于获得信息。信息的编码是将一种形式的信息转换为另一种形式的信息，以利于信息的贮存和提取、使用。个体在知觉、表象、想象、记忆、思维等认知活动中都有相应的信息编码方式。信息的贮存就是信息在大脑中的保持。在记忆活动中，信息的贮存有多种形式。信息的提取就是依据一定的线索从记忆中寻找所需要的信息并将它提取出来。信息的使用就是利用所提取的信息对新信息进行认知加工。在认知过程中，通过信息的编码，外部客体的特性可以转换为具体形象、语义或命题等形式的信息，再通过贮存，保持在大脑中。这些具体形象、语义和命题实际就是外部客体的特性在个体心理上的表现形式，是客观现实在大脑中的反映。认知心理学将在大脑中反映客观事物特性的这些具体形象、语义或命题称为外部客体的心理表征，简称表征。通常情况下，"表征"还指将外部客体以一定的形式表现在大脑中的信息加工过程。

认知风格：认知风格是个体习惯化的信息加工的方式，又称认知方式。认知风格是个体在长期的认知活动中形成的稳定的心理倾向，表现为对一定的信息加工方式的偏爱。个体常常意识不到自己存在这种偏爱。例如，在获得信息时，有人喜欢从外部环境中寻找，易受外部环境的影响；有人则从认知目标本身中探索，不易受外部环境的影响。在回答问题时，有人倾向于迅速回答，有人则只在有把握时才回答问题。在阅读材料时，有人重视细节，有人则重视整体。不同认知风格的学生在学习方式、学科兴趣和对教师教学方式的适应性方面存在一定的差异，这些差异会对学生的学业成绩产生影响。应当提出，认知风格并没有绝对的好坏之分，任何认知风格都有其优点和不足，只要能针对不同认知风格的特点进行教学，任何认知风格的学生都能取得好成绩。

认知策略：认知策略是指导认知活动的计划、方案、技巧或窍门。人脑的信息加工能力是有限的，不可能在瞬间进行多种操作。为了顺利地加工大量的信息，人只能按照一定的策略在每一时刻选择特定的信息进行操作，并将整个认知过程的大量操作组织起来。因此，认知策略对认知活动的有效进行是十分重要的。通常我们所说的“如何解决问题”“如何保持注意”“如何记忆”，指的都是认知策略。当前，认知心理学对记忆和思维的策略研究取得了阶段性成果。例如，记忆活动中的复述策略、精加工策略、组织策略和思维活动中解决问题的策略等研究结论，已得到了心理学界的认可。

元认知：元认知是个体对自己的认知活动的认知。元认知由三种心理成分组成：一是元认知知识，主要包括个体对自己或他人的认知活动的过程、结果等方面的知识；二是元认知体验，指伴随认知活动而产生的认知体验和情感体验；三是元认知监控，指认知主体在认知过程中，以自己的认知活动为对象，进行自觉的监督、控制和调节。元认知监控主要包括确定认知目标、选择认知策略、控制认知操作、评价认知活动并据此调整认知目标、认知策略和认知操作等环节。元认知监控是元认知最重要的心理成分。

二 认知理论

从广义上说，认知心理学泛指一切以认知过程为对象的心理学研究，可分为三种形态：一是皮亚杰的发生认识论，亦称结构主义认知心理学；二是行为主义盛行时期仍然坚持对意识现象，特别是认知过程进行研究的心理学，又称心灵主义认知心理学，特别指社会心理学中由勒温等开创的认知一致性研究传统；三是信息加工认知心理学，又被称为现代认知心理学。狭义专指信息加工认知心理学，即当代西方用信息加工观点和方法研究认知过程的一种新的研究取向。

认知心理学家把人类所具有的概念、观念、表征等大脑的内部过程看作是物理符号过程，这就是当代认知心理学中极为重要的物理符号系统假设。这一假设在人脑的思维活动和计算机的信息操作之间架起了一座桥梁，从而在信息加工心理学的研究基础上，可以设计计算机程序来模拟人的心理过程，特别是思维、问题解决等高级心理活动。

认知心理学企图把全部认知过程统一起来，它认为注意、知觉、记忆、思维等认知现象是交织在一起的，对于一组现象的了解有助于说明另一组现象。由于它们之间的相互依赖关系，很可能会发现人类认知过程的统一加工模式。

认知心理学不仅要把认识过程统一起来，而且要把普通心理学的各个领域统一起来，也就是要用认知观点研究和说明情绪、动机、个性等方面。认知心理学的观点还进一步扩展到了社会心理学、发展心理学、生理心理学、工程心理学等领域。

认知心理学主要的研究领域包括认知活动、认知发展和人工智能（计算机模拟）等。认知活动的研究旨在揭示认知活动的信息加工过程的心理机制；认知发展的研究旨在探讨个体认知能力的发展规律；人工智能的研究旨在以心理学关于心理过程的理论为依据，建立心理过程的计算机模型（计算机程序），以验证心理学理论的正确性，并将成果运用于自动化机器的控制。

自从 W. 冯特于 1879 年创建第一个心理学实验室以来，认知始终是心理学研究的重要领域，其研究成果是心理学知识体系的主体。抛开以内省方法研究人的意识的 W. 冯特和反对研究人的意识的行为主义心理学不说，在认知心理学建立以前，认知领域的研究有两个重要特点：

其一是相当数量的心理学家致力于用生理学的研究方法，研究认知过程中的神经活动以及导致这些神经活动的生物化学过程，试图揭示认知活动的生理机制。这种研究至今已持续了几十年。心理学家在研究较低级的认知过程的生理机制方面取得了一定的进展，而在研究记忆、思维等高级认知过程的生理机制时却困难重重，至今仍未取得重大突破。其根本原因是，人的心理虽然是在一定的生理基础上形成的，但心理活动是比生理活动更高级、更复杂的运动形式，以低级运动形式来解释较高级的运动形式，自然是困难的。

其二是观点林立，使人莫衷一是。格式塔学派的知觉研究、H. 艾宾浩斯的记忆研究、匹兹堡学派的思维研究，分别从不同角度解释人的认知活动，都有一定的合理成分，但仅在解释某些认知活动或认知活动的某些侧面是有效的。因此，在传统的心理学教材中，关于认知的阐述，成为不同认知理论各管一段的大杂烩。认知过程被肢解为相互独立的心理成分。

认知心理学的兴起是由心理学发展的内部矛盾所决定的。近代心理学关于认知活动生理机制的研究进展迟缓，使许多心理学家开始感到探索认知活动的心理机制的必要性。格式塔学派关于知觉研究和符兹堡学派关于思维研究都是探索认知活动心理机制的有益尝试。同时，近代心理学将认知过程分割成不同的部分，分别由不同理论进行解释的现象，引起了心理学界的不满，心理学迫切需要建立一个能将认知过程统一成整体的理论。

系统科学思想的影响是认知心理学兴起的重要外部条件。第二次世界大战以后，以系统论、控制论、信息论为代表的系统科学思想对心理学的研究产生了深刻影响。一些心理学家从自动化机器的控制中获得启示，产生了将机器控制系统与人的生命系统进行类比的思想。特别是以控制论和信息论为基础的计算机科学诞生后，这种思想最终形成了一个大胆的假设：人的认知过程类似于计算机的信息加工过程，可以用信息加工的观点来描述和研究人的认知过程，并且可以建立认知过程的计算机模型（计算机程序）。

三 社会认知

尽管人们有许多有关他人的信息，但是，我们在处理这些信息时并非全部加以处理。麦硅尔认为，人是一个认知的吝啬者，在知觉他人时，常常试图去掉琐碎的信息以节省精力；人们并不去知觉或记下所有的信息，而只是从发生的事件中挑出对形成印象所必要的信息。菲斯克和泰勒对社会认知的定义是：人们根据环境中的社会信息形成对他人或事物的推论。而在社会认知过程中，分类与图式是最重要的。

（一）分类与图式

1. 分类

在认知他人的时候，人们并不是把某个人当成独立的个体，而总是立即并自动地将之归到某一类当中，这个过程就是分类，它是自发的、立即的。在分类的时候，人们采用什么标准呢？心理学家坎特等人指出，人们在分类的时候往往以他人或事物与原型的相似性来分类。也就是将被分类的物体与该类物体的一个典型或理想的范例相比较，这个范例就是原型。

对于他人的分类，我们最初的分类标准是性别。也就是说，当我们看到一个陌生人的时候，我们首先会把其归入男性或女性，然后才对其做进一步的分类。通过简单的分类，我们对他人或事物的认识就大大地被简化，加上我们马上要讲到的图式，可以使人节省不少的认知资源。

2. 图式

图式的概念是由泰勒及克洛克提出来的，它是指一套有组织、有结构的认知现象，它包括对所认知物体的知识，有关该物体各种认知之间的关系及一些特殊的事例。比如人们对20世纪70年代末期到80年代中期中国大陆青年人的图式就是：他们是在新中国成长的第一代、穿着喇叭裤、烫着“爆炸头”、提着录音机、跳着迪斯科等。

1964年康弗斯声称，大多数美国人对于政治并没有一以贯之的态度，即缺乏一种总体的自由或保守的政治意识形态来组织他们的观点。这种观点得到了经验的支持并得到了广泛的认同。① 如果政治观点不能在总体上成为统一的系统或意识形态，那么这些观点是如何组织起来的？一个常见的回答涉及另一个概念，这个概念在当前的认知与社会心理学中非常流行，它被称作图式。一个图式就是“一个认知结构，它反映了一个人对于某个观念或刺激范围的总体认知”，包括“概念的特性以及这些特性之间的关系”。换言之，一个图式可与任何一个信息结构产生关联。它可以被认为是一种与某个特殊概念相关的观念的推测系统，不管这个概念是一个人（例如“约翰”）、一个群体（如“律师”）、一件事情（如

---

① 虽然康弗是使用“信仰”了这个术语，但是他所分析的是舆论的结构（其他研究大众信仰体系的政治学家也这样做），就如这里所描述的。

“上课去”），还是一些抽象的概念（如“自由”）。研究者已经为图式假设了多种结构形式。有些人提出了图式是内在关联的命题的层级体系（相当于理论），而另一些人提出了更简单的，像事件发生的顺序那样的关联结构。

心理学研究表明，一旦某个图式被激活，它就能在人们思考与理解的时候提供一种心灵速记。它能够使人们的注意力集中在环境的某些特征上，为人们就某些事件和人物形成结论奠定基础，并能够帮助人们在记忆中使信息分类。理论上说，图式影响舆论的形式有如下几种方式：

首先，它们构成了一道认知过滤网，与公共议题相关的信息必须从这里通过。格蕾博运用这个观点对芝加哥地区的一批居民进行了深入的访问，集中关注他们是如何处理新闻的。她的受访者用一种简单的关于人与政治的图式从媒介报道的大量信息中筛选出某些新闻，这些图式虽然量少，但却是有条理的关于人与政治的信条。与先前莱恩所提出的看法一致。格蕾博认为，人们在面对政治事件的时候“分割”了他们的思想，他们确实能够积极地理解不同的公共议题，但他们是在各种图式的帮助下分别解释每个议题的，没有援用本质上具有政治性的某种统一的意识形态或哲学。

其次，图式为人们回应公共事务信息而形成结论奠定了基础。活跃的图式使人们头脑中形成了一套相互关联的观念，这样人们就会在改变思考新信息的时候产生联想。毫不奇怪，新闻报道图式划地框定公共议题的方式引起了舆论研究者的极大关注。例如，电视以贫穷的个人为例来报道贫困问题而不是报道全国性的状况与趋势，就会使观众根据个人而不是系统的标准来思考导致贫困的原因（例如，工作行为而不是经济压力）。这反过来会影响他们对政府在此问题上的表现所作的公开评价。

图式信息处理的理论对公共舆论研究产生了深远的影响。甚至态度的概念最近也被重新解释为一种特殊的亚图式。根据这种概念，态度融合了一般情感（好或坏）的关于某个特殊对象的“一束”互相关联的信念。

在确实存在的这种态度结构的情形中，它们的启发性功能可能会极大地减轻随时都要对新信息进行评价的负担。就如史密斯、布鲁纳与怀特所认为的那样，态度可是人们评估某种情形并给出一种好或坏的判断。

当针对某个具体对象的坚定态度形成以后，在头脑中会快速形成一种判断。这样，后续的信息就会受制于选择性的解释。库珀与贾沪达证明了这种现象，他们发现，具有高度偏见的人几乎是以一种无意识的方式解释那些嘲笑种族歧视的卡通。也许那些被卡通嘲笑的对象为了捍卫自我而把那些卡通理解为支持自己偏见态度的东西。在最近的一些案例中，也可以发现态度对舆论形成所起的作用。比如各种对艾滋病——这种病被认为与同性恋人群关系密切——的反应表明，那些对同性恋持反对态度的人比其他人更不愿意接受这种病是如何传播的科学信息，他们还更愿意支持对艾滋病人进行严格控制的政策。

（二）社会认知对心理健康的影响

社会认知的许多方面涉及我们的日常生活，其中最重要的一个领域就是它对人类心理健康和幸福的影响，由此所引发的情绪心态或病理心态对舆论主体的行为影响也是一种直接的作用。心理学研究发现这样的影响体现在以下几个方面。

（1）社会认知与寂寞

在社会认知过程中，如果人们只注意生活中的消极方面，那么他就可能体验到更大的寂寞。安德森等人就指出，与那些抑郁的人一样，长期寂寞的人也经常陷入贬低自己的消极作用圈，他们经常用消极的态度看待自己的压抑，经常责备自己没有良好的社会关系，把事物看成是自己无法控制，等等。同时，琼斯等人还发现，寂寞感较强的人常常用消极的眼光看待他人，比如他们会把自己的室友看成是难以共处的。

（2）社会认知与焦虑

焦虑是我们生活中不可避免的事情，比如当你去一个公司接受面试、见一位重要的人物或者是别人在评价你的时候，人们都可能会感受到焦虑。心理学家布茹姆等人就研究了我们所感受到焦虑的情境，发现人们对情境的认知与控制可以使人避免焦虑。津巴度等人的研究也证明了这一点。在这项研究中，津巴度让害羞和不害羞的两组女大学生在实验室中与一个英俊的男士谈话。谈话开始前先把这些女学生集中在一间小屋子里，给她们呈现很大的噪声。之后告诉其中一部分害羞的女生噪声会造成她们心跳加快，并说这是焦虑的症状。结果发现，这部分女生由于把自己在与男士交谈时的心跳加快归于噪声，而不是自己害羞或者缺乏社交技能，所以她们不再叫焦虑，谈话也很流畅。

（3）社会认知与生理疾病

随着工业化进程的发展，心理学家发现人类的行为和认知对自身的健康有着重要的影响。行为医学和健康心理学就是在这种思路的影响下发展起来的。在健康心理学家看来，我们对自己情绪与紧张的认知与疾病产生有着紧密的联系，如图 3—1 所示。

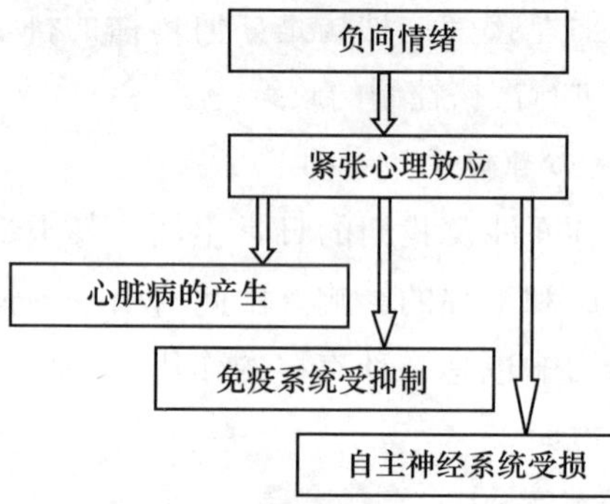

图 3—1 由紧张引起的消极情绪对健康的影响

心理学家在研究社会认知对健康的影响的时候指出，乐观的生活态度以及面对疾病时的乐观解释是人们身体健康的主要条件之一。比如赛利格曼、皮特森就提供了这方面的证据。他们研究了哈佛大学 1946 年的一次面谈记录和这些人在 1980 年的健康状况，发现那些乐观的人在身体状况方面远远好于那些悲观的人。

第二节 认知缺失下的舆论意见

人类认知的产生对后期态度的形成和行为的形成具有最初的影响意义，而在一定环境中考察的社会认知更是把这一影响力推衍到具体的社会当中。根据社会认知出现和形成的过程所反映出的心理依据来看，人们自然地有追溯和完善认识某一人或事物的心理势能，希望通过认知系统的作用获得客观、公正、全面的认识，用以产生正确的评价和相应的态度，并保证积累足以产生行为的心理势能。这就要求，社会系统中存在着的能为社会人提供认知素材的机制每天都要高效运转并产生客观、公正、全面的信息和真实的情感。

（一）认知缺失的实际诱因

在现代社会中，人们要获得上述积累认知的素材有两个通道：其一是通过社会人之间的信息流动——人际传播和特定形式下的组织传播来完成；其二是通过大众传播媒介的信息提供来获得。前者在自然的人际交往中获得积累认知的素材是最普遍的形式，但存在的问题是：通过与他人的交流获得的素材往往并不是完整的关于某人和某事的图示，几乎总是存在着一定的缺失。如果就此完成评价和相关态度的形成直至舆论的形成，显然是不客观的。当人们意识到这一问题的存在后，便转而期望通过其他途径进一步获取更加准确和全面的素材，于是他们选择了在信息传播中较为可靠的大众传播媒介。后者在今天的信息传播中处理信息较前者而言是客观的、全面的。更因为其一对多的信息传播模式可以使具有一定倾向性的社会认知和态度借助技术的优势迅速地扩散到相对的社区当中，产生较为一致的社会评价和舆论，前提是它的信息传播必定是客观和全面的。但值得讨论的问题是：大众传播媒介在提供的这些保证社会人产生正确认知的素材时是否亦会存在缺失的情况？

（二）认知缺失的具体表现

这里所说的缺失包括两个层面：其一，产生社会人认知素材的信息残缺、不完整；其二，这些素材在传播过程中失真。

如果上述情况出现，它将会直接影响到舆论的形态和走势，出现社会传闻和流言这两种畸变的舆论，这显然也颠覆着前边社会心理学中关于认知与社会认知的描述。为了证明和减少由认知缺失造成的舆论变异，不妨在此对两种畸变的舆论做出分析。

社会传闻是舆论的一种表现形式，但同样也是一定数量的人在一定的时间与空间内，对某一事物近乎一致的态度是非正常状态下的舆论现象，往往是由于信息没有得到及时沟通而出现的一种状况。传闻是没有被证实的信息，有真实的也有虚假的，所谓“无风不起浪”。传言所涉及的对象一般都以某种形式存在，并且多带有显赫性。如在“蛆柑事件”中，食品安全是人们普遍关注的重要问题，自然很容易成为舆论热点。媒体对于事件的报道，与网络和手机短信的传播使传言具有强大的感染力，加之没有权威的解释加大了传言的动力。同时新闻媒体以“事实”说话，数据与图片使传言得到暗示。这种事件本身性质决定的重要性和没有权威信息的模糊状态使传闻的力量加强。在这个时刻，一旦情况得到证实，真实的传闻就会迅速传播，而虚假的传闻就会慢慢失去传播的动力，这是一个转变传言的契机。

如果抛却感情或道德色彩的评判，传闻的诞生并非“无源之水”，传闻所具有的说服力和人们犯错误的弱智都是有理由的：传播者的独特身份和传闻的独特魅力。传闻的始作俑者或传播者一般是消息灵通的“意见领袖”，可能是同事、朋友、亲戚，通常被认为见多识广；所传信息事关听众的切身利益或易引起大家的兴趣。而且传闻还会在传播途中不断完善，即使传闻在最初并不像真的，但经过不断重复和传播者的多轮加工，传闻最终获得了取信众多听者的要素。

流言是没有确切来源的在公众中流传的消息。有的相关著作以不同的主观动机来区分流言和谣言①，花费了不少工夫，其实很难完成这种划分。除了极少的流言能够查找到故意造谣的根源外，绝大多数的流言是无名的，公众在传播中无形地增添了流言的虚假成分和倾向成分。从舆论学来看，无论流言是否有个别人故意造谣，重要的是它得到了公众的广泛传布，一旦形成这种态势，流言就成为一种特殊的信息形态的舆论。

关于流言的心理特征，法国研究者弗·勒莫作了如下概括：流言并不是一种人为的现象，它的根子是人们感到自己缺了点什么，它又以模棱两可的感觉在扩展延伸，它存在的基础是使人希望对事物有进一步的了解或是对隐约感到的威胁的一种反映。显然，流言是公众应付社会生活的一种应激状态，是公众解决疑难问题的不得已形式。

鉴于此，应当把流言视为公众在特殊的社会状况下表达的意见或情绪倾向。当事的公众也许多少是无意识的，但是研究者可以依据流言的内容和传布情况，较为准确地把握舆论。这里说的“特殊的社会状况”，根据沙莲香和西布塔尼的各自分析，可以包括四种状况：第一，社会秩序遭到人为力量的较大破坏，从而出现社会危机；第二，社会表层与社会深层（基层、下层）之间严重脱节，社会深层群体替代社会表层组织

---

① 参见时蓉华《现代社会心理学》，华东师范大学出版社 1989 年版，第 150 页。

的基本功能之时；第三，人们的信息需求大于体制性渠道的消息供给，或者为适应环境必需的信息无法及时获得；第四，公众所处的较大群体，特别是无组织群体或者一定的社会空间环境，存在较大的刺激性因素。这些情况不是社会的常态，所以，由这些情况引发的流言，是一种特殊的或者说畸变的信息形态的舆论。

社会中流传的一些民谣和顺口溜，通常是针对某些普遍存在的社会问题或个别社会活动家的，它们不是具体的讯息，而主要是一种幽默的倾向性意见。相对于流言，它们带有一定程度的理智，但通常夸大了对外界实际情况的感觉。民谣和顺口溜的增多，多少说明社会正规信息渠道尚没有将某些公众重视的社会问题提上日程、社会上下层之间可能存在着某种疏离，但社会还不至于到了十分混乱、充满诱惑性因素的地步。因而，不能说民谣和顺口溜是舆论的畸变信息形态。但若对它们所反映的公众意见倾向不予理睬，正规媒介渠道不及时从正面给予解释说明，这种信息形态的舆论有可能发展为对社会不利的行为舆论。

较多的流言在较大范围内的传播，对于社会的稳定是不利的；而一旦引起流言的因素消失，流言也会较快地消退。造成流言广泛传播的常见原因，是上面谈到的第三点，即信息的供给不能满足需求，因而，如果在这个方面大众媒介能够及时、充分地满足公众的需求，同时给予公众感到满意的引导，消解流言相对于引导其他信息形态的舆论，是较为容易的。

从舆论学的角度来看，社会传闻和流言均属于讯息形态的舆论。在现实的舆论环境中信息形态舆论（包括流言）的产生，除了外部信息的刺激外，有两个直接的心理因素支持着这种形态舆论的不断出现，其一，公众需要不断地消除外部信息刺激引起的对环境的不确定性认识。同时，广泛传递的信息本身亦表露着公众对于事物运动的知识（信念、态度、意见等）。申农 1948 年提出著名的信息量的公式以后，许多人根据他的公式推出了他关于信息的认识：信息就是用来消除随机事件形式上的不确定性的东西。我国的信息学家进一步指出，他谈到了信息的功能，但是尚没有正面回答信息是什么的问题。于是便有了下面关于信息的定义："信息，是事物运动的状态和方式以及关于这种状态/方式的广义知识；

它的作用是用来消除用户关于事物运动状态/方式的不定性。”[①] 这里之所以引证信息的定义，意在说明信息形态（信息的具体表现形式）的舆论，是一种公众消除心理不确定性需求的表现，同时间接表达着关于信息的意见倾向。其二，这是满足公众希冀他人移情，或应对较为模糊环境的一种社会手段。人们都有一种经验，即在积极向他人传播信息的同时，亦将自己的兴趣、情感或情绪传达给他人，在得到他人认同之时会产生一种心理满足；或者由于他人的认同而减轻自己对环境不确定性认识带来的压力。前者可能是一种较大范围的公众感兴趣的信息；后者可能是流言性质的信息。不论哪种情形，信息形态的舆论表达了公众借助他人满足自身情感需要的特征。

社会传闻和流言的产生是由于信息的不明确或失真，现代媒体有责任提供高清晰度的信息，同时提供一定的知识和分析材料，让公众能够对社会传闻和流言有比较深刻的认识，从而澄清传言。澳大利亚危机管理专家罗伯特·希斯概括了媒体在社会风险中可发挥的作用，可以给我们一些启示：第一，提供信息，指导公众在不同的危机情境中行动；第二，增强公众的危机意识；第三，危机发生时警示公众；第四，为危机管理者提供信息，关注利益相关者；第五，提供有关做什么、去哪里、联系谁及采取什么措施的信息，以控制并解决危机。危机的形式各有不同，媒体在处理时的偏重也应有所不同，应该根据受众的实际需要与信息接收心理去选取文字或图片，而不能只考虑信息的轰动性。为社会人提供客观、全面的认知是这一切的基础，也是一种心理需求的表达。

---

① 钟义信：《信息的科学》，光明日报出版社 1988 年版，第 265 页。

第四章

剖析——舆论的社会心理因素之二：态度

舆论研究的历史也许不能脱离态度研究的历史。事实上，舆论与态度这两个术语经常可以互用，杜伯在界定公共舆论的时候直接把舆论与态度等同起来："它指的是人们对某个议题的态度，当他们是同一社会团体的成员时。"蔡尔兹把舆论描述为"用话语表达的态度"①。

虽然这两个术语容易互用，但是它们还是有着不同的概念内涵。舆论与态度在文献中经常被拿来进行比较，据说在概念上至少有三个方面存在差异：首先，舆论通常被认为是可观察到的，是对某一议题或问题的言辞反应，而一种态度是隐藏的心里预置或倾向。其次，虽然态度和舆论意味着同意或反对，但是态度这一术语更多地指向情感（即本能的好感或反感），而舆论则更侧重于认知（如支持或反对某些政策、政治家或政治团体的理性决定）。最后，也许是最重要的，态度传统上被界定为受到普遍刺激而产生的综合的、固定的倾向，但是舆论被认为更具有情景性，如在某个特定的行为环境中与某个特殊的议题相对应。

在研究如何测量态度这个难题的过程中，瑟斯通指出，态度永远不会让研究者那么容易地理解，它们只能从表达出来的"舆论"或其他公开的行为中才能推断出来。瑟斯通把态度看作是以一种固定的方式回应

---

① 可以引述许多态度与舆论互用的例子。例如，贝雷尔森与斯坦纳指出，舆论、态度与信念这些术语"在文献中并没有固定的含义，它们一般指人们在公共领域中对待某些有冲突的事件时的偏好——一个政治论点、一种宗教观念、一种道德立场、一种审美观念、某个特定行为（比如如何抚养孩子）。舆论、态度即信念……就是对这些问题的理性与/或感性的判断"。

刘建明：《基础舆论学》，中国人民大学出版社 1988 年版，第 64 页。

某种事态的潜在意愿，以及作为回应本身的意见。简言之，舆论是不可测的态度的明显标记。

第一节 态度及其稳定性——舆论的内核形成

在舆论构成的分析中，信念具有重要的意义。人们一般把公众公开表达的言语意见视为舆论，有的舆论定义则相反，把“一切不同见解、信仰、想象、成见与渴望等的综合体”视为舆论。就一种舆论而言，它较为明显的存在形式当然是公开的言语意见，但是有时人们感觉到的存在的舆论并不是明显而清晰的言语，而是一种情绪，由体态语、行为语和流露的冲动性只言片语等形式来表现。若从“舆论导向”的角度观察舆论，仅仅注意公开的表露就不够了，任何外露的言语、情绪都是一种特殊的态度，而态度是由一定的信念决定的。

信念，这里是指人们在接触外界之前，头脑里已经存在的关于现实世界的图像、信条、价值观。换句话说，即人们过去积累的较为牢固的判断事物的标准。“信念”这个英文词的含义就是：当受到外部信息的刺激时，人们常常不以观察和分析为基础，而作出接受或拒绝的反映。把信念作为舆论本身的深层内容，有助于深刻地理解舆论。李普曼较早地注意到这个问题，虽然他有时把信念视为“固定成见”，但是信念对于产生舆论的决定性作用，他是看得很透的。他认为，人们生活中接触的外界信息刺激很多，不可能一一对应作出反应，于是便有一种自然的“省力”原则，起到自我保护的作用，这便是依据信念对感兴趣的事物作出不经思考的直接判断。他写道：“信念一旦引起任何人入迷，就永远不会停止它的影响。”“不管我们认识什么熟悉的东西，我们都会借助于我们脑子已经有的形象。”信念“唤起了每个人对于某种景色、某种家具和某些面貌的感情，……不需要追忆那些原始的形象就能唤起这些信念”。“我们的一些信条在很大程度上决定着我们将看到什么。”① 信念在舆论本身的各种存在形式中处于核心位置，也是在得到外界信息刺激后，进行逻辑推论的大前提。例如对于古典音乐和摇滚乐，如果评价性信念认为

① ［美］李普曼：《舆论学》林珊译，华夏出版社 1989 年版，第 146、76、157、79 页。

前者优雅后者吵闹，那么凡是涉及古典音乐的外部刺激，都会作出相当接近性的反应，而关于摇滚乐的外部信息，将不屑理会；如果评价性信念是前者淡而无味后者振奋精神，那么对于二者的态度就会与前面的截然相反。在日常生活中，每个人感触到一种新环境、新信息，都会习惯性地将它们归类到已经存在于自己头脑里的许许多多关于事物的描述、评价性信念的“分检箱”里。①

显然，态度是建立在信念之上的较为表层的结构，表现为“刺激—反应”之间的中介。它包含认知因素，总是对于一定的客体而言。它包含情感因素，大都要对客体表现出好恶的情感；它包含意向因素，是行为前的思想倾向（接近或远离、占有或放弃等）。

“显—潜舆论”标准并不是最终导致分隔的信念与态度概念的唯一来源。同样重要的事实是，信念被看作理性的判断，它在本质上比态度更具有“推理性”，更少情感因素。人们决定某种信念，态度并不会以同样的方式被理解，被有意识地提出并作出决定。相反，态度是作为一种情感冲动而被感知到的，是积极或消极地回应某事的一种倾向。

从这里可以看出启蒙时期所形成的信念与理性讨论之间存在关联的看法有着较强的生命力。即使人们不坚持认为信念一定要通过讨论才能形成（在传统意义上，只有经过讨论，信念才能成为公共信念），也仍然倾向于认为信念比态度更具有思想性。用最简洁的表述来说，信念是判断，而态度是提供给判断的“喜爱与厌恶”的原料。

而有时信念反映的是强烈的感觉而非冷静的思考，分析人士通常不会过多地思考这样的信念。在信念这个术语的早期使用中，它既与理性的内涵联系在一起，也往往与非理性和情感联系在一起，特别是当它牵涉像“人民大众”这样的集体时更是如此。而且心理学家传统上把态度界定为既有认知的成分也有情感的成分。由于近代的社会心理学中认知的观点占据优势，这种倾向得到了更多的阐述。所以，尽管态度信念被认为在情感与认知的平衡点上具有不同的术语意义，但是这两个术语都不是完全从某个极端的意义上被界定的。

当谈到舆论如何的时候，我们通常指的是这样两个步骤：直接感受

① 孟小平：《揭示公共关系的奥秘——舆论学》，中国新闻出版社1989年版，第41页。

公众的公开言语及各种情绪化的表现，接着将这些意见形式的内容归纳为不同层次人群的态度。“信念”这个舆论的深层内容往往被忽略，而这是理解舆论的真正钥匙。因此，将舆论本身确定为信念、态度、意见和情绪表现的总和，对于准确把握舆论具有重要意义。

这里讲的“总和”，不是各种舆论表现的叠加，而是在感受到一种意见时，将它平行地理解为“信念→态度→意见和情绪表现”这样一种精神活动的过程，并将注意力集中于对信念的探究。

作为中间层面的态度显然对其前后的信念与意见和情绪表现起到连接的作用并施加影响。在舆论的表达中，由于态度的不同而将现实的舆论划分为若干圈层，其在舆论和舆论传播中的重要地位毋庸置疑，其位置如图 4—1 所示。

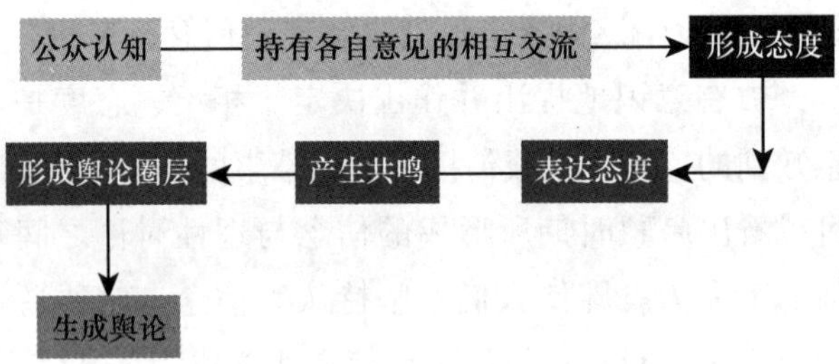

图 4—1　态度在舆论中的位置

第二节　态度偏差——舆论意见的多元化

那么，态度及其相关问题到底应该怎样理解？以下论证从社会心理学的角度找到了答案。

（一）态度的解释及其构成成分

态度是社会心理学中定义最多的一个概念，不同的学者有不同的定义。但是有代表性的概念包括以下两种：

奥尔波特受行为主义影响，认为态度是一种心理和神经的准备状态，它通过经验组织起来，影响着个人对情境的反应。他的定义强调经验在态度形成中的作用。

克瑞奇则认为态度是个体对自己所生活世界中某些现象的动机过程、

情感过程、知觉过程的持久组织。他的定义忽略过去经验，强调现在的主观经验，把人当成会思考并主动将事物加以建构的个体，反映了认知派的理论主张。

弗里德曼的态度定义中包含三个成分：

认知成分，它是指人们对外界对象的心理印象，包含有关的事实、知识和信念，认知成分是态度其余部分的基础。

情感成分，它指人们对态度对象肯定或否定的评价以及由此引发的情绪情感，情感成分是态度的核心与关键，情感既影响认知成分，也影响行为倾向成分。

行为倾向成分，是指人们对态度对象所预备采取的反应，它具有准备性质。行为倾向成分会影响到人们将来对态度对象的反应，但它不等于外显行为。它们之间的关系可用图4—2表示。

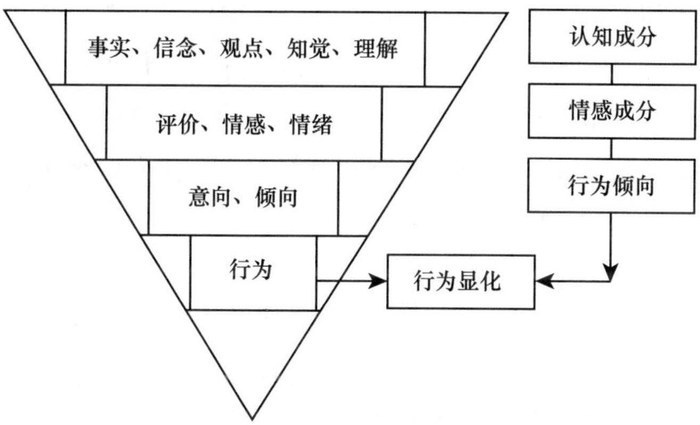

图4—2　态度的成分及其关系

（二）态度对行为的预测功能

人们的态度与行为有着非常紧密的关系，我们经常从他人的态度来预测其行为。比如张三对李四持有消极的态度，我们就很容易预测在选三好学生的时候，张三不会投李四的票。但是，态度与行为之间并非一对一的关系，态度只体现了一种行为倾向，它并不等于行为。拉皮尔的研究就想说明用态度预测行为到底有多大的准确性。通过态度预测行为的时候应该注意以下几个方面的因素：

态度的特殊性水平因素：在通过态度预测行为的时候，我们首先应该看看态度是指向一般群体还是特殊个体。比如在拉皮尔的研究中，美国人对亚洲人的态度与对某一个亚洲人的态度在特殊性上不同，因此用态度预测行为时，后者更准确一些。许多研究者发现，态度的特殊性越高，用它预测行为就越准确。

时间因素：时间因素也影响我们用态度预测行为的准确性。一般说来，在态度测量与行为发生之间的时间间隔越长，不可知事件改变态度与行为之间关系的可能性越大。

自我意识因素：内在自我的人较为关注自身的行为标准，因此用他们的态度预测行为有较高的效度；而公众自我意识高的人比较关注外在的行为标准，所以难以用他们的态度对其行为加以预测。

强度因素：与弱的态度相比，强烈的态度对行为的决定作用更大。但是怎样才能使态度变强呢？戴维森发现，对态度对象仅仅要求更多的信息就足以使人们态度的强度增加。在一项研究中，卡尔格瑞恩先问了被试对一些环境问题的态度，然后让他们参加环境保护活动，结果发现对环境问题有丰富知识的被试的态度与行为的一致性较高。增加态度强度的另一个途径是让个人参与到态度对象中来，让人们参与某些事情是增强其态度的有效手段，反过来我们也用人们的参与来预测态度与行为的一致性。

接近性因素：态度的可接近性指态度被意识到的程度，越容易被意识到的态度，对我们来说它的可接近性就越大。一般说来，来自直接经验的态度对行为的影响大，就是因为这类态度的可接近性大。

（三）实际社会反应中的态度功能

态度在我们的生活中有着重要的意义，态度的功能有以下几个：

效用功能：效用功能也叫适应功能，这种功能使人们寻求酬赏与他人的赞许，形成那些与他人要求一致并与奖励联系在一起的态度，而避免那些与惩罚相联系的态度。如孩子们对父母的态度就是适应功能的最好表现。

知识功能：从认知心理学的观点出发，态度有助于我们组织有关的知识，从而使世界变得有意义。对有助于我们获得知识的态度对象，我们更可能给予积极的态度，这一点相当于认知图式的功能。

自我保护功能：态度除了有助于人们获得奖励和知识外，也有助于人们应付情绪冲突和保护自尊，这种观念来自于精神分析的原则。比如某个人工作能力低，但他却经常抱怨同事和领导，实际上他的这种负性态度让他可以掩盖真正的原因，即他的能力值得被怀疑。

价值表达功能：态度还有助于人们表达自我概念中的核心价值，比如一个青年人对志愿者的工作持有积极的态度，那是因为这些活动可以使他表达自己的社会责任感，而这种责任感恰恰是他自我概念的核心，表达这种态度能使他获得内在的满足。

将态度的社会心理学解读应用在具体实践中可以得出结论：在看似无规律性产生的人类态度背后其实有着科学的解释，这将为舆论当中态度的作用力提供依据。

虽然态度一旦形成具有相对的稳定性，但这不意味着它不会发生变化。舆论活动中出现舆论人的流动或新的舆论圈层诞生，很大的可能性是因为其态度发生转变。那么态度如何转变？什么样的因素构成其转化？对研究舆论引导来说具有实际的意义。关于态度的转变我们的切入点是其形成分析转变的诱因。

第三节 内驱力的形成——舆论行为得以释放的心理准备

公众舆论心理的渐进形成抑或是突发显现均伴随着其中标示出的种种态度因素，因此态度的形成和改变可以看作公众舆论内在的真正核心。

一 态度的形成

我们对任何事物都有一个态度：对自己的祖国、对自己的朋友、对自己的父母，以及对所有与我们有关的人或事物。在这里有一个问题：我们的态度是从什么地方来的呢？显然，我们对事物的态度不是与生俱来的，而是在后天的环境中形成的。下面就从几个方面谈谈态度的形成问题。

（一）态度形成与学习

态度形成与学习之间的关系可以用学习理论来说明。学习理论是由霍夫兰德和他耶鲁大学的同事提出的，该理论假设人的态度和他的行为习惯一样，都是后天习得的。态度的学习有三种机制：一是联结，把特定的态度与某些事物联系在一起；二是强化，受到奖励也有助于我们形成对某些事物的态度；三是模仿，通过模仿榜样人物的态度而形成，如孩子经常模仿父母的政治与种族态度。

与霍夫兰德的观点相似，凯尔曼认为态度的形成与改变有三个不同的过程：一是服从，它是人们由于担心受到惩罚或想要得到预期的回报，而采取与他人要求相一致的行为；二是认同，即使自己的态度与榜样人物的一致；三是内化，当态度与个人的价值体系一致时，个体容易形成这样的态度。

大众传播媒介在引导公众舆论的过程中关注通过传媒的学习显然是十分必要的。

（二）情感因素在态度形成中的作用

心理学研究表明，有时候人们对他人的态度形成与情感有着紧密的关系。在与情感有关的态度形成之中，曝光效应是最有力的证据，曝光效应是指人们对其他人或事物的态度随着接触次数的增加而变得更积极的一种现象。心理学家扎荣克最早提出了这个概念。在一项研究中，扎荣克让参加实验的大学生学习外语，他向被试以 2 秒一个的速度呈现 10 个汉字，其中两个字只出现 1 次，两个字出现 2 次，两个字出现 5 次，两个字出现 10 次，两个出现 25 次。看完 10 个汉字后，告诉被试这 10 个汉字是中文形容词，让被试在一个 7 点量表上判断这些词所代表的意思的好坏。结果发现，这些词中出现次数越多的词，人们对它的评价越高。鲍恩斯坦在一项元分析的研究中发现，有 200 项以上的研究支持这一结论。但是由于曝光效应的基本假设是情感反应先于信念，而这一假设恰恰与认知论的观点相反。在持认知观点的人看来，认知先于情感，即我们是先知道，然后才有情感。那么哪个理论更符合实际呢？实际上，正如伊格列所说的，许多心理学家发现，基于情感反应的态度只是一些简单的态度，我们绝大部分的态度都是认知与学习的结果。

（三）认知因素对态度形成具有重要的作用

认知影响态度形成中最有代表性的当数有计划行为理论，该理论是阿齐兹在理性行为理论之上发展出来的理论。按照这一理论的思路，人类有意识的行为取决于人们的态度、自身的主观规范以及人们所知觉到的控制感，如图4—3所示。

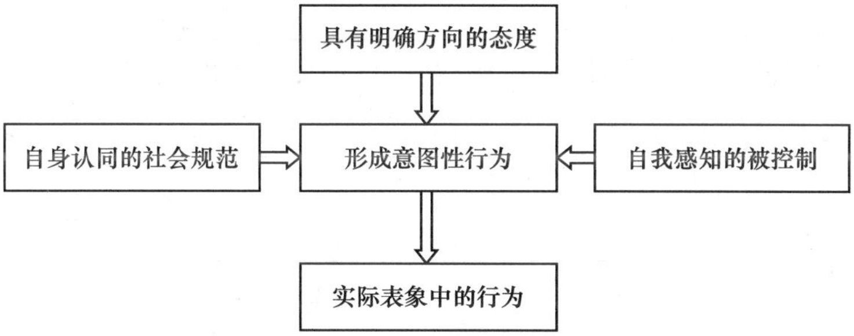

图4—3　有计划行为理论的理论模型

在有计划的行为理论中，指向行为的态度由两方面的因素决定，一是人们对行为结果的信念，二是对这些信念的评价。费什本通过研究妇女对生孩子的问题，发现她们的态度确实基于信念和对这些信念的评价。

二　态度的改变

与研究态度形成相比，研究态度改变的意义更大，因为在社会生活中，如何改变他人的态度对政府宣传、商业广告以及日常的生活都有现实意义。

与态度改变有关的理论主要有两种：海德的平衡理论和费斯廷格提出的认知失调理论，这两种理论分别从不同的角度探讨了与态度改变有关的问题。

（一）海德的平衡理论

海德从人际关系的协调性出发，认为在一个简单的认知系统里，存在着使这一系统达到一致性的情绪压力，这种趋向平衡的压力促使不平衡状况向平衡过度。海德用P—O—X模型说明这一理论，其中P代表一个人（如张三），O代表另一个人（他的女友），X代表另一事物（一部电影）。从人际关系的适应性来看，P、O、X之间的关系有8种组合，如图4—4：张三（P）和他的女朋友（O）对一部电影（X）的态度就符合这样一个系统。张三喜欢这部电影，他的女友也喜欢这部电影，而且张三喜欢自己的女友，如果这样的话就是一个平衡的系统，谁也没有必要改变态度；但是在其他条件不变的情况下，如果他的女友不喜欢这部电影，这时候的系统就不平衡了，就必须有人产生态度改变。而态度改变遵循最少付出原则，即为了恢复平衡状态，哪个方向的态度改变最少，就改变那里的态度。按照海德的观点，与自己喜欢的人态度一致，或者与自己不喜欢的人态度不一致，我们的生活关系就是一个平衡的系统。

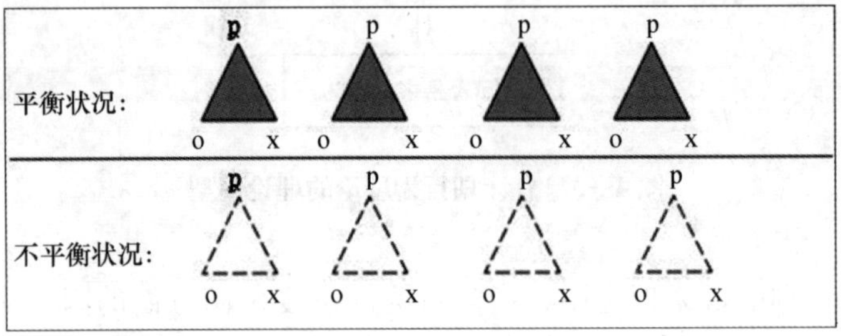

图 4—4 平衡理论的理论模型①

（二）认知失调理论

认知失调理论是认知一致性理论的一种，它最早由费斯廷格提出。在费斯廷格看来，所谓的认知失调是指由于做了一项与态度不一致的行为而引发的不舒服的感觉，比如你本来想帮助你的朋友，实际上却帮了倒忙。费斯廷格认为，在一般情况下，人们的态度与行为是一致的，如你和你喜欢的人一起郊游或不理睬与你有过节的另一个人。但有时候态度与行为也会出现不一致，如尽管你很不喜欢你的上司夸夸其谈，但为了怕他报复你而恭维他。在态度与行为产生不一致的时候，常常会引起个体的心理紧张。为了克服这种由认知失调引起的紧张，人们需要采取多种多样的方法，以减少自己的认知失调。以戒烟为例，你很想戒掉你的烟瘾，但当你的好朋友给你香烟的时候你又吸了一支烟，这时候你戒烟的态度和你吸烟的行为产生了矛盾，引起了认知失调。我们可以采用以下几种方法减少由于戒烟而引起的认知失调（如图 4—5 所示）。

① ［美］海德：《社会知觉与现象世界的因果关系》，陈步译，商务印书馆 1999 年版，第 201 页。

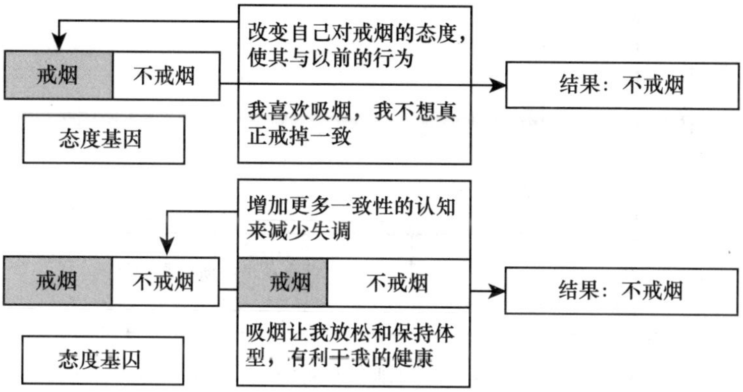

图 4—5　减少认知失调的方式

费斯廷格的认知失调理论在解释许多领域的态度问题上取得了极大的成功，其中有两个主要的领域：一是从事与态度相矛盾的行为；二是决策后失调。这两个领域在解释舆论生成时同样十分有效。

1. 从事与态度相矛盾的行为

人们的认知失调大多是由从事与态度相矛盾的行为引起的，由此引起的失调与以下几个方面的因素有联系：

（1）不当理由与认知失调

在从事社会活动的过程中，人们势必会感受到一定的社会挫折，社会动员与社会现实之间形成的反差较大时，参与其中的公众会出现不同程度的社会挫折感。这种感觉的核心是一种对待差异时存在的态度。现实社会中这些态度会出现极差现象，在衡量是否因为失调而去调整自己态度的过程中显然存在，如图 4—6 的情况。

报酬很低的社会动员之所以态度改变大，是因为他们感受到的认知失调高，而报酬较高的社会动员用高的报酬来解释自己的失调行为。高的报酬成了解释反态度行为的正当理由，相当于增加了一个新的认知用来解释态度与行为之间的不一致性，因此不太需要改变态度。报酬很低的社会动员不能成为反态度行为的正当理由，而是不当理由。

（2）自由选择与认知失调

当人们做出与态度不一致的行为时的自由选择性也是一个与认知失调有关的因素。有选择时认知失调高，态度改变也大；而无选择时人们

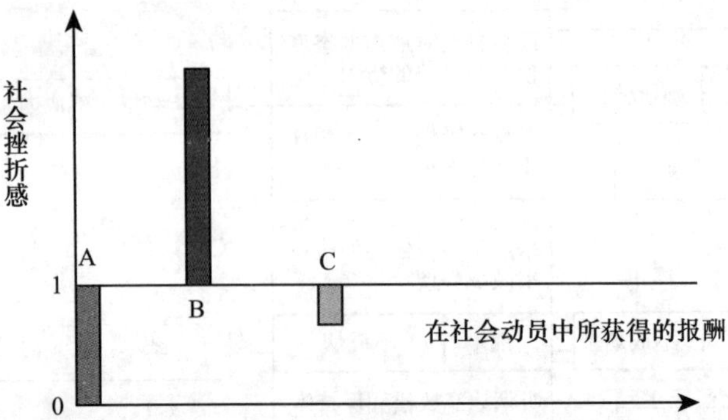

A：无报酬的社会动员　B：报酬很低的社会动员　C：报酬较高的社会动员

图 4—6　报酬对态度改变效果

感知到的失调少，态度也不会有大的改变。

实验心理学家林德及其同事就证明了这一点。在研究中他们让大学生写一篇文章，支持禁止有反社会倾向的人在校园发表言论。实际上正在州议会讨论的这项法案遭到了大部分人的反对。实验采用 2 ×2（报酬 × 选择）的因子式设计：报酬有 0.5 美元和 2.5 美元；选择分有选择和无选择。在有选择情况下，向被试强调他们有拒绝写文章的自由；在无选择情况下，没有提到被试有拒绝的权利，只是让他们写这样的文章。结果正如认知失调理论所预期的，在有自由选择时，报酬为 0.5 美元的被试发生了最大的态度改变，而报酬为 2.5 美元的一组则没有发生态度改变。在没有选择情况下，认知失调理论不适用，但符合行为主义的强化原理：行为的结果受到的强化越大，人们对行为的态度也越积极。

（3）努力与认知失调

努力与认知失调的关系用阿克苏姆的话来说就是：你为某件事情付出得越多，你将会越喜欢它。实际上早在 1959 年，心理学家阿伦森等人就用实验证明了这一点。在研究中他们让自愿参加实验的女大学生讨论有关性的话题（这个问题在 20 世纪 50 年代是人们忌讳的一个话题），同时把被试分为高嘲笑组（被试在公共场合大声念一些淫秽的词）、中等嘲笑组（被试在他人面前读一些与性关联的词）以及控制组。在实验开始之前，研究者告诉被试为了保证他们讲的是自己的心里话，他们需要参加一个“尴尬测验”，实际上这样做的目的是上面的分组。参加完测验之后，他们让被试戴上耳机，加入一个团体，一起谈论有关性问题。讨论完之后，研究者让被试用0—100分评价自己对讨论和小组其他成员的喜欢程度。结果发现：高嘲笑组（97）的被试对小组讨论的评价要远远高于低嘲笑组（82）和控制组。阿伦森指出，努力做一件不好的事情，必然带来较高的认知失调，而为了减少失调，人们只能改变自己对这些事情的态度，从不喜欢变得喜欢。

2. 决策后失调

人们在任何一个决策做出之后均会产生失调，这种失调就叫作决策后失调，它可以通过改变对最终选择的评估来减少。布瑞姆用实验证了这种现象，在实验中他先让女性被试看八种东西，如闹钟、收音机、电热水瓶等，然后请她们写出对每件东西的喜欢程度。接着再从其中拿出两样东西让被试看，并向她们说她可以拿走任何一件她所想要的，最后再请她们对每件产品重新评定一次。结果发现，在第二次评定时，被试强烈地倾向于增加对她所选择的物品的评估，而降低对放弃物品的评估。

三　将态度视为舆论核心因素的理论逻辑

舆论中的态度总是具体的，它包括既存的观念、道德、风俗、习惯，也包括由新的认知所产生的流行、风尚等。社会现实和它的层次不齐与互动是产生态度的环境归因。要探讨舆论中的态度，首先得明确舆论主体和客体以及社会环境的有机联系达到一种怎样的状态。

舆论的作用空间似乎是很大的，但是，总要对它有一个大致的轮廓概念，才谈得上进一步研究其与社会当中一些具体问题的关系，进而引导舆论。那么，以下一些因素，在一般情况下需要考虑。

（一）刺激性意见的出现

一种新舆论的产生，直接来源于外界的信息刺激，这种刺激宏观上可以是社会的变动，例如发生了革命、社会改革、重大的政策调整等；微观的刺激主要是较大的突发事件，特别是与多数人持有的信念相矛盾或与他们的心理期待相契合的事件，以及那些导火索性质的不大的事实。这样的外界信息一旦与公众的价值观念、历史记忆、物质利益、心理因素发生碰撞，便会激起种种议论或产生多种情绪性表现。这是意见的积蓄期。人们的议论或情绪与对环境的觉察同步，他们在进一步寻求信息的过程中，意见倾向尚不稳定。若这时能够给予较多的真实信息，同时辅以较多的解释性说明，容易形成有利于公众自身发展的健康舆论，也有利于社会在发生重大变化时保持相对的稳态。

除了对外界信息的考察外，这时还需要了解公众已有的信念体系的状况。李普曼称它为“固定成见”。是不是成见可以另说，但他讲的以下情景在生活中确实是常见的：“不管我们认识什么熟悉的东西，我们都会借助于我们脑子已经有的形象。”“任何人对于没有经历过的事件，只能有一种凭他对那事件的想象所引发的感情。”“固定的成见的体系是有条理的，对世界的想象，或多或少是始终如一的，我们的习惯、情趣、智能、安慰以及我们的希望都根据它来进行调节。”① 换句话说，外界的信息刺激引起何种反应，不仅仅取决于信息本身，而是要通过接受者已有的既定信念进行判断，从而表现出某种情绪或发出某些议论。正是由于每个人信念体系的差异，同样的外界变化，可以引出多种不同的情绪和意见。

（二）意见的质化趋同

公众不是简单的个人叠加，个人汇聚为群的过程中始终有各种社会关系依附在每个人身上。因而，在个人的信念、态度、意见或情绪汇聚为舆论的过程中，同时产生着个人之间、个人与群体意志之间的影响、说服、劝诱、模仿，甚至某种有形无形的精神与物质的压力。那些将个人意见交织为舆论的因素，既影响着个人意见的最终形成，更影响着舆论的形成。

康德有过一本不大闻名的大学讲稿《实用人类学》，其中谈到上流宴会上人们意见的交换情形，形象地说明了个人意见如何在群体中互动，使舆论在这种互动中得以形成。康德的结论是：“人们获得概念和一般理性并不是单独做到的，而只是靠你我相互做到的。”② 这是一个较小范围的事例，在相对大一些的范围内，社会心理的互动推动着个人情绪或意见形成相对集中的情绪方向和意志方向。其中，首要的心理是信任。在同一群体中，由于相互熟悉、利益接近、志趣相同而产生的信任感，以及由此产生的心理相容，使任何个人传播的信息或观念，都容易很快被

---

① ［美］李普曼：《舆论学》，林珊译，华夏出版社1989年版，第76、8、61页。

② ［德］康德：《实用人类学》，邓晓芒译，重庆出版社1987年版，第186页。

周围的人不加验证地确信，并继续传播。其次，人们在没有客观物理性标准可供比较时，往往以他人的意见作为自己的参考依据，即所谓“我看人看我”。这是因为“我们倾向于把大多数人公认的判断作为正确的判断。与群体、组织乃至社会中的其他人怀有共同的信念和看法，就会产生一种‘没有错’的安全感”[①]。而“他人”中最具影响力的莫过于同一群体中的他人。最后，群体中的情绪感染。当受到外部的信息刺激时，人们的反应有不少是情绪性的。如果在公众聚集的场合或电视屏幕上出现相对强烈的同一方向的刺激性言论、举动、画面，会迅速造成一种松动心理，从而发生较为广泛的情绪感染。感染中人们的感情影响经历着多次的相互强化，如同兰夫妇所说：“这是一个由他人的情绪在自己身上引起同样的情绪过程，但转过来又加剧他人的情绪。”由社会感染而形成的舆论，一般是情绪型的，狂热的时间不会持续很长，但对人的心灵冲击较大，留下较长时间的余波。

在群体中，舆论领袖对于舆论的形成也起着相当重要的作用。这个概念指的是群体中热衷于传播消息和表达意见的人，他们或是比同伴更多地接触媒介或消息源，并热衷于传播消息和表达意见的人；或者同时是某一方面的专家，他们的意见往往左右周围的人。但是，这个概念是相对而言的，许多人在此时或彼时，在这种关系或在那种关系中，都可能成为关于某个舆论客体的“舆论领袖”，这需要具体问题具体分析。正如施拉姆所说：“这类领袖在社会的各个阶层、各种年龄的人当中都有，要看人们期望从他们那里得到什么样的知识。”[②]

（三）主观意见的舆论诉求

个人的情绪和意见，除了在所处的各种社会群体中，可能与本群体的意见趋同外，个人和他的群体在更大的范围内，还同时受到各权力组织及其领导人和大众传播媒介的影响，而形成更大范围内的舆论。由于中国执政党和政府具有很大的政治权威，大众传播媒介也具有较强的政治性质，因而它们对个人意见和群体意见的影响比任何国家的都强大。当党和国家的主要领导人就某个舆论客体发表意见时，往往可以通过相

---

① 孔令智：《新编社会心理学》，辽宁人民出版社 1987 年版，第 417 页。

② ［美］施拉姆：《传播学概论》，陈亮等译，新华出版社 1984 年版，第 134 页。

应的各级组织迅速传达贯彻下去，同时大众传播媒介集中版面开始宣传战役，从而影响各种社会群体和个人，在一个时期内甚至连公众的一些话语也会跟着发生变化，出现全国同讲政治流行语的现象。对于舆论的主体公众来说，他们是在一定的舆论环境中并非完全有意识地接受这些话语的，但对于党和国家领导人、大众传播媒介来说，则是自觉宣传的结果。在社会主义市场经济的新形势下，这种对舆论形成造成强大影响的优势，在政治领域依然保持着；在经济领域、文化领域，特别是生活领域的舆论，由于各地发展的差异，开始出现多样化的趋势，大众传播媒介更多地承担起对这些领域舆论的影响作用。

党和政府及其领导人对舆论的影响，在中国政治性问题的舆论形成方面，是一个决定性的因素。大众传播媒介往往在这些问题上起着中介作用。同时，媒介对其他方面较为宏观的舆论的影响，其导向正确与否，则负有相当大的责任。由于历史的原因，在中国具有广泛社会性质的影响公众观念的有组织的力量，只有大众传播媒介，其他社会团体的影响力均无法与之相比。因此，考虑舆论的一般形成过程时，一个党和政府及其领导人，一个大众传播媒介，都是不可忽视的因素。

（四）固有观念对与舆论态度的制约

除了少数几个话题可能会形成全球舆论外，绝大多数的舆论都是在一定的文化圈、民族圈或宗教圈的范围内形成的，不可避免地带有文化与道德传统的印记。正是在这个意义上，不少关于舆论的定义都把舆论与道德文化联系了起来。在卢梭看来，“所谓舆论，就是社会成员不自觉的道德状态”①。李普曼则讲得较为准确：“舆论基本上就是对一些事实从道德上加以解释和经过整理的一种看法。”② 我们在生活中也能够经常感觉到，舆论对公众事务的评价，相当程度上不是哲理性的，而是道德意义上的，诸如善恶、美丑、是非等。林秉贤认为，风俗最初便是一种舆论，“舆论一经形成，就世代相传，成为一种固定化的心理制约力量，即风俗”③。而道德是传统文化中最稳定的成分。因此，在考察舆论的一般

---

① 转引自朱学勤《风声雨声读书声》，生活·读书·新知三联书店 1994 年版，第 237 页。
② ［美］李普曼：《舆论学》，林珊译，华夏出版社 1989 年版，第 82 页。
③ 林秉贤：《社会心理学》，群众出版社 1985 年版，第 331 页。

形成过程时，虽然不能直接感触到，但提供了各种舆论最深层结构的传统文化与道德，需要予以关注。

有时，舆论的表层似乎十分新潮，但它的深层却相当陈旧，也许后来出现的回归传统的舆论主体与前面的新潮舆论的主体是同一的，因为传统文化与道德对舆论的影响深沉而久远。前面谈到的李普曼所说的影响人们意见的“固定成见”，其实相当程度上便是一种道德成见，它也会随着时代的变化而改变，但是变化十分缓慢。即使在当代，观念上从严厉到相对宽容，也需要以“代”作为变化的时间单位。由于这种情况，文化与道德传统对舆论形成的制约程度如何，是衡量舆论的一个重要参数。

事实上，不同舆论在其形成过程中不一定都要走过上面的几步。例如一些具体舆论始终就处于较小的范围，那么便谈不上由党政领导人去关注；有的宏观问题的舆论，相当部分的公众也许根本不是它的主体，也谈不上群体中的心理互动；有些舆论是直接通过党政领导人的言论和大众传播媒介引发的；也有的舆论由于其范围广且与公众利益相关，可能会由外部信息刺激直接形成；还有更多的其他社会的和心理的因素影响着舆论的形成。但是，确实有相当的舆论大体经过以上的几步才形成人们能够感觉到的舆论。指出这个大体的舆论形成过程，在脑子里有这个参照系，等于提供了一种认识舆论形成的框架，还是有用的。

四　舆论中的态度与外部环境的适配

在相对封闭的环境里，即使发动多少次政治运动，舆论的变化通常只是词句上的，人们对观念的选择，总会慢慢地恢复到传统状态，舆论的深层结构变化极小。1978 年 12 月中国共产党的十一届三中全会，确定了工作重心从“以阶级斗争为纲”转向“以经济建设为中心”。这次工作重心的转移，越来越真正地触及公众传统的生活方式和现实的利益再分配。“改革开放”不仅成为一个响亮的口号，而且使人们获得了世界经济发达程度的参照系。尽管初期的公众生活并没有发生很大变化，但人们的心态已经被激活了，用一个普通的词语来形容便是“兴奋”。

以经济建设为中心，必然引导人们重点考虑投入与产出、消费与效益、流通与分配，这就如打进来的一只楔子，将社会和人的思想都分裂为生产与消费两大部分，公众首先在观念上经历着各种矛盾冲突，形成相互碰撞的各种新的舆论。面对正在开始的社会变化和种种新鲜的观念，舆论中交织着对昔日的留恋和对未来的憧憬。可以说，整个中国形成了一个巨大的舆论场，在这个舆论场内日益产生着丰富而多变的舆论。

改革开放初期的显舆论，大都尚停留在社会心理的表层，因而主要表现在日常生活领域，诸如关于生活方式、行为模式的舆论，以及一些物化形态的、具有符号特征的显性文化；在反传统、从众心理的驱使下，这类舆论进一步转变为流行的生活新潮，层出不穷。人们不再满足于粗茶淡饭的饮食、色调单一的服饰、干打垒或鸽子笼式的住房，高稳定、低质量的婚姻关系也在逐步发生着变化。尽管每出现一点关于生活方式的新观念或行为，都曾引发过不同舆论之争，指责声高，反驳的声音更高，并以广泛的流行作出了不可逆转的回答。少则几个月，多则几年，指责者自己可能也被卷入了更新生活观念的浪潮中，接受了新的舆论和生活方式。

然而，当改革进一步深入，触及人们的基本生活态度和现实利益时，舆论便开始出现了彷徨的态势，公众潜在的原有信念体系与公开的表达之间，有意无意地发生着矛盾。1987 年的一次全国公民心理调查显示，93% 的被调查者认为理想的环境包括利益差别不明显、人际竞争不激烈、人事关系易把握等条件。换句话说，如果改革要求公众打破这些昔日的“桃源梦”，可能会引起舆论的较大波动。同年在天津的一次社会心理调查中，53% 的被调查者承认，在观念的变革上，理智上接受了一个新观念，但很难贯彻到感情中去；即使情感上接受了某种新观念，行为模式也许还会是旧的。

这种舆论的彷徨现象应了美国社会学家奥格本的一个命题：物质文化的变迁速度往往快于“适应文化”的变迁速度，他称这种现象为“文化堕距”①。人的心理是有两面性的，对于新奇的事物，由于被激发而接

① 社会变迁过程中，文化集丛中的一部分落后于其他部分而呈现呆滞的现象。亦称文化滞后或文化落后。美国社会学家 W. F. 奥格本在 1923 年出版的《社会变迁》一书中首先使用这个概念，用来指称物质文化和非物质的适应性文化在变迁速度上所发生的时差。

受起来较快；而一旦原有的体制被打破，新的价值体系尚没有建立起来，很容易产生“茫然”感，生活态度的转变远不如生活方式的选择变化快。从20世纪80年代中期到90年代初，各种舆论调查的数据都显示了这一我国当代舆论的特征。

五　舆论主体态度形成的现实诱因

（一）影响巨大的经济生态圈变革

20世纪90年代，我国开始实行的社会主义市场经济改革，在更大范围内从根本上触及公众已经习惯了的经济生活体制，社会各个阶层、群体利益的调整既给公众带来了新的解放感，也带来了新的社会压力。商业心态的泛化、政治热情转向经济竞争的突变，把公众抛向了从未经历过的经济“角斗场”。在市场经济尚未确立自己的形态、尚未臻于成熟的过渡型社会中，对物质利益的疯狂追逐不可避免地带来了整个社会生活的明显变异。经济利益的不同获取形式和分配形式，不仅使日常生活失去了旧有的内容，而且使多数公众在生活面前变得仓皇无措，应激能力、耐挫折力和心理平衡能力经受着新的冲击。由于一时无法掌握未来，生存的本能恐惧和洞察未来的恐惧引起的舆论困惑，比任何时候都显得突出。公众受到多向度价值引力的牵动，必须在物质目标和精神目标、经济价值和文化价值、实际利益和道德义务的相互冲突中权衡取舍。于是出现种种矛盾着、变换着的舆论：旧体制给我奶喝，新体制给我钱花，想喝奶时打倒新体制，想花钱时打倒旧体制。

当现实与理想存在差异时，社会主义市场经济新环境中舆论的一种矛盾的表现。几乎对每个舆论客体都存在着几种相左的意见，它们达到了可以使整体明显感觉的程度，但是又都不能对整体产生决定性的影响。如果说改革开放之初公众的心灵有过震颤、行动有过踌躇的话，市场经济带来的新的心灵震颤远非昔日可比。观念受到冲击不仅仅是生活方式，而是全方位的，既涉及经济基础和意识形态，也涉及基本的工作模式、价值取向和道德观念，越来越多的概率把越来越多的选择推到公众面前。任何人都不能作为旁观者，而必须作为参与者重新判别大千世界的是与非，随时衡量自己进退的得与失。

当人们对物质的意见和幻想不断在精神世界产生并加剧对物质社会

的索取时，一定程度上讲，社会的瞬息万变和繁杂纷扰，提升了公众内心世界的冲击与碰撞，面对既精彩又无奈的世界，大多数人无法完全保持心态的平衡。给公众一个心理支点，形成相对稳定而富有活力的舆论，大众传播媒介负有不可推卸的责任。

（二）不信任心态影响下的舆论情绪化

改革开放以后，由于在外部已经存在着较高的现代化程度的参照系，于是几乎所有后发展国家都出现了亨廷顿所说的现象：“它处于现代性影响之下，已冲破传统生活方式的束缚，正面对着经济、社会和政治变革的压力，遭受着新的、‘更好的’经济生活方式和经济保障方式的冲击，……早期现代化国家对晚期现代化国家的‘示范作用’先是提高了人们的期望，尔后又加剧了人们的挫折感。”① 针对我国目前情况来看，恰巧吻合亨廷顿的说法，物质利益对人的诱惑力比精神的感召要直接、迅速得多。人们在长期封闭之后，看到丰富的外部世界时会产生一种急不可待的攀比心理；较高速度的经济发展带来了繁荣，但同时也带来了与过去平均主义迥异的利益差距，带来了对物欲的追求和行为短期化。然而，人们在为了自身的利益和生存奔忙之际，却总是怨声不断，惶惑心态相伴的还有一种无可名状的心态——不信任。浮者，根基不牢固；躁者，耐性不足。在人生信念不明晰或对生活缺少精神追求的情况下，便形成这样一种忙碌浮泛而又莫名所以的生活状态。由此种心态引发的情绪型舆论也骤然增多。

公众不信任心态的原因是多方面的，诸如难于把握未来、价值准则的失落、利益调整中的种种不公正、社会角色的自然分工被打乱、腐败现象对公众天然的道德正义感的冲击，以及对外部世界进行心理衡量时的差误，等等。不仅整体环境，每一个具体的涉及利益的问题，都有可能积蓄和引发情绪型舆论。

（三）激进的眼前利益

在传统社会较为狭小的空间内，人际关系、利益协调和人的情感较好把握；市场经济条件下，一下子拉大了的空间，无法把握的未来，使

① ［美］亨廷顿：《变革社会中的政治秩序》，李盛平译，华夏出版社 1988 年版，第 46—47 页。

人们的思想认识和行为转向眼前得失，投机、待时而动的观念或心态逐步蔓延。特别是原来较为落后、封闭地区的公众，本来生活期望值很低，一旦要求他们适应市场经济，直接的表现便是在维持传统观念的前提下，习惯地性选择可以直接带来利益的观念和行为。

这些短期观念和行为还有它们产生的历史原因。新中国成立后的三四十年内，我国公众养成了一种高依赖性、低风险承受力的心理特质。这种心理尚未变化，宣布实行改革开放，虽然还没有改变经济体制，压抑了多年的物欲立即转换为改变现状、提高生活水平的强烈期待。显然，急不可待、急功近利的心态与深化着的改革现实之间，不可避免地要发生错位，高期望值的经常破灭，积蓄着紧张、焦虑、困惑、失落、不满、疲惫等社会情绪，新一轮的社会牢骚也跟着会增长。

在向市场经济的过渡时期，公众首先能够看到的是物的巨大发展。市场经济进程的加速，极大地激发了我国公众长期被压抑的物质享受和消费冲动。我国传统文化中的实用理性特征，立即在这种情况下得到了展示：什么都要兑现的、现实的，眼前有好处、能得到的就去追求，人们的心态有点像当年的法国国王路易十五：“我死后哪怕洪水滔天。”这也是一种“情境”，使人容易失去理性，变得浮躁起来。在对此过度的追求之后，常常感到的是一种精神的失落，从而积蓄着新的不安、焦虑和躁动。“满足感”相当程度上是心灵的需求，仅仅追求物质并不能真正获得满足，反而可能间接引发普遍的浮躁心态。

自我利益的唤起，竞争和利益的分流，社会风险的加大，生活节奏的加快，使原有的价值体系受到冲击，人们的心理结构失衡，公众对现实产生的不满增多，体制中得到好处的和没有得到好处的都不满意现状。如果缺乏排解的渠道，情绪型舆论亦会大量集中于社会的人际传播空间。这时带有情绪的意见表达不会是很正确的，但是却是最需要的，影响范围大，传播得也最为迅速，对社会的稳定造成威胁。

体制上从传统社会向社会主义市场经济的转化，需要一定的金钱利益驱动。在缺乏和不了解市场游戏规则的时候，金钱的驱动也带来了较多的副作用，它可能是私欲性的、行为短期化的、违背理性生存原则的，容易使公众变得异常亢奋和焦躁不安，行为在急功近利的心态下失去控制；一旦对物欲的追求成为一种“时尚”，全社会都挤向发财致富的“独木桥”，便会产生普遍的社会躁动，舆论呈负面情绪型，威胁社会的稳定。

由于缺乏市场的规范，人们也没有遵守规范的习惯，这种时尚与权力的结合，便是腐败，它造成一种找不到任何理由和借口让人接受、忍耐的不平等，也带来了相当普遍的负面情绪型舆论。公平是社会群体生活的原则、社会运转有序的价值基石，这块基石的动摇对舆论的影响极大。

本来普遍存在的相互攀比心理，在这种新的环境刺激下会更为强烈。近年的多次社会调查都发现，几乎每个社会群体都认为自己的境遇不如其他群体，否认有自己比别人好的感觉。于是，全社会便出现一种被剥夺感很强的情绪型舆论，即每个群体都感觉到自己被别的群体剥夺，都认为自己所在的群体处于社会的底层或相对下层。由于这种感觉或看法较为极端，对与自己不同的看法就会表现出强烈的偏执情绪。而引发这种普遍被剥夺感的是社会利益分配中存在着的利益与权力的结合（腐败）、少数人并非由于勤劳而暴富的现象。问题复杂在公众的夸大感觉受到了双重的循环刺激，在反对真正的不公正时，其中有意无意地掺入了传统的平均主义思想；而各种不公正又普遍以反对平均主义作为旗帜。于是，昔日平均主义的潜在信念和利益分配的不公，轮番促动着全社会的舆论走向情绪化，使人难以从中解脱。而社会保障存在的意义不就是在解决这一问题吗？

当情绪支配着公众的时候，所感觉到的外部世界有一半带有想象性质。各个社会群体都从维护自身利益的需要出发，在索取动机下与其他群体、成员攀比，无形中夸大自己的“所失”，缩小自己的“所得”，与贡献低报酬高攀比，挫折感油然而生。在这种情况下，公众感觉到的环境是一种由客观和主观合成的“情境”。情境反过来作用于公众，于是多种情绪+行为型舆论的蔓延一时难以阻挡。例如宣泄特征十分浓厚的娱乐行为、盛行的社会牢骚、由于很小的原因而引发的街头争吵与围观、挤兑银行存款、抢购某种商品等。

邵道生曾将向市场经济过渡时期的我国国民心态归结为六种倾向，

即物欲化、粗俗化、冷漠化、躁动化、无责任化、虚假化[①]。这些表述有些重合，而且产生的历史与现实原因十分复杂，为了便于概括，倒不如简单归结为一种，即“浮躁”。浮躁心态一旦产生，便以感觉替代了思维，以潮流选择替代了自主选择，以市场取向替代了人生取向。如果概括浮躁心态的舆论表达特征，便是“舆论情绪化”。

（四）社会分化的必然结果

改革开放以来的几十年，我国社会发生着重大转型：从计划经济向社会主义市场经济转型；从农业社会向工业社会转型；从乡村社会向城镇社会转型；从封闭半封闭社会向开放社会转型。这些不同角度的社会转型在总体上造成舆论的深刻变化，改变着人们的思维方式。但由于不同地区、城乡、产业结构的发展不平衡，社会流动人口的增大，特别是利益分配调整后的利益分流，使我国原有的传统社会群体结构逐步重新组合，总体上呈分化的趋势。于是昔日全国上下相当“一致”的舆论表达，也呈现相对分散的状态，涉及局部、地方利益的舆论远远多于全局性的舆论，各种舆论间的差距拉大，其具体情形相当复杂，增加了大众媒介引导舆论的难度。

（五）群体分化下的集纳与整合

计划经济体制下，各个群体的利益相对平均化而且较为恒定。改革开放调动了各个群体的积极性，同时亦创造了许多新的群体组合的机遇。即使是原有的群体，也不再是纯粹的一种宏观意义的社会阶层，而分化为带有更多的相同利益、规模较小的群体。例如农民，处在不同地区、从事不同劳动（种地、从商、乡镇企业等）的，都会形成不同的关于自己利益的舆论。城市的群体分化更为复杂，个体户、三资企业、进城打工的农民，以及新出现的各式各样的社会群体，形成了相当多样化的舆论，以致近年主要在城市人中抽样的各种舆论调查，除了少数全局性的、抽象性质的问题还会形成相对集中的舆论外，若不是调查要求在几种回答中做强迫性选择，围绕具体的舆论客体经常形不成舆论（即没有一种意见的一致程度达到形成舆论的基本数量），只能说是一些代表性不大的意见。例如 1996 年上半年《南方周末》组织的一次四城市地

① 邵道生：《中国社会的困惑》，社会科学文献出版社 1996 年版，第 193 页。

位意识调查，开列了13项职业供选择，结果最集中的一项职业不过10.03%，其他均是一位数。1996年下半年零点公司进行的一项我国四城市市民相互印象调查，由于提供了10个选择项，结果相互总体印象每项计算的百分数绝大部分只有一位数，所获40个数据中，在5%以下的数据22个。

即使是原来意义上的较大社会群体，由于社会结构处于转型期，也表现出舆论的相对分散特征。1989年武汉、兰州、深圳的社会心理调查，分别就改革意识、经济改革观念、政治改革观念、文化价值观各自设计了十几个问题，每个问题划分为七个演绎阶梯，各个问题意见集中的程度绝大部分仅能勉强构成舆论（30%多的一致程度）。调查者划分的七种群体（企业职工、商业职工、专业人员、机关干部、个体户、城郊农民、大学生）之间的意见差异较大。这四组数据的标准差显示：改革意识的标准差较大，反映出人们对改革的评价和期望存在较明显的分歧……由于涉及人们经济上的切身利益，观念上的分化仍是明显的……在政治主体意识上，各群体仍有较大的差异。文化价值观的标准差是最高的，这表明在社会心理的深层结构，观念变动的群体差异最明显……总和的标准差更鲜明地向我们展示，现阶段我国社会心理的分化已经达到了较为显著的程度，人们的生活明显地改善了，却更为关注利益分配的公正、人际关系的协调。不同社会群体从市场经济中得到利益的差异、获取利益的道德评价的分歧，也会进一步造成群体舆论的分散。

（六）地域经济差异下的追逐与失落

目前，经济发展的不平衡首先表现在地域上。由于自然条件和地理位置的差异，形成了东部和中西部的“梯度发展格局”。其次是南方与北方发展的差异。计划经济时期虽然存在着东、西部的差距，但在当时全国舆论单调而一致的情况下，由地域差别形成的舆论差异很不明显。社会主义市场经济条件下，东南沿海地区经济的高速发展，拉大了与其他地区经济发展的差距。一般地说，经济发展速度越快，价值观念的演变也就越剧烈。生活在现代经济发展水平高的地区的公众，倾向于改变传统生活方式，放弃传统观念，发展一种具有进取精神、开放的、求变的价值取向，公众的自我意识和独立人格确立得也较早。而经济不发达和次发达地区，在接受新观念时，或表现出种种惶惑，或极为激进，与已经相对稳定的发达地区的舆论形成对照。

在法治与人际关系的观念方面，经济发达地区青年的亲缘关系淡化得很快，越是亲缘关系的纠纷，越要找法院仲裁；而其他地区则以“忍受”为主；经济发达地区非亲缘的纠纷，选择“找人调解”多于找法院，其他地区的则找法院或向上级反映的比例很高。看来，重人际关系、轻法治的传统对所有青年来说尚不能完全摆脱，相对来说发达地区的观念有所进步。不发达和次发达地区以血缘亲族划分亲疏的舆论压力相当大；而发达地区看重的是一般人际关系，在追求自己利益的同时，也希望能与其他人相处融洽。

地域经济发展的差异产生的舆论分散，在同一片国土上，由于对比度鲜明，因而具有自身的特色。上面谈到的青年调查表明，在具有现代人格特征的价值观方面，发达地区的青年并不比不发达和欠发达地区有更多的认同，相反，更多地选择了中庸、和谐、知足的生活态度；越是不发达地区，特别是农村，青年进取欲望越强烈，对安于现状的生活态度的否定率越高。

从不同经济发展地区的公众接触媒介的程度，以及人们对信息种类的选择偏向，也可以看到舆论的差异。不同经济发展地区所接受的外部信息量差距很大，而新的舆论通常是在外来信息的激发下形成的，社会流通的信息量的差距，拉大了不同地区舆论的距离，从而造成全国总体舆论的分散。

（七）高速城市化进程与态度的层次差异

现代社会的舆论中心始终在城市，特别在大城市。然而我国的改革是从农村开始的，因而最初的社会结构转变发生在农村，并且带动着城市的改革。那个时期社会的舆论，一定程度上是农村领导新潮流。从1984年起，改革的重点转向城市，而实行社会主义市场经济，则进一步决定了全社会的舆论必然以城市的舆论为主导，因为城市天然与市场联结在一起。我国的城市化进程近几年相当快。在这种情况下，农村的发展相对缓慢，变动不大的舆论与城市急速变动的舆论之间，差距拉大，社会的舆论呈分散趋势。

舆论是一定环境的产物，即使像北京这样的中心城市，其郊区农村与市区由于经济发展和生活条件的差距，也会导致舆论的差异。

城市本来应当是具有相近的现代意识的舆论中心，狭隘的地方意识比乡村小得多；而一旦城市被纳入乡村网络之中，各自非常强烈的传统的地方利益，便造成众多城市差异较大的舆论，舆论呈分散趋势；极少的大都市舆论与带有乡村意识的地方小城市舆论之间，距离亦会拉大。而都市舆论本身，也呈现出分散特征，群体因利益的分化而逐渐小型化，舆论则利益化，以利益为转移。而真实、稳定的舆论，主要发生在没有利益冲突的朋友之间。

在城乡之间，还流动着数千万离开体制控制的乡村剩余劳动力，他们通常来自较落后的地区，在城市打工的生活，使他们有了高于原来生活环境的新观念，同时对城乡生活的反差感触很深。[①] 但他们的“根”还是在农村，他们的舆论往往游离于城市与乡村之间，多少偏向于乡村。于是，在本来分散了的舆论中，又多了一类社会流动人口的舆论。

（八）信息化社会中认知差异的形成

按照一般的想象，社会信息化会带来更多的媒介接触的平等权利，有利于共同舆论的形成。但是这种想法忽略了不同公众群体接受能力的差异，于是美国学者蒂其诺等人于1970年提出了“知识沟”理论，其要点是：假如输入社会体系的大众媒介讯息增加，该社会体系中社会经济地位较高者得到的讯息要比地位低者快。因此，二者间的知识鸿沟不是变小而是在扩大。而决定差距扩大的主要因素是不同的文化程度。随着接受讯息量的增多，由于理解力不同，接受的讯息越多，文化程度差距较大的群体间的知识积累越为悬殊。1976年，另一位美国学者罗杰斯进一步提出了“传播效果鸿沟”理论，即以变迁为主旨的传播，经过一段时间以后，社会经济地位高者与地位低者之间的差距会扩大。这里的原因如德国学者邦伐利所说，有供给信息不平均、公众接受信息的不同兴趣、解码能力三个原因。

台湾舆论学研究者王石番就知识沟理论写道：“针对一项论题报道越多，注意这一论题的人会留心搜集资料，自然比其他人知道得越多。民意的形成从任何角度来说，都与认知息息相关，对一个问题认识的深入程度必定影响态度的情感和行为层面。如果社会对于一个公共事务的论

---

① 王海光：《旋转的历史——社会运动论》，上海人民出版社1995年版，第92页。

题，由于接触大众媒介的行为差异，产生两种不同的知识模式，从而影响民意，共识因而不能建立，不但公共事务问题不能解决，而且阻挠社会安定，的确令人惋惜！”显然，知识沟理论企图说明，社会信息化可能形成舆论的分散化。但是现在这只是一种理论假设，内地尚没有通过实证研究证明这一点。不过，这提醒我们注意公众解码时的差距，以便采取措施防止可能出现的由于理解的歧义造成的舆论分散。

第五章

剖析——舆论的社会心理因素之三：情感

舆论的产生和发展中处处可见人类真挚的情感，它是舆论得以延伸和蔓延的基因之一。在舆论引导时必须注意对其中情感因素的把握，注意区分情感与情绪，尤其是具有社会负面影响的情绪更值得关注。沿用前边论证的思路，还是先来分析心理学中关于情感的问题。

第一节　舆论中情感与情感诉求存在的理论印证

一　从情感到情感诉求——社会心理学的解读范式

（一）情感是什么

情感是人对客观事物是否满足自己的需要而产生的态度体验。它反映了客观事物与个体需要之间的关系。凡是能满足人的需要或符合人的愿望、观点的客观事物，就使人产生愉快、喜爱等肯定的情感体验；凡是不符合人的需要或会违背人的愿望、观点的客观事物，就会使人产生烦闷、厌恶等否定的情感体验。

这里所说的情感是情绪和情感的统称。这两个概念在心理学上通常都定义为“人对客观事物所持的态度体验”。但它们又是有区别的，情绪是和机体需要相联系的体验形式，如喜悦、愉快、厌恶、惧怕等。情感是与人的社会性需要相联系的体验形式，如道德感、美感、理智感等。

（二）情感的功能体现

情感的动力功能。在由需要引起动机行为的过程中，情感起着重要的调节作用。这种调节作用，确切地说，着重表现在对动机所发动的行为的强度上的影响。例如，同一个人，在同一需要动机系统支配下活动，在情感变动中，其活动的动力强度有着十分明显的差别。

情感的调节功能。一个人愉快时，更容易通过感知接受外界信息，而不愉快时，则易闭塞接受外界信息的通道。心理学实验进一步发现，情感会影响感知的选择性：有过强烈情感体验的东西，往往会被一个人首先感知。

情感对思维活动有调节作用。当我们情感快乐时，思维会变得格外灵活、敏捷，头脑显得尤其清醒、明晰，分析判断也易于正确；而当我们情感不佳时，则思维迟钝、涣散，头脑浑浊，分析、判断易出差错。

良好的正情感使一个人感知变得敏锐、记忆得以增强、思维更加灵活，有助于内在潜能的充分展示。而不良的负面情感，则会抑制、干扰一个人的各种认知活动，使已有的能力也无法正常施展。

情感的信号功能在传递信息方面有一系列独特的作用，初步归纳为四个方面：其一，言语表达力的作用。马卡连柯在谈到言语表情时说：声调的运用所以具有意义，倒不是仅仅为了嘹亮的唱歌，漂亮的谈吐，而是为了能够更准确地、生动地、有力地表现自己的思想感情。其二，提高言语生动性的作用。富有表情的言语，会使一句极普通的的话顿时富于生气和活力。其三，替代言语的作用。如课堂教学中师生之间的种种暗示。其四，超越言语的作用。

同时，情感也存在着传染功能。当一个人知觉到对方的某种情感体验时，可以分享对方的情感。心理学研究还表明，一个人的情感会影响他人的情感，而他人的情感还能反过来再影响这个人原先的情感。这就是人与人之间的情感发生相互影响。这是情感的感染功能所导致的必然结果。

（三）情感诉求是什么

情感需要的是一种具象表达。情感本身处于一种隐性的机制之下，但不应该是被压抑的，社会人自然会将情感附着于具体的人或事物上随机表达或是宣泄出来。在舆论中，往往舆论的客体也会成为舆论主体表达和宣泄情感的附着物，舆论主体的这种情感诉求有时甚至会使客体具有某种“象征权力”的意味。针对这一现象，舆论的控制者有时又会借助社会事件和人物使公众的情感产生共鸣甚至是归一。

情感诉求从诉求者的心理着手，抓住诉求者的情感需要并通过情感诉求的途径满足其需要，从而影响诉求者对该情感诉求客体的印象，产生巨大的感染力与影响力。因此，情感诉求应采用一些策略，以达到激发诉求者的心理，实现相应行为。

二 情感诉求是激活社会人表意行为的诱因之一

（一）关注与触发兴奋点

情感诉求客体能满足诉求者某类或某些情感需求，制作者必须从诉求者的利益着想，并且抓住诉求者需求的兴奋点，因为诉求者的需求决定着其感情心理活动的方向和结果。因为诉求者的需求是情绪、情感产生的直接基础，客观刺激必须以诉求者的需求为中介才能发挥其决定作用。一旦触发了他的需求兴奋点，其情绪必然高涨，而情绪高涨则满足需要的行为也将更快、更强烈地出现。情感诉求客体要想深入诉求者的内心，就可以从其需求入手，把情感诉求客体与某类需求紧密相连，使诉求者一出现这类需求便想到此情感诉求客体，达到最终的希望。

（二）心理附加值的客体诉求

作为物质形态的情感诉求客体，本来并不具备心理附加值的功能，但通过适当的宣传，这种心理附加值便会油然而生。因为人类的需要具有多重性，既有物质性需要又有精神性需要，并且这两类需要常处于交融状态，即物质上的满足可以带来精神上的愉悦；精神上的满足又以物质作为基础，有时可代替物质上的满足。因此，情感诉求客体质量是基础，附加值是超值，多为精神上的需要，诉求者更乐意购买有超值的情感诉求客体。因为购买这类情感诉求客体可得到双份满足——物质上的满足与精神上的满足。在进行购买抉择时，“心理天平”势必向这类情感诉求客体倾斜。

（三）晕轮的基点与发散

晕轮效应是社会心理学的一个概念，它是指一个人如果被公认为具有某种优点，往往也会被认为具有其他许多优点。如果公众认为某些运动员在运动场上是杰出的，他们往往还会赋予这些运动员许多不属于运动方向的专长。因此，许多企业不惜重金请体育界、娱乐界的明星甚至是政界人物为自己的企业或情感诉求客体，原因就在于这些人物是公众的挚爱，他们的行为直接影响到公众，使公众爱他们之所爱，喜他们之所喜，自然购他们之所购。在心理学上称为“自居作用”，即公众通过与明星购同类情感诉求客体，在心理上便把明星身上所喜欢的优点转移到自己身上。另一种晕轮效应是情感诉求客体自身产生的，即如果情感诉求客体被公众接受了有一种优点，那么它也易被公众认为有另一些优点。例如一些情感诉求客体连续多年销量第一，公众对此易于接受，因此他们自然会认为这些情感诉求客体质量很好、服务好、造型美观等。

（四）主观的暗示与“被”流行

情感诉求客体大多是具体的事件或人物，并不存在是否流行，但当人们关注多了，也就成为当时流行的情感诉求客体。而且情感诉求客体的购买者不一定是其使用者，许多情感诉求客体是被用来馈赠亲友的。因为诉求者不是彼此孤立存在的，他们在社会交往中相互作用，建立起亲情和友情，为了表达他们的心情，他们以“物”的形式将情感的寓意寄托其中来维系关系。这显然是人际交往中的一种需求。因此，如果情感诉求客体正符合他们的这些愿望，他们便会主动去购买该情感诉求客体，而较少地去考虑情感诉求客体的质量、功效。而如果关注这种情感诉求客体的风气能被制作者操作成为一种当今社会流行的时尚，诉求者便会被这种时尚所牵引，不断关心、关注该情感诉求客体。

三　舆论中情感表达的逻辑：置情于理

这里所说的是公众自身以各种体裁的文学、音乐、舞蹈、绘画等艺术信息形态表达的意见倾向，公众对广播电视的文化娱乐节目、电影，多媒体中的文艺内容的议论，亦可归到这类舆论内。艺术形态的舆论所表达的公众意见或情绪倾向是相对间接的，但由于带有较强的情感性，因而能够比讯息形态的舆论更深刻地反映一个时期舆论的特征。但是，艺术形态的舆论不像观念形态的舆论那样直接表达意向，把握起来比较困难。

来自普通公众的较为粗糙的文学和艺术，以及能够贴近老百姓生活的作家和艺术家的作品，由于通常以形象化的文艺典型，集中反映生活和表达情感，因而在很大程度上是一种舆论的表现形态。从“文化大革命”时期的地下文学到改革开放以来接连出现的伤痕文学、反思文学、改革文学、知青文学、寻根文学，到先锋文学、大众消遣文学等，都不同程度地以文学信息的形态表达了某一时期的舆论特征和倾向。

各种艺术形式中，音乐是最能为一般公众以通俗的形式掌握的娱乐艺术，因而它能够成为当代公众情绪的晴雨表。从“文化大革命”初期大批不成章法的群众造反歌曲，到“文化大革命”中、后期流行的知青歌曲，从改革开放初期的当代牧歌到20世纪80年代中期流行音乐的登陆，再到20世纪90年代初的MTV及舞蹈音乐，每种新型的大众音乐形式都是一个时期的公众心态，特别是青年一代心态和意见倾向的鲜明表露。高小康在谈到流行音乐所表达的当代公众情绪特征时写道：“一般人的生活节奏常常就是在疲惫和无聊两极之间的摆振：奔走营生之后是疲惫，而休闲享乐之后是无聊，……真正的永恒的需要被误解和替换成了偶然的物质性现实。”在这种情况下，“流行音乐不是被欣赏的，而是被‘听到’的：它是一种呼唤，以直接、感性的方式传达出来的心灵的呼唤。一支传统的乐曲要被听众接受，常常需要一个熟悉的过程，它是通过学习而浸渍到人的理解力中的。而一支流行歌曲应当是直接地、甚至是‘一下子’地打动听众的，不能直接打动听众感觉的乐曲注定产生不了那种心灵呼唤的魅力”①。

再如大众化的舞蹈与绘画，反映的是信息机械传播的环境和人们的心态。高小康就此将舞蹈与绘画进行比较：“在大众中流行的‘霹雳舞’似乎是个相对的例子，舞蹈者是活人，却故意模拟卡通形象中的‘太空人’‘机器人’等刚性化动作。这其实与电脑动画的意趣殊途同归，都显示出当代人无机化的趣味。”这是“当代大众内心深处同生命感觉疏离的一种趣味倾向”②。

显然，富含情感因子的艺术形态的舆论，心理性成分浓重，较为复杂，涉及更多的是公众内心深处的无意识表达或需求。如果能够较为细致地分析这种舆论形态，解剖一两件典型的大众文化产品及其公众的反映，对于准确地把握一个时期的舆论特征是很有意义的。当代社会的新

---

① 高小康：《世纪晚钟——当代文化与艺术趣味评述》，东方出版社1995年版，第289页。

② 高小康：《大众的梦》，东方出版社1993年版，第114—115页。

一代人，越来越多地通过文学、音乐、舞蹈、绘画等艺术信息形态表达自己的心声、情绪和意见倾向。这种形态的舆论带有较多的情感色彩，观念的表达是间接的，也许在总体上似乎造成一种对主流文化和社会意识形态的威胁，但是具体的这类形态的舆论，包括一些消费方面的追求时髦的行为舆论，不会构成全局性的问题。这种舆论形态对社会可能造成的威胁是“舆论共振”，即在一个短时期内，社会中相当多的公众将注意力集中在某件作品或是某种消费时髦上，只有一种几乎一致的评价能够流通，不同意见很难有立足之地。这种情形对于社会的稳定是不利的，因而大众媒介对此的主要引导方式是舆论分流，既发表流行的评价意见，同时又有意多发表一些其他的评价意见，使过于集中的舆论得以分流，形成正常的舆论不一律的自然状态。在引导过程中，逐渐使体现主旋律的评价意见居于主导地位。

由于这种舆论形态的情感心理成分浓重，特别在发生舆论共振的时候，对于它的引导操作要慎重，不宜过多地以针锋相对的形式发表意见，而宜客观地展现多种不同的舆论。因为共振时的舆论通常处于情绪表达的极端点，同化性评定的范围很小，如果以“统一思想”而不是以防止共振作为引导的目标，结果可能会出现“反弹效应”，造成相反的效果。这种情况应了“对比评定律”的说法：“在宣传一种和听众的立场尖锐对立的观点时，这些观点会被对比地认为似乎比实际情况更加不能接受。”“如果听众的观点与传播者的观点差距很大，则他们主观上对这种差距的评定会更大。”①

事实上，当代艺术形态舆论的创造者相当程度上就是媒介本身。各种媒介，特别是声像媒介，具有直接的刺激作用，在数量巨大的公众中间形成强大的综合感染力，既推动着公众日常生活内容与形式的更新，又强制性地决定着当代人对生活的强烈“现实感”和直接现实经验的存在。这时的文学艺术不再是纯粹的个人心灵的高贵独吟，而成为公众欲望、追求、需要的象征，表现形式也变得平面化，并带有日益增多的消费性质。在这个意义上，如果说正确引导舆论，首先需要媒介确定自身

---

① ［苏］肖·阿·纳奇拉什维里：《宣传心理学》，金初高译，新华出版社1984年版，第78页。

的社会责任，如何将煽情保持在一种适当的程度，如何在提供文化消费时提高公众的审美水平，平面化不可避免，但是媒介有可能将这个“平面”置于相对高些的层次上。这本身是对艺术形态舆论的最好的引导。

第二节　舆论中情绪出现的偶然与必然

一　辨识情感与情绪

情绪不同于情感。虽然两者都是对客观现实的反映的主观体验，但情绪反应更倾向于具有一定需要的主体和客体之间的关系。情绪和情感是两种难以分割而又有区别的主观体验。从广义而言，情感与情绪一样是人对客观事物的态度体验，从狭义而言，它又不同于情绪，是和人的社会性需要相联系的一种比较复杂而又稳定的态度体验。

情绪与情感有以下区别：我们一直将情绪和情感作为一个统一的心理过程来讨论，但从产生的基础和特征表现上来看，二者有所区别。

首先，情绪出现得较早，多与人的生理性需要相联系；情感出现得较晚，多与人的社会性需要相联系。婴儿一生下来就有哭、笑等情绪表现，而且多与食物、水、温暖、困倦等生理性需要相关；情感是在幼儿时期，随着心智的成熟和社会认知的发展而产生的，多与求知、交往、艺术陶冶、人生追求等社会性需要有关。因此，情绪是人和动物共有的，但只有人才会有情感。

其次，情绪具有情境性和暂时性，情感则具有深刻性和稳定性。情绪常由身旁的事物所引起，又常随着场合的改变和人、事的转换而变化。所以，有的人情绪表现常会喜怒无常，很难持久。情感可以说是在多次情绪体验的基础上形成的稳定的态度体验，如对一个人的爱和尊敬，可能是一生不变的。因为如此，情感特征常被作为人的个性和道德品质评价的重要方面。

最后，情绪具有冲动性和明显的外部表现，情感则比较内隐。人在情绪左右下常常不能自控，高兴时手舞足蹈，郁闷时垂头丧气，愤怒时又暴跳如雷。情感更多的是内心的体验，深沉而且久远，不轻易流露出来。

情绪和情感有四种品质（或维度），每种品质都可以表现为两个极端对立的情况。比如，在强度方面，有强弱之分；在紧张度方面，有紧张与轻松之分；在快感度方面，有快与不快之分；在复杂度方面，有简单与复杂之分。

此外，情绪和情感的两极性还表现为：积极的与消极的体验，增力作用与减力作用（即动力作用）。情绪和情感的增力性表现为情绪和情感发生时，循环、呼吸、腺体分泌等系统相互配合，对人们的活动起积极的应激作用，使机体能够应付环境中的紧急变化。这就是情绪的增力性作用。增力性能提高人的活动能力，如愉快的情绪、爱国主义的热情等，能鼓舞人去进行活动，甚至于忘我地去进行拼搏。情绪和情感的减力性表现为情绪和情感有时会降低人的活动能力，如忧愁、悲伤、过度焦虑和灰心失望等。

二　情绪出现的一些场域因素

在从情绪的认识到评估情绪这个层面出发，情绪的发生实际上需要一些场域因素。这其中，环境场的作用应该是外在的，也是首要的。由于外在环境世界中的信息对大脑皮层的刺激性影响是直接的，用这种刺激来评估信息在情绪产生中的作用可以更为直观和量化。人们的认识过程左右着对情绪的解释与反应。认识和评估是大脑皮层的神经过程，因此皮层兴奋被认为是情绪的基础和原因。情绪包括内脏器官和骨骼肌的自主变化，而对外围变化的反馈是情绪意识的基础。

其次是心理场的内在驱动力。情绪具有重要的动机性和适应性的功能。情绪的出现往往激活了心理场的内驱力，将情绪视作一种信号通常再借助一种放大的媒介然后激发有机体去行动。这一过程正是情绪过程；而且情绪是心理场的内驱力之前的行为动机驱动因素，它本身可以离开内驱力信号而起到动机的作用。伊扎德的动机理论则内涵更丰富，他提出情绪是一种基本的动机系统。他从整个人格系统出发建立了情绪动机的体系。伊扎德提出人格有六个子系统：内稳态、内驱力、情绪、知觉、认知、动作。这些子系统组合成四种类型的动机结构：内驱力、情绪、情绪—认知相互作用、情绪—认知结构。情绪是这个动机系统的核心。伊扎德进一步指出，情绪的主观成分——体验，正是起动机作用的心理机构，各种情绪体验是驱动有机体采取行动的动机力量。① 可以看出情绪的产生过程与心理场的互动机制是十分明显的。

情绪的发生涉及三个因素，即刺激情境、生理变化、情绪经验。心理学家沙赫特做了一个著名的“情绪归因论”的实验，用来查明这三种因素在情绪发生中的作用及其相互关系。② 他把大学生分成三组，各组的被试都同样接受肾上腺素的注射（不告诉他们药物名称），给第一组以药物效应的正确资料，给第二组以药物效应的错误资料，对第三组不作任何说明。然后每组被试随机分为两组，被试分别进入两种实验性的休息情境；一种是惹人发笑的情境，另一种是惹人发怒的情境。结果发现，虽然三组被试都因药物激起同样的生理变化，并处于同样的两种刺激情境中，但第二组与第三组被试大多感到并表现出更加愉快或愤怒，而第一组被试由于已经预知药物的效应则不显示出愉快或愤怒。研究者因此认为，外界情境或生理变化，虽然也是产生情绪的因素，但人对自己状态的认知（情绪经验），对于情绪反应起着决定作用，或者说是主要因素。

第三节 以情感为支点的舆情分析

近年来，互联网快速发展且广泛普及，大数据信息呈现出喷涌的形势，各类网络舆情成为社会公众情感、想法和意见的综合载体。在大数据环境下，网络舆情分析主要指的是情感分析，即不同主体和不同舆论主体的情感状态。情感维度作为大数据环境下网络舆情信息预警的主要评定信号，以情感维度为模型，给网络舆情信息的分类、预警和监控提供了依据，有助于各部门进行形势研判、战略引导和预警决策。

一 情感因素在舆情分析中的显在与潜在

（一）狭义情感因素的膨胀

情感是人类社会生活中重要的心理现象，有广义狭义之分。广义的

① 参见沙莲香《社会心理学》，中国人民大学出版社 2006 年版，第 115 页。

② 同上书，第 118 页。

情感是人对客观事物的态度体验，诸如：道德感、理智感、美感等；狭义的情感即情绪，它是情感的表现形态，它也往往是狭义情感膨胀的因素。按照个体情感的生理和社会需要可以分为：低级情感和高级情感。那么，表现这两类情感的情绪就可以对应地分为：原始情绪，如饥饿的人因饱餐一顿而引起的高兴；社会情绪，如难题解出之后引起的高兴。公众个体针对某一社会事件产生情感，因人而异被感知通过不同的情绪表达出来。网络舆情涵盖了众多社会性事件，社会公众的情绪具有相通性和感染性，网络舆情的爆发往往是情绪的推波助澜。

（二）一般适应症候群理论的价值

塞黎关于心理压力的实验理论“一般适应症候群”[①] 能够在一定程度上阐述负面情绪型舆论产生和发展经历的三个阶段。

第一个阶段，可称为“震撼和反应期”，是对外界信息突然出现的刺激或是由于社会的变动因素所引发的压力逼近某个临界值，公众的某种情绪在较短时间里爆发，并在人际关系之间迅速蔓延，在一定的区域内形成情绪型理论。第二个阶段称作为“抗拒对抗期”，就是说公众已从最开始的慌乱无措转向为以某种持续不断的情绪与外界压力对抗，这是对外在压力适应的时期，持续时间比第一阶段稍长。假如压力继续增长并且情绪不能够缓解，很大可能会在某一个无法容忍的临界点转向强烈的显舆论或行为舆论。如果外界压力保持平稳，可能公众通过自我调节，与新环境相适应，使情绪型舆论逐步衰减、消亡。第三个阶段称作“突变或衰变期”。在兰州自来水苯超标事件中，水污染关系到市民的身体健康，由于政府信息公开不及时引起市民的恐慌焦虑心理，情绪首先在人际关系网中传染，随后情绪网逐渐扩散延伸，惊慌情绪愈演愈烈，市民集体“自救”，掀起了“抢水潮”。在政府接连发声解决水污染问题时，该事件的舆情则处于突变或衰退期。

（三）理性情感因素的推动作用

虽然“在自演进的互联网成长发展当中，网民这一群体也逐渐学会了自组织、自成长”[②]，但从某种程度来看，网络是对现实社会的一种反

① 卢毅刚：《舆论学教程》，郑州大学出版社 2012 年 9 月版，第 108 页。

② 胡泳：《走进众声喧哗时代：中国互联网 20 年》，《新闻战线》2014 年第 6 期，第 56 页。

映，网络情绪传播的环境更加开放和没有束缚，所以网络舆情的爆发蕴含着非理性因子，这些非理性情感往往来自公众接受共同信息所产生出的心理共鸣。而理性情感更多表现在道德感、理智感和美感中。理性情感在舆情分析中发挥重要的作用，可以使舆情信息更加客观具体，为各部门舆论引导提供科学依据。

同时，要想规避网络舆论的非理性后果，关键是要把握好情绪源的控制，也就要求新闻媒体以客观事实为基础冷静报道从而进行正确积极的引导，以免刺激引发社会感情能量的过度释放。

二 情感在舆情研判中的逻辑

（一）情感传播的线索

首先，情感传播的焦点是现实生活中情感的感染。随着社交媒体的发展，线下情感传播逐渐向线上转变，形成网络情感传播。在网络为中介的交往环境中，人们释放的情感会相互感染，Web 2.0 交流环境会产生越来越多的情绪信息。

情感传播有自身的特性和传播机制，需要在传播过程中采取有价值的取向，采取积极向上的传播态度，以情感制胜。情感传播具备以下几点特征：第一是语言的感染性，也就是说它使语言更加展现出自身的丰富、风格多样化的特点，语言的亲和性和感染性有效地连接着人类之间的情感。第二是内容的主观性，情感传播内容包括了传播主题的主观意志以及情绪色彩。第三是行为的亲近性，因为情感传播行为具有明确的倾向性与传播意图，因此可以不断消解传播中情绪化的消极因素，更加体现行为的主动性和亲近性。第四是目的的价值性，情感传播是要体现出传播主体的文化品格和人文关怀，从而增强受众的可塑性。

（二）情感所在的舆论阶段

网络舆情是社会发展到一定阶段的必然产物，一般来说，它的形成要经过以下过程：第一，网络舆论议题出现，网络公共话语空间出现某一话题或社会事件引起网民的关注；第二，网络热议，多种意见的表达，由于事件本身的重要性或奇异性，关注议题的网民人数激增。在开放的网络空间中，网民相互之间因为对议题事件的议论和评价，使议题的关注度越来越高，影响力越来越强，吸引越来越多的网民关注；第三，网络意见逐步整合，舆论形成，众多在网络上发表的个人意见经过复杂的交流、整合后，最终达到带有倾向性的多数人的一致意见；第四，网络舆论中心出现转移，议题的新因素和新关注点出现使公众发表的意见不断流动重新整合；第五，网络舆论最终衰减或结束。

情感因素则处于第二阶段。在网络舆情中，网民意见态度的形成往往不是由抽象的分析和判断而得到的，而是通过情感化的模式获取“热认知”而形成的，并且会引起共鸣、达成共识，使舆情高涨的信息倍加关注，尤其在网络空间中，这会使网络舆情持续高涨。

（三）情绪形态舆论的特征

在网络背景下的舆论生成中，情绪扮演着重要的角色。某个网络热点事件和情绪化的观点相结合，就能引发舆情的浪潮。情绪型舆论是公共意见倾向的表征，网络情绪型舆论更具有网民自身浓厚的个人情感。

它呈现出以下特性：首先是突发性。网络话题中的情绪点会因长期积累或者触发敏感等各种主客观原因，随着舆论的爆发而突然爆发并迅速形成比较统一的舆论情绪，对舆情后续发展产生强大的推动作用。

其次是交互性。在舆情事件发展过程中，多种舆论声音之间相互作用，舆论情绪也随之产生相互影响，情绪相近导致情绪叠加，使该情绪逐渐高涨，甚至形成情绪极化；情绪相悖会形成情绪对冲，极大可能扭转舆情走向。

再次是多样性。由于互联网的开放、匿名特点，在舆情发展过程中，舆论情绪随着言论自由表达，呈现出多样化的特点。

最后是偏差性。在舆情发展过程中，舆论往往会被某些人通过“掩盖真相”“传播谣言”等方式推波助澜，反作用到舆论本身，会使舆论情绪走向发生偏差，甚至形成有害情绪。

三　情绪维度在舆情分析中量化指标

情绪可以表现情感，但由于人的个性和特征存在差异，情绪虽然归属于相同的情感，但也有不同的表现形式，诸如：强烈、微弱、外露及内隐等。微弱和内隐都是情感的表现形式。因此，情绪的表达形态更加具体，可以通过量化来分析网络舆情的情感维度。

（一）舆情热度与情感蔓延

网络舆情热度，是指网络舆情事件受关注的程度。网络舆情热度值决定着相关网络舆情应对和一系列舆论引导措施的缓急轻重。大数据环境里，一个网络话题被网民关注之后，舆情信息就会开始由一个传播平台扩散向多个平台，某平台的信息发布数、转发数、评论数及事件敏感度、网民参与度、网民情绪是作为评判舆情热度的依据。可以说，情感蔓延范围越广，情绪表现更加多样，舆情的热度便越高。根据心理学的情绪感染理论，情绪非常容易在公众个体之间互相感染，引起公众的广泛关注和讨论。正是由于个体情感的需求，产生共鸣且将情绪不断蔓延，使个人意见在社会群体互动中趋同，从而将舆情推向高潮。

（二）舆情强度与情感传播

舆情强度是指舆论客体所包含的关注度和深度引起网民关注，激发网民兴趣点和思考点，使其从海量网络信息中脱颖而出，成为大多数网民乃至全社会关注的话题。网络舆论是现实舆论的映射，因此，网络舆论强度基本上反映了社会公众对当下社会问题和矛盾的认识与关注。网络情感传播是基于现实情感而建立起来的，它将网民紧密地联系在一起，网民之间通过情绪的感染对某一事件的意见看法形成高度统一，关注度逐渐提高，影响越来越大，在网络上发表的众多个人意见经过复杂的交流、整合后，最终达到带有倾向性的多数人的一致意见，则舆论强度愈演愈烈。情感的蔓延和传播与舆论的热度、强度呈正相关。情感是构成态度的一个元素，情感成分包含个体对于态度对象的认定评价以及由此而引起的情绪情感反应。换言之，情感是一种态度上的体验，通常认为情感是态度的核心，对态度的认知和行为倾向都造成了影响。

第六章

辨析——舆情的基本判断：舆论的表现形态

中国人民大学陈力丹教授认为，“舆论是公众关于现实社会以及社会中各种现象、问题所表达的信念、态度、意见和情绪表现的总和，具有相对的一致性、强烈程度和持续性，对社会发展及有关事态的进程产生影响”①。舆论在社会中是一种普遍、隐蔽和强制性的力量，它现已成为影响社会发展进程、塑造公众心理的主要因素。在社会层面上，传播系统把社会中发生的重要事件、重要的社会变化的信息传递给社会成员，同时也把公众就此形成的舆论传递给社会决策阶层。

舆论既是危机的一种反映，也是对危机的一种预示。公众从舆论当中获知社会问题的现状、原因与产生的影响，同时也引发对问题的深刻思考与警醒。社会决策者也可以通过社会舆论，更好地掌握普通民众的真实想法，从而获知社会危机所在，了解危机程度，为决策提供准确的依据。关于某些重大问题的社会舆论经过决策者的解释和规定，还有可能形成稳定的制度，直接发挥社会控制的作用。社会成员广泛参与社会管理，主要也是通过参与舆论传播实现的。舆论有多种表现形态，公众可以通过不同的方式参与表达，并从社会舆论中获得新的自我认知与环境认知，这种认知与理解是超越自身有限的直接经验，结合他人的评价观点，以及所属的社会群体对社会的认知、态度，组合成的对环境和周围世界运行状态的新认识、新信息，并进而在脑海中形成一幅现实世界

---

① 转引自刘淑寒《舆论的传播与控制》，《山东视听》（山东省广播电视学校学报）2006年第12期。

的图景，据此采取行动对社会施加影响。

第一节　基于表意环境的形态判定

舆论是一种自在的社会信息形态，有多少种社会信息的表现形态，就有多少种舆论的表现形态，舆论形态指构成舆论行为的群体方式。但是，在不同的表意环境中，舆论为了适应环境将会产生一种“环境适配性”。比如：是否允许公开表意，是否存在外界压力致使表意暗示化等。基于上述考量，在将舆论视为公众的信念、态度、意见和情绪的总和的基础上，依托表意环境的因素，可以将舆论首先确定为三种基本存在形态，即潜舆论、显舆论和行为舆论。

一　潜舆论

（一）概念理解

潜舆论包括两种类型，一是没有公开表达的信念，二是感觉到而又不易确切捕捉到的公众情绪，简单说即信念型潜舆论和情绪型潜舆论。

在舆论客体出现以前，每个人不论是否意识到都有着预存的立场，即一种预先存在于人们头脑里的信念，是人们在社会化过程中习得的相对固定的价值观、道德信条和好恶。面对具体舆论客体时，预存立场相近的公众，其信念就构成了潜在的舆论。[①] 潜舆论是在人们不便公开表白意见的情况下，在好友亲属以及和身边的人之间传播的不公开的舆论。其主要对象是政府部门、政策方针和社会风气等，一般以闲话、牢骚和简单的行为语等表达出来。[②]

（二）表现形式

情绪型舆论自身有明显的个体人格因素特色。“人们能够感觉到的一定范围内较为一致的公众情绪也是一种潜舆论。有不少舆论客体最初引发的不是直接的清晰的意见，而是公众的情绪。情绪通常较为含糊地表

---

① 陈力丹：《舆论学：舆论导向研究》，中国广播电视出版社 1999 年版，第 90 页。

② 郭权：《潜舆论外显化的限制——对舆论传播现象的反思》，《2006 中国传播学论坛论文》，第 306 页。

达了公众对于舆论客体的态度，是显舆论的初始阶段。”因为情绪型舆论更多地表现为人第一时间获知事件或消息后的本能反应和无意识行为，所以，情绪型舆论自身有明显的个体人格因素特色。

情绪型舆论波动性强。这种情绪性意见在熟人圈子里进行传播扩散有强烈的社会感染的特点，所以，情绪型舆论容易影响、感染他人，也容易受到外来刺激的影响，意见本身容易出现波动性。另外，潜舆论的主体具有临时性、不稳定、情绪化的特征，导致了潜舆论在传播过程中时间的持续性和传播张力的欠缺。

由于传播的舆论内容不具有公开性，在潜舆论的传播过程中，主要通过以人际交往为核心的“朋友圈”中传递。所以，潜舆论在传播中容易受到人际交往圈中传受双方思维方式、表达习惯、知识水平、理解能力、人际关系等的影响，局限舆论传播的速度，影响舆论传播的质量，或许潜舆论在还没有形成一定的舆论圈的同时就已经消失了。

二　显舆论

（一）概念理解

显舆论是指在一定范围内相当数量的公众，以各种公开的形式表达的对舆论客体的态度，它或是由外在刺激直接引起，或者是由情绪型潜舆论经过一段时间的酝酿，转化而来。①

（二）表现形式

显舆论是可以公开表达的公众的意见倾向。从字面上看，“潜”就是隐藏、潜藏，“显”就是显露、外显，所以不同于潜舆论中传播内容不公开的特点，显舆论是可以公开表达的公众的意见倾向。显舆论是公众对于外界信息刺激的一种本能反应，但这种本能反应有时也会是对意见环境评估后的反应，因为需要将“内在的意见”“公开表达”，于是内因和外因都对显舆论的形成构成了一定程度的影响。

一方面，公众现实生活中充满了各种矛盾与利益关系，出于自我保护、防卫的安全目的，总是会在公开表达意见的时候本能地进行意见环境的评估衡量，会自觉地倾向于优势意见的表达，免于陷入孤立状态。

① 陈力丹：《舆论学：舆论导向研究》，中国广播电视出版社 1999 年版，第 93 页。

所以，不少公开表达的意见往往是含糊的，或者回避问题的关键。人们知道在某个群体里就某个议题发言可能会赢得尊重与爱，也会激起群体的敌对行为。如果观点获得认可，他们可能大胆地表达或者参与活动。如果他们意识到反对声音属于少数派，就会保持沉默。

另一方面，为了适应具体的环境、处理好各种微妙的关系，个体在公开表达意见的时候，尤其是在所属群体中进行意见观点的表达时，通常会表现出与意见主流保持一致，主动表现对群体意见的维护。所以，公开表达的意见往往会顺从现实的主流观念，以便获得较好的社会承认，就是说相当多的显舆论带有了从众的特征。如果个体通过舆论意见环境的评估，发现支持某种观点的声音足够大，他们为了社会关系维护的需要以及自我保护，甚至会公开支持那些他们内心反对的人。那些不赞同群体主流观点的人有可能保持沉默，因为担心其他人的反对之声，这种沉默将另一部分有可能“遭到反对”的人孤立出来，这是舆论形成的最后一个阶段。“对其他人行为的预期”导致受众产生了行为的调适，反过来，行为的调适又进一步强化了个人预期。这时，舆论就形成了。

三　行为舆论

（一）概念理解

舆论的第三种基本形态是行为舆论。行为舆论指主要以行为的方式表达的舆论，同时还夹杂着语言和文字的显舆论表达，既有情绪性的表达，也有公开的言语。一定规模的集会、游行示威、自发狂欢、公益慈善活动等都是行为舆论的具体表现。从社会学的角度看，行为舆论是社会集合行为中的一类，主要目的就是传播观念或者是发泄情绪。

（二）表现形式

陈力丹将行为舆论分为五种类型：（1）旨在实现价值志向的行为舆论，诸如环境保护、捐助难民的宣传展示活动等；（2）旨在实现规范志向的行为舆论，诸如学雷锋、文明窗口活动等；（3）敌意暴露行为，诸如出于示威目的的游行集会、罢工罢课等；（4）恐慌和疯狂行为，诸如盲目的群体逃亡、赛场骚乱等；（5）各种相对短时的围观。①

---

① 陈力丹：《舆论学：舆论导向研究》，中国广播电视出版社 1999 年版，第96 页。

行为舆论这种舆论形态在东汉中晚期公权力的运作及社会演变过程中发挥着重要作用，它和其他形态舆论一道，通过褒善贬恶部分地达到扬善抑恶的效果，通过多种方式对国家肌体和社会上存在的各种问题、对一系列失范越轨的行为加以大胆地披露、鞭挞，成为那个时期对权威主体进行监督和约束的最有力的软工具，在社会矛盾还没有激化到一定程度时，有效地在一定范围内调节着社会矛盾，艰难、勉强地维护着东汉帝国的政治生态平衡。其历史上有名的党锢事件，就整个过程来看正是多种舆论形态的表现。

历代统治阶级为了设置言论禁锢，不惜大开杀戒，疯狂报复进谏之士。在两汉时期，就曾设置了专门的思想言论罪名，如诽谤妖言罪、非所宜言罪、腹诽罪等。东汉自和帝开始即已进入逐渐衰亡的中晚期，皇统屡绝、幼主庸弱、外戚专权、宦官乱政、吏治腐败、战祸连绵，百姓生活于水深火热之中，这种现状不断地从外部给民众的内心以刺激，使人们感到愤然不平。心不平口则鸣，他们就会去表达，或呼唤，或哭泣，或呐喊，甚或诉诸行动。① 当时民间流传着嘲讽官吏选拔制度的打油诗："举秀才，不知书；察孝廉，父别居；寒素清白浊如泥，高第良将怯如鸡。"可知在外戚宦官把持下选拔出来的官吏都是何等昏庸的人物。许多清廉官僚和太学生徒挺身而出，掀起一场反对宦官的斗争。最初他们采取上书苦谏的方式，要求革新政治，把打击宦官的希望寄托在皇帝身上。结果白马令李云因露布上书言辞激烈而获罪被杀。后来，3 万多太学士到处交游，揭露和抨击宦官的罪行，太学成了抨击宦官政治的舆论阵地。广大太学生在郭泰、贾彪等人的领导下，与官僚互相依托，对时政提出议论和尖锐的批评，贬抑篡权窃国的外戚宦官，褒扬不畏权势忧国忧民的清官廉吏，逐渐形成了所谓的"清议"，利用"清议"形式"品评公卿，不隐权贵"。宦官不甘失败，借口徒结朋党、诽讪朝廷等罪名，大捕"党人"，诛杀百余人，株连九族，酿成历史上有名的"党锢"事件。②

---

① 章曰春：《东汉中晚期的行为舆论》，《东南传播》2008 年第 3 期。

② 骆正林：《中国古代社会舆论活动的主要类型和特征》，《洛阳师范学院学报》2008 年第 4 期。

第二节　基于表达形式的形态判定

“舆论传播和新闻传播不同，是纯粹的群体行为，其形成和涌起以传播状态表现出来，在不同的国家、不同的文化环境里有大体相同的形式”①。

一　议论

（一）概念理解

议论是表达舆论的主要行为，也是最常见的口头舆论行为。三个人以上就共同话题沟通意见称作议论，是人类交流最有活力、最简洁的意识交往。议论不受场合和人员数量的限制，分布在社会的各个侧面，是每个人不学自通的舆论本能。当某一社会问题出现，引发人们密切关注之后，随即便会产生相应的观点言论，形成议论。

（二）表现形式

中国古代的“谏诤”其实就是一种“议论”行为，是以官员、臣子为舆论主体，通过对朝廷、帝王颁布的政令法规的讨论商议，进而表达劝诫，以规谏过失的一种言论舆论行为。谏与诤一般合用，分开则有意义上细微的差别，孟子说：“君有过则谏”，汉刘向在《说苑·臣术》中讲：“有能尽言于君，用则留之，不用则去之，谓之谏；用则生，不用则死，谓之诤。”② 后来逐步形成了封建社会的谏议制度。

谏诤的舆论含意是双重的。首先，它本身即是特殊形态的舆论。谏诤中陈述的意见在一定程度上即民意的体现。谏官的意见许多时候是当时舆论的核心，谏诤因而使之成为公共意见的基本构成和导引。其次，谏诤形式是舆论意见从民间流向君主（统治者）的必经途径。一些谏官在谏诤时只作为民众意见的代言人，谏诤是一种传播。如《国语·召公谏厉王弭谤》的故事是这样叙述的。周厉王暴虐无道，老百姓都指责他的暴政。召公告诉厉王说：“民不堪命矣！”厉王发怒并找来卫国的巫师，

① 刘建明：《舆论传播》，清华大学出版社 2001 年版，第 127 页。

② 邱江波：《论舆论与中国古代谏诤》，《社会科学战线》1991 年第 4 期。

派他监视那些指责朝政的人。根据卫国巫师的报告，厉王就把他们杀掉。于是老百姓都不敢说话了，在路上遇见也只是以眼神示意。这也是成语“道路以目”的出处。周厉王高兴了，告诉召公说：“我能制止老百姓的指责议论了，人们再也不敢说什么了。”这时，召公又说：“是障之也，防民之口，甚于防川。川壅而溃，伤人必多，民亦如是。是故为川者决之使导，为民者宣之使言。故天子听政，使公卿至于列士献诗，瞽献曲，史献书，师箴，瞍赋，矇诵，百工谏，庶人传语，近臣尽规，亲戚补察，瞽史教诲，耆艾修之，而后王斟酌焉，是以事行而不悖。民之有口，犹土之有山川也，财用于是乎出；犹其原隰之有衍沃也，衣食于是乎生；口之宣言也，善败于是乎兴。行善而备败，其所以阜财用衣食者也。夫民虑之于心，而宣之于口，成而行之，胡可壅也。若壅其口，其与能几何?”王弗听，于是国人莫敢出言。三年，乃流王于彘。[①]《国语·召公谏厉王弭谤》中召公的意见，实质上就是当时公共意见的概括。谏诤的作用方式明显带有舆论特征。谏诤只以意见影响君主的决策，无任何政治制度的强制性，因而它本身不是政治形式。中国封建王朝的统治者为了防止决策失误，保护皇权，也会打开进谏之路，鼓励臣下进谏。谏诤之路是官员表达舆情、议论得失、制衡军权的重要途径。从中国漫长的古代文明史看，正是谏诤这种舆论力量，作为封建君主专制制度的一种补充，维护了封建社会的稳定和发展，使封建统治者由于谏诤，在施政中，在一些问题上近乎民意。

二　民谣

（一）概念理解

社会中流传的一些民谣和顺口溜，通常是针对某些普遍存在的社会问题或个别社会活动家的，相对于流言，它们带有一定程度的理智，但通常夸大了对外界实际情况的感觉。民谣和顺口溜的增多，多少说明社会正规信息渠道尚没有将某些公众重视的社会问题提上日程、社会上下层之间可能存在着某种疏离，但社会还不至于到了十分混乱、充满诱惑

---

① 骆正林：《中国古代社会舆论活动的主要类型和特征》，《洛阳师范学院学报》2008 年第 4 期。

性因素的地步。[①] 民谣，作为舆论的重要形式，也同样具有舆论的流动性特点。在这里，我们借鉴学者的研究观点，把民谣的流动性分为“私语型”“演讲型”两种。所谓“私语型”，是指传播者和被传播者一对一的私下传播，这时传播往往处于一种隐蔽的状态；所谓“演讲型”，是指由一个传播者向大群的被传播者所作的传播，这时，讲演者往往处于半公开的状态。私语型民谣流动是一种链式传播，演讲型民谣流动是一种辐射式传播。[②]

（二）表现形式

值得一提的是，政治民谣是中国社会特有的一种民间“舆诵”（即舆论）形式，指民间流行的表达群众爱憎、具有政治批评倾向的风谣（即今天所称的“顺口溜”）。它是对专制制度钳制言论的一种反抗，当社会下层无法正常实现下情上传时，便会出现民谣这一类“无组织”信息的流行，并形成特殊的民间舆论，在某种程度上影响着政策的变化和政治的走向，从而发挥其应有的社会功能。

政治民谣也是一种普遍存在的社会文化现象，或嘲弄，或戏谑，或调侃，或规劝，在那些貌似轻松幽默的语言背后，常常隐含着民众对古代政治黑暗及官吏腐败的讽刺和抨击。政治民谣的一般内容多为正反两类，正面主要是歌颂盛世太平和清官廉明；反面主要是讽刺和批判政治黑暗和官场腐败，包括对贪官污吏罪行及官吏人格低下的暴露，官僚机构人浮于事的嘲讽等。如童谣“千里草，何青青，十日卜，不得生”，反映了董卓的专横与不得人心，千里草是由“董”字拆成，十日卜是由“卓”拆成。还有广为流传的“三年清知府，十万雪花银”“和珅跌倒，嘉庆吃饱”等等。以民间谣谚作为罢免官吏的标准，也是古代社会重视民谣舆论作用的一种反映。昭梿《啸亭杂录》卷十载，江西巡抚陈淮性贪婪，搜刮民膏，以南昌县令徐午为帮凶，人争怨之，当地民谣云：“江西地方苦，遇见陈老虎，大县要三千，小县一千五。过付是何人，首县名徐午。”时任御史的彭龄“并其谣劾之，陈为之罢官”[③]。

① 陈力丹：《论舆论的不同信息形态及对舆论的引导》，《新疆新闻界》1998 年第 3 期。

② 文言：《论民谣的舆论特征》，《民间文学论坛》1997 年第 2 期。

③ 谢贵安：《古代政治民谣及其社会舆论功能》，《湖北行政学院学报》2002 年第 1 期。

日本古代也有类似中国民谣的表达民间心声的方式，叫着“落书”，是代表民意的日本知识分子在表达对当局政策和政治不满时写的匿名“小字报”，并故意将它“遗落”在通衢和街头，以达到传播和操纵舆论的目的。与中国民谣相比，落书的“破案率”较高，容易通过笔迹追查到落书的制造者；而中国古代的民谣，则因为其来无踪去无影的传播特点，有效保护了舆论的制造者。因此，日本专门研究谣谚的专家串田久治教授称民谣是“中国人智慧的结晶”①。

三　传闻

（一）概念理解

传闻是出自他人传述而未被证实的消息，通常通过多环节扩散。它有着自身特别的传播特色：（1）非传者本人经历且未被证实，具有“拟真实性”，或者称为“伪真实性”；（2）具有一定新鲜性，通常与焦点事件或热点人物相关；（3）通常经由非正规渠道传播；（4）事实解释与意见评论的结合过程。传闻很少是纯事实的传播，在逐级扩散的过程中，不断有评论添加进来。叙议结合，是传闻的重要特点。

一般产生传闻的原因为：出现社会危机，社会涌现不满、惊慌情绪，故意人为制造形成社会混乱，落后群体的荒诞意识等。2011 年 3 月 15 日，日本因地震引发核泄漏事故后，我国东南沿海开始流传吃碘盐可防辐射、核泄漏污染了海盐等传闻，称日本核辐射会污染海水导致以后生产的盐都无法食用，致使包括北京、上海等大城市在内的多地发生抢盐风潮。这次抢盐事件正是伴随着各种传言，在恐慌心理下出现的群发性行为，而倾向于交流日常生活经验的人际传播对危机又进行加工和放大，更是加重了危机情景的恐慌气氛，一时间引起一些市民疯狂抢购食盐。

（二）表现形式

1. 小道消息

小道消息，顾名思义，就是指人们道听途说、私下传播、比较敏感的信息。和公开传播的信息不一样，小道消息多为焦点信息，它传播的

---

① 谢贵安：《古代政治民谣及其社会舆论功能》，《湖北行政学院学报》2002 年第 1 期。

往往是发生在人们身边的人和事，与当事人的利益息息相关。内容主要涉及某些人事变动、秘闻逸事等。小道消息具有发生范围广、传播速度快、后果无人问的特点，其影响大多是消极的，对促进工作极为不利。[①]小道消息的贴近性，十分容易引起传播者和接受者的共鸣和互动。事实上，有些小道消息最后得到了验证，更加深了人们对小道消息的信任。而正式渠道的信息常常受到人们的怀疑，给组织和管理者计划、决策的有效实施带来影响，降低了组织和管理者的信誉、号召力。小道消息在非正式渠道、非公开化传播，传播者、接受者往往不负责任，有些小道消息无中生有，经过传播者不断失真的编码、解码、反馈，最终以讹传讹，形成强烈的正反馈，导致重大失真，影响组织的凝聚力和正式沟通的权威性。有些情况下，失真的小道消息能够达到共振，出现难以控制的局面和形势，将组织带向崩溃的边缘。

2. 流言

流言是没有确切来源的在公众中流传的消息。法国研究者费·勒莫谈到流言时概括说："流言并不是一种人为的现象，它的根子是人们感到自己缺了点什么，它又以模棱两可的感觉在扩展延伸，它存在的基础是使人希望对事物有进一步的了解或是对隐约感到的威胁的一种反映。"

流言可视为公众在特殊社会状况下表达的意见或情绪倾向。这里说的"特殊的社会状况"[②]，可以包括四种状况：第一，社会秩序遭到人为力量的较大破坏，从而出现社会危机；第二，社会表层与社会深层（基层、下层）之间严重脱节，社会深层群体替代社会表层组织的基本功能；第三，人们的信息需求大于体制性渠道的消息供给，或者为适应环境必需的信息无法及时获得；第四，公众所处的社会空间环境，存在较大的刺激性因素。

四 电影、电视剧、文学、音乐等艺术形式

（一）概念理解

借鉴陈力丹教授的观点，文学、音乐等艺术形式同样也能成为舆论

① 胡瑛：《"小道消息"的大众化——论民间传闻的网际传播与舆论对策》，《新闻与传播研究》2002 年第 1 期。

② 陈力丹：《论舆论的不同信息形态及对舆论的引导》，《新疆新闻界》1998 年第 3 期。

表现的形态载体，他将这种通过艺术形式进行的舆论表达称为文艺形态的舆论。文艺形态的舆论所表达的公众意见或情绪倾向是较为间接的，它要通过作家来“代表”，但由于带有较强的情感性，如果代表得恰当，因而能够比观念形态的舆论更深刻地反映一个时期舆论的倾向。[①] 特别贴近老百姓生活的作家和艺术家的作品，常常形象化地集中地反映了公众的情感，因而在一定程度上直接代表了舆论。

（二）表现形式

人们除了通过文学、音乐、舞蹈、绘画等文艺形态表达自己的心声、情绪和意见倾向以外，在网络时代，还可以通过视频，甚至恶搞方式进行观点态度的表达。大众媒体通过命名、评奖、设立排行榜等方式，凭借强大的舆论影响力和整合社会资源的能力对文艺作品的传播，正是舆论以文艺形态的表现。例如像“五个一工程”评奖，其实就是国家意识形态通过权威评奖进行强力议程设置、引导舆论的一种方式。利用电影、电视剧这种艺术形式宣扬主旋律、弘扬社会正气与道德风范的一种舆论形态，主要目的就是通过电影、电视剧中现实生活艺术化再现，给广大受众提供解决问题与冲突的思路，潜移默化影响受众舆论的做法。《生死抉择》就是一部有明显舆论导向的影片，它以澎湃的激情成功地塑造了李高成、杨诚等有血有肉、令人信服的优秀领导干部形象，努力再现了他们在维护国家权力的过程中面对金钱、亲情、友情所表现出来的浩然正气。这部振聋发聩的反腐倡廉力作，具有很强的思想震撼力和艺术感染力，一方面通过正面形象的塑造，折射出党和政府反对腐败、从严治党的坚定信心和决心，强化了民众对我党干部的信任；另一方面，通过影片中揭露的腐败现象深刻地揭示了反腐败是一场关系到党和国家生死存亡的斗争。该影片在当年获得普遍的社会好评，除了因为权力反腐是社会普遍关注的热点话题，自然会赢得较多关注之外，主要也是因为影片情节的设置、演员形象的塑造以及最后腐败官员的落马和官场腐败问题的解决，都符合广大社会民众对权力腐败问题的心理认知，以及解决权力腐败问题的心理期待，从而也表明该影片在舆论引导方面的成功。

---

① 陈力丹：《论舆论的不同信息形态及对舆论的引导》，《新疆新闻界》1998 年第 3 期。

五 理论争鸣

（一）概念理解

理论争鸣是指舆论问题引起了人们激烈的争论，在特定历史条件下形成理性舆论形态。当理论充分发挥指导实践的作用，回答现实提出的紧迫问题，理论传播就构成一种舆论状态。人类面临历史的急剧转变，联系现实的理论给人们提供认识模式，引起公众广泛关注这种理论，以致对理论产生广泛的议论。在观点的争鸣中，不同理论发生对峙、辩驳以致激烈的论证，形成群益鼎沸的舆论态势。①

（二）表现形式

理论一方面具有拓荒功能，开辟新的发展道路和认知领域；另一方面具备监督功能，能够直接参与社会经济生活的调节与监督。理论与舆论的结合，以及引发的理论证明，可以有效地增加人们观点、意见中的理性成分，促进社会和经济秩序的规范。理论只有走出了书斋，并在社会监督中形成舆论的理论，才是最好、最有效的理论；有了理论支持的舆论，舆论监督的广泛性和影响力就会成倍增强。在实践中，只有把理论监督与舆论监督融为一体，宣传思想工作才能发挥综合效应，从质和量两个方面起到应有的监督作用。②

六 综合舆论形态

（一）概念理解

舆论的综合形态是指同时运用多种方式表达意见。游行示威是最典型的综合舆论形态，包含多种舆论行为。③ 综合形态的舆论一旦失去控制，就会造成巨大的破坏。集会、游行、示威是公民进行社会活动的重要方式，作为普通民众表达自己诉求的一种方式，它还是公民基本的政治自由。但是，由于集会、游行、示威所涉及的问题比较广泛和复杂，引发的相关社会问题不能忽视。

---

① 刘建明：《舆论传播》，清华大学出版社 2001 年版，第 179 页。

② 李现科：《探索“理论＋舆论”的有效监督模式》，《经济论坛》2005 年第 6 期。

③ 刘建明：《舆论传播》，清华大学出版社 2001 年版，第 198 页。

（二）表现形式

游行示威是公民合法表达自己内心诉求、向政府提出自身意向的手段和方法。集会、游行、示威的固有特征在于：（1）复杂性，即人员和动机的复杂性；（2）难以控制性，表现在人数的难以控制和事态的难以控制；（3）合法性和非法性并存，集会、游行、示威是一个合法与非法并存的社会活动。集会、游行、示威的人员类型多样复杂，其后果容易失去控制。因为这种情境下“只要他们愿意，即可加入到讨论的行列中去”，所以人群的聚集会增加个人的力量和心理安全感，从而使原本并不积极的当事人为了自己的利益、荣誉或自我表现投入到集体行动中来，这就可能导致个人行为的出格，而这种行为极易导致集体行为的出格。情绪引导着的行为也因此由平和变得焦躁，乃至冲动。个人的过激行为变成了群体宣泄行为，就会出现妨害公共安全行为和侵犯人身权利的行为，伴随集会、游行、示威的队伍人数规模可能越来越壮大，必然会出现一系列扰乱公共秩序的行为以及妨害社会管理行为，如扰乱单位秩序，扰乱公共场所，扰乱交通工具秩序，扰乱交通工具正常行驶等。

第七章

辨析——舆情“主阵地”：网络舆论

“媒介”一词，究其字面意思来看，它似乎仅为一种介质或联系，仅为由此及彼传递信息的一个工具，通过这个工具、方式对信息内容进行运送、传播，实现一定的传播效果。这个工具可以是语言、文字、图画、书本、习俗等，亦可以是我们现在通常所提的广播、电视、电影、网络、手机等。只是伴随传播工具的发展，媒介形态种类的增加，我们越发明显地感受到，媒介早已非工具那么机械化，实际上伴随着每一种媒介的诞生，最终带来的都是社会诸多层面的变化，无论是改变人际关系的交往、推动信息社会的发展、促进文化价值的宽容与多元方面，还是创造催生新的文化表现形式与思想观念、加重商业气息的弥漫、参与政治关注民生等方面，媒介更多的是让我们感受到一种影响力，这股力量可以通过选择事实与观点并加以传播从而对社会民众在事件知晓与判断上产生影响。正如麦克卢汉在《媒介讯息论》和《媒介延伸论》中所提到的，媒介不是冷冰冰的外在化的存在，特别是在电子化时代，它能引起了人间事物的尺度变化和模式变化，它是人的身体、精神的延伸，它将改变人的存在方式，重建人的感觉方式和对待世界的态度。

互联网媒介凭借即时性、交互性、开放性、匿名性、信息海量性及超链接等特点，迅速成为继报纸、广播、电视之后的又一重要媒介渠道，它不仅凭借自身的媒介特性极大地满足了社会公众的各种信息需求，而且还为公众提供了一个全新的话语平台。在这个平台上，公众打破了传统媒介所建立的话语权力的垄断，突破了媒介把关人单一享有、加工、控制、传播信息的旧格局，实现了话语权下放，传受双方重新赋权的新局面。公众在网络营造的“公共领域”中，畅快表达自己的思想和意见，传递自己所掌握的信息，充分使用与发挥网络所赋予的话语权，并借助网络独有的“意见公开市场”的特点在受众成员之间展开讨论，获得大体一致的意见；而与此同时，网络舆论也就在这信息来源丰富、受众广泛参与、互动充分及时的意见场中慢慢形成了。上海发展战略研究所谢耘耕工作室发布《2010 年中国公民的网络表达与公共管理分析研究报告》指出，随着新媒体发展，互联网已成为中国公民表达诉求、抒发己见、监督权利、建言献策的重要途径，网络舆论已达到任何机构无法忽视的地步。①

第一节　从概念到传播——网络舆论综述

今天，中国互联网舆论继续保持了高速发展的态势，网民数量持续攀升，权利意识不断提高，热点话题层出不穷，微博发展迅猛，SNS 社群价值凸显，网络舆论影响力与传媒和社会的互动深化。在网络影响力进一步提升的背景下，社会各界积极争取网络话语权，大量不同背景的网友表现活跃，网络意见领袖出现分化趋势。在多种因素的共同作用下，网络舆论正改变着传统的社会舆论格局。

一　网络舆论的概念

延续开篇归纳相关舆论定义的思路，对网络舆论的定义作如下陈述：所谓网络舆论，是网民们针对某一个社会热点问题或者网络话题而产生的有一定社会影响力的、带倾向性的意见、言论、信念的总和。简单地说网络舆论就是人们对政治、经济、文化和社会等领域情况和问题的思想观点在网上的集中反映，是社会舆情在互联网上的一种特殊反映。由于互联网的海量信息使网络舆论所涉及的话题丰富多样，而网络舆论的主体是参与舆论讨论的众多网民，他们在虚拟的网络空间里或匿名或实名真实地表达着自己的观点，再加上网络的快速传播，一旦有重大事件

① 谢耘耕：《网络民意表达促进中国法律法规完善》，《新闻记者》2011 年第 1 期。

发生，便很快就会在网上传播、扩散，形成舆论。如果说，传统媒体反映出来的舆论，主要体现的是媒体组织的意见，公众的意见难以得到反映，即使有反映也是很少的、微弱的，那么，互联网使公众有了直接表达各种意见的渠道，网上论坛、聊天室、新闻跟帖、贴吧、博客等为公众提供了表达意见的场所，这是新媒体和传统媒体的一大重要区别。互联网的传播特性加速了舆论形成和发展的过程，公众舆论在网上聚集放大，使公众舆论力量的体现达到了前所未有的广度和深度，形成了独特的舆论形态。①

二 网络舆论的生成过程

互联网空间的开放性为信息传播带来了诸多变化。首先带来了内容上的开放。传播主体的多元化，尤其是受众广泛而深度的参与传播产生了源源不尽的信息话题，这些信息内容向所有互联网用户开放。同时，这些内容可以任网络用户对其进行传播、评论、再加工，实现受众对内容的重新译码与编码。其次，也带来了传播格局的开放，突破了传统意义上的传媒工作者控制传播流程的局面，更好地满足了受众实现信息制作、加工、传播、反馈的传播欲望。再次，网络空间的开放性可以忽略地域、空间距离的障碍，从而可以实现网民通过互联网对话题跨地域式的分享。这些特性都毫无疑问地使网络舆论的生成与传播变得更为容易、快捷和影响广泛。而且网络媒介的多媒体特性和超链接功能，还可以将很多现实活动以符号的方式“用事实说话”直接“复制”到互联网上，网民可以根据新闻链接在第一时间捕捉到自己想了解的信息，大大节约了搜寻信息的时间，从而充分调动了网民参与舆论活动的热情，加快了舆论生成的速度。

网络舆论热点一般紧扣社会舆情，往往是社会重大事件或是与群众切身利益密切相关的问题，很容易在短时间内引起网民广泛关注，并对现实社会产生深刻影响。网络舆论在与现实产生互动的过程中，会因为引发舆论的议题本身的发展变化，网民对议题热议过程中情绪、意见、立场的变化，以及随着传统媒介的加入、新议题的出现等多种原因，从

① 刘正荣：《从非理性网络舆论看网民群体心理》，《现代传播》2007 年第 3 期。

而以不同的方式经历一个形成、高涨、波动和最终淡化的发展过程。

1. 网络舆论议题的出现

网络舆论议题的出现，即网络公共话语空间出现某种话题或社会事件引发网民的关注。通常一些有强烈的社会矛盾冲突色彩的事件，或是有较强的社会现实意义的事件，或是有明显奇异性的事件，往往会在海量信息中凸显出来引发网友的关注与议论。例如突发性的灾难灾害事件、事关国家形象与利益的事件、关于民族冲突的敏感事件、弱势群体权益受侵害的事件、官员贪污腐败滥用公权力激化官民矛盾的事件、反映社会风气渐下与道德困惑的事件以及与国计民生密切相关的政策、法规等，经传统媒体或网站论坛报道反映后，都会引起网民强烈关注与热烈讨论，并广泛传播开来。这些议题有可能是传统媒体先报道后再经过网络媒体报道的，也有可能是由于传统媒体保持沉默而在互联网上率先进行报道。

2. 网络热议，多种意见的表达

网络舆论议题出现后，由于事件本身的重大重要性或奇异性，关注议题事件的网民人数激增，在开放的互联网空间中，网民之间受到彼此对议题事件议论、评价及情绪的影响，使议题受关注的程度越来越高，影响越来越大，进而又吸引更多的网民关注网上热点。这种高涨的态势根据热点问题受关注的程度，有的持续较短的时间，有的经历一个较长过程。

3. 网络意见逐步整合，舆论形成

众多在网络上发表的个人意见经过复杂的交流、融会、取舍和整合后，最终达到带有倾向性的多数人的一致意见，而舆论的形成正是无数个体意见的集合。当网民在网络空间中大量发表自己的意见时，由于这些舆论主体经历、知识结构、社会地位、文化程度等的不同，故而他们的意见自然也呈现出个体、分散、多样的特点，这些庞杂的言论与观点在“意见的自由市场”中交锋、激辩。伴随着事态进一步发展，人们对事实真相越来越多地了解，基于共同的社会价值观、道德观，原本分散的、庞杂的个体间的意见慢慢达成一致，使整个网络舆论逐渐走向共识。

在整合个体意见形成舆论的过程里，意见领袖的出现与传统媒体的介入往往发挥着重要的作用。一方面传统媒体占有绝对优质的新闻资源与官方新闻传播渠道，其本身具有合法性与权威性特征。所以传统媒体对网络热议话题的关注报道，使新闻事件借助传统媒体的权威性得到了确认和放大；另一方面网络媒体借势传统媒体放大器的功效，大量集中转载传统媒体的报道和评论来深化报道，最终通过传统媒体和网络媒体间的频繁互动，共同将议题推向舆论的高峰，形成了强大的社会舆论，并在社会舆论的强大压力下迫使当事人采取行动，舆论随即产生效果。

4. 网络舆论中心发生转移

在同一舆论场内，由于新因素的出现使网络舆论中心发生转移。网络舆论的发展过程并非总是直线式的上升或下降，它也许在发展到一定高潮后，会回落并经历一定时期的沉寂，进而又出现新高潮，这样的波动过程甚至可能反复数次。舆论波动之所以产生，往往是由于出现了新的关注点。随着议题议程的推进和转移，公众对热议话题的发展阶段及趋势同步进行着评价、跟踪和自我消化。公众在网络进行议程交流、发表意见的同时也被其他意见左右，从而使网络舆论议程在不断流动中曲折地实现整合。当原初的议题在舆论压力下出现新的情况、产生新的关注点后，公众意见的多元化和利益冲突的复杂性诱发议题来源生成符合受众导向需求的新议题。

5. 网络舆论最终淡化或结束

当该议题事件得到有关机构的解决，或者因为新事件的涌现对网民产生了新的刺激点，或者议题虽被网民关注却被传统媒体过滤掉而被抛弃，或者该议题引起的舆论压力场影响到决策层采取符合民意的行动时，原初议题逐渐不再受网民关注，其引发的舆论便会逐渐冷却、消解，多数网民就会自动转向新的目标，并带来新的公共议题的转向。舆论的平息可以是来自相关人和组织的作为，也可以是来自事件本身的解决。也许事件本身还未结束，但是网络舆论却整体关注度下降。当然，也有可能存在的是那些影响深远、关系重大的事件对网民的刺激和引发的舆情，只是“阶段性沉寂”，依照舆情自身的变动规律，一旦有新的诱因关联性的事件发生，极有可能被网民旧事重提，再度成为热点。

三　网络舆论的传播途径

网络应用技术是一个不断变化发展的事物，无论其变化为何，其本质都是给人们提供更多的服务，方便网络使用者在技术的支持下拥有更为丰富的信息与互联网体验。从电子邮件到论坛，再从论坛到博客、微博，可以说互联网正在开创一个全新的、开放式的话语空间，在这个话语空间里，每个人都可以通过自我选择的便捷方式接触信息、传播信息、发表评论，所以在互联网世界中也就必不可少地会因为话题来源的丰富与参与人员的众多，更容易形成舆论。在这里我们只是简单介绍几种常用的网络舆论传播途径。

1. 电子邮件

电子邮件，又称电子信箱、电子邮政。它是一种用电子手段提供信息交换的通信方式，是 Internet 应用最广的服务。同传统的信件方式相比，电子邮件有明显的优点，使用简便，传送速度更快，收费低廉，易于保存，而且还可以实现一封邮件同时发送给多位用户接收。并且电子邮件可以是文字、图像、声音等各种方式，通过这种电子手段可以轻松实现信件、资料、图片、单据等多种信息内容的传送与接收，极大地满足与丰富了人与人之间的通信需求，帮助用户可以得到大量免费的新闻、专题邮件及信息搜索等。

2. 新闻组

在网络上，公告板被称为新闻组（newsgroup）。这是一个通常在 Usenet 中用来存贮来自不同地区的用户发表的信息的“仓库”。用户能阅读新闻组中的文章，能添加自己的评论或问题。以后，其他用户能阅读其文章，能回复邮件，提出劝告、观点或解答。简单地说，新闻组是个人向新闻服务器所张贴邮件的集合。众多有共同兴趣与话题的参与者彼此通过电子邮件进行讨论与交流，就构成了一个新闻组。一台计算机可建立数千个新闻组，每一个新闻组的参与者都可以看到其他所有参与者发布的信件，同样，每一参与者发布的信件也有可能被该组其他所有的参与者看到。新闻组与万维网上的论坛在技术上完全不同，但功能上却比较相似。

新闻组具有四大优点：（1）海量信息。据有关资料介绍，目前国外有新闻服务器 5000 多个，最大的新闻服务器包含 39000 多个新闻组，每个新闻组中又有上千个讨论主题，信息量之大难以想象。（2）直接交互性。在新闻组中，每个人都可以自由发消息到新闻组上，和成千上万人进行讨论。它比 BBS 有两大优势，一是可以发表带有附件的帖子，传递各种格式的文件，二是新闻组可以离线浏览。但新闻组不支持 BBS 支持的即时聊天。(3) 全球互连性。全球绝大多数的新闻服务器都连接在一起，就像互联网本身一样。在某个新闻服务器上发表的消息会被送到与该服务器相联结的其他服务器上，每一篇文章都可能漫游到世界各地。这是新闻组的最大优势，是网络其他服务项目所无法比拟的。(4) 主题鲜明。每个新闻组只要看它的命名就能清楚它的主题，所以我们在使用新闻组时其主题更加明确，往往能一步到位，而且新闻组的数据传输速度与网页相比要快得多。[①] 由于新闻组支持离线浏览，可以将感兴趣的帖子下载后线下阅读，写好评论或感受后再上线点击发送，所以在网费高额的年份里，新闻组方式比较流行。

3. 即时通信

即时通信（Instant Messenger，IM），是指能够即时发送和接收互联网消息等的业务，是一种使人们能在网上识别在线用户并与他们实时交换消息的技术，被很多人称为电子邮件发明以来最酷的在线通信方式。即时通信分手机即时通信和网站即时通信，手机即时通信的代表是短信，而网站、视频即时通信则如 QQ、MSN、Wechat 等应用形式。

自 1998 年面世以来，即时通信的功能日益丰富，逐渐集纳了电子邮件、博客、音乐、电视、游戏和搜索等多种功能，发展成集交流、资讯、娱乐、搜索、电子商务、办公协作和企业客户服务等为一体的综合化信息平台。随着移动互联网的发展，互联网即时通信也在向移动化扩张。

由于即时通信的交谈是即时实现的，而且可以凭借熟人网络间的交叉渗透，使信息在扩散中更容易获得共鸣，因此，网络用户可以通过 QQ、MSN、Wechat 等方式参与热点问题的讨论与传播，并能够将在网络中形成的一致认识转化为现实行动，进一步扩大事件或话题的舆论影响力。例如，自 2008 年北京奥运火炬在全球传递以来，“藏独”分子等势力的破坏活动一度猖獗。“藏独”分子及其背后支持者的种种言行，激起热爱奥林匹克运动和爱国人士的义愤，越来越多的网友自发地在互联网上表达对北京奥运会的祝福和反对分裂祖国的鲜明态度，护圣火反“藏独”的呼声在网络上蔓延，“转发：MSN 名字前面请加（L）CHINA，让

① 王雄：《新闻舆论研究》，新华出版社 2002 年版，第 32 页。

全世界看看华人的团结，请转发您的 MSN 朋友”这句话成为当时 MSN 和各个论坛里转发率颇高的一句话。这起“红心中国”和之后的“抵制家乐福”事件，皆是通过在 QQ 群、MSN 和 BBS 论坛的持续传播，引发了大规模的网友采取实际行动，最终形成社会热点。

4. 电子公告板（BBS）

BBS 是英文 Bulletin Board System 的缩写，起源于 20 世纪 80 年代，由于最早是用来传达股市价格等讯息，所以才命名为“布告栏”或“看板”。它的界面一般是以文字为主，主要目的是为广大网友提供一个彼此交流的空间。国内第一个 BBS 站是于 1991 年建立的长城站，这时的 BBS 为 PC BBS。1995 年 8 月 8 日，建在中国教育和科研计算机网（CERNET）上的水木清华 BBS 正式开通，成为中国大陆第一个 Internet 上的 BBS。

随着网络论坛规模不断扩大，网络媒体、受众的突出作用和重要性为更多人所认识，有越来越多的网站尤其是新闻网站开设论坛。人民网是最早开设 BBS 的新闻网站，新华网、东方网、南方网等许多新闻网站也开办了 BBS。其中人民网的强国论坛，被称为“最著名的中文论坛”，也称“中文第一论坛”。该论坛创办于 1999 年 5 月 9 日，是新闻网站中最早开办的网络论坛。由于人民网的特殊地位，也由于论坛的话题多为关系国计民生的重大问题，“强国论坛”成为政府部门了解百姓呼声的重要窗口，并在很大程度上代表中国人的言论自由度。又如天涯社区的“关天茶舍”，其中的文章以思想性和学术性见长，由于人气旺，讨论的氛围也不错。尤其值得一提的是，来这里的网友不乏国内著名的作家、学者，他们有些匿名参与讨论，有些就直接真名现身，无形之中增强了论坛的影响力。

总体来看，网络论坛一般都会设置大量专题论坛，充分激励广大网友关注话题、积极发言的热情，通过网友间的互动讨论来扩大话题的被关注程度与影响力，并加强对话题的深度认知与分析。同时，也通过论坛中网友间的互动脱颖而出一批善于独立思考、有思想深度和见解的网络评论者，从而带动网络论坛整体水平的提高。还可以利用网络与报刊、广播电台、电视台的相互渗透强化论坛的功能，如央视国际网络“在线主持”，与 CCTV 电视节目实现互动，影响很大。

5. 博客

“博客”是继 E-mail、BBS、ICQ 之后出现的第四种网络交流方式。博客/个人空间已经成为众多网络应用的基本组件。由于即时通信、SNS 等置入了博客和个人空间功能，从而大大增强了其社交性，使博客和个人空间使用率持续上升。

从博客的使用者情况来看，日渐庞大的博客群体主要是以 25—35 岁年青知识阶层为主体，近一半的博客用户具有大学学历，其中学生、专业技术人员、普通职员和中高级管理人员比例最大，超过半数的博客用户分布在北京、上海和广东三个地区。用户可以在博客上自由表达所见所闻所感，不需要具备较高的个人网页制作技术，也不一定要具备较高的文学修养与才情，只要登录注册即可开通博客，从而轻松实现用最具公众性的形式表达最具个人化的内容。如此一来，博客的使用不仅能够满足个人的表达欲望与自我展示，而且能够让博主及其文章、观点获得他人的关注甚至认同，并从他人的评论与认同中享受被关注的喜悦。另外，由于博客可以不受论坛版主的制约，相比较 BBS 论坛和个人主页来说，博客的最大特点就是将个人主页的个体特征与 BBS 论坛的分享和公共性的特征结合起来。所以说博客的出现不仅为普通受众增添了一种可用来表达的渠道，更重要的是它代表了一种权利的实现即话语权的下放，它改变了过去自上而下等级森严的传播形式，在互联网世界中搭建了一个人与人之间迅速了解、个体能够展示自我、充分表达思想观点以及实现共享的平台，也让更多受众拥有了对公共事件知晓、表达、监督的权利与机会。

就博客的内容来看，涉及政治、经济、文化、新闻、娱乐等多方面，并且开始从记录个人生活经历的网络日志发展到发布新闻信息、表达思想观点和就公共话题进行辩论。因此，当一些热点话题、敏感事件或是社会问题一经博客放大传播后，加之博客使用者规模的庞大，在较短时间以较快速度形成某种一致性的意见、情绪、观点也就不足为奇。例如 2006 年由个人博客引发的股市地震事件便证明了博客在汇聚意见、形成观点、舆论影响方面的力量。2006 年 6 月 8 日，三一重工执行总裁向文波在其新浪网博客上撰文，表达了要出资 3 亿并购徐工的意愿，并热评凯雷并购徐工。此文于 6 月 12 日经媒体发出当日，三一集团子公司三一重工股价大涨5.54%，次日更是一度涨停，最后全天涨幅8.29%。与此同时，徐工机械参股子公司徐工科技（000425.SZ）股价也大幅上扬，出现异动。向文波因为自己在博客上发表的内容迅速成为焦点人物，10天之内接受了近100家媒体的各种形式的采访，其博客的访问量、评论数当时高达32万。由于未能预料到个人观点通过博客竟然迅速变成一个公众话题，影响力剧增，以至于对股价造成波动。故而事发后，上海证券交易所要求三一重工公司发公告，强调向文波的观点“是一种博客行为，表达的是个人对徐工改制的看法”。向文波也不得不于7月5日在其博客上发出《致新闻界的朋友的公开信》，称“相关情况请大家见公司公告，公告以外的任何报道内容我一概不予承认”。针对“老总博客”引发的股市波动等现象，中国人民大学新闻学院教授喻国明分析，博客已经成为老总们在商场上博弈的新平台。“人们在网上看到的是一面之词，这种言论有的时候如果特别具有煽动性的话，可能会造成网上某种舆论的倾斜。”①

6. 播客

播客Podcast，最多的是将其翻译为“播客”。它是数字广播技术的一种，出现初期借助一个叫“iPodder”的软件与一些便携播放器相结合而实现。这一概念最先出现于2004年2月12日英国《卫报》一篇题为“听觉革命：在线广播遍地开花”的文章，最早是指在互联网上发布广播节目供他人下载的行为，网友可将网上的广播节目下载到自己的iPod、MP3播放器或其他便携式数码声讯播放器中随身收听，享受随时随地的自由，不必端坐电脑前，也不必实时收听。随着技术的发展，播客发展到了视频的形式。而更有意义的是，网友还可以自己制作声音节目，并将其上传到网上与广大网友分享。博客与播客的主要区别在于，博客所传播的主要以文字和图片信息为主，把自己的思想通过文字和图片的方式在互联网上广为传播；而播客传递的则是音频和视频信息，通过制作音频甚至视频节目的方式在互联网上实现自我表达。从某种意义上来说，播客就是一个以互联网为载体的个人电台和电视台。

---

① 郭奔胜等：《从“私人日志”到“舆论震荡器”博客的世界该不该有规则?》，新华网·安徽频道，2006年9月22日。

当前国内的播客站点主要有几类：一是播客门户站点，为“播客”提供网络空间，影响较大的有土豆网、优酷网、酷六网、播客中国、麦爸、爱播网、中国播客网、华聚播客网等；二是综合类播客频道，是隶属于其他网站的一个频道，如博客网、中国博客网、博客听等均设有播客频道，三是播客搜索/目录类网站，主要有菠萝网、播客联播、博啦等；四是专门的播客资讯网站，即提供播客的相关信息的网站，如著名的播客宝典，对国内外有关播客的信息进行梳理和整理，及时发布和更新。①

由于播客内容多是网民自己制作的，所以有较强的贴近性与亲切感，更容易引起网友间的共鸣。当热点事件发生后，特别是某件挑战传统道德观或者主流价值观的事件发生后，网民可以通过播客这个平台，发表自己的视频，提出自己的看法。“播客”赋予大众传者的地位，使大众可以参与音频和视频媒介文本的生产。大众不仅可以在对媒介文本的解读中，生产出自己的意义和快感，更可以按照自己的理解和需要，对文本进行改造，生产出自己的文本。大众愉悦，已经由“解读性”的转变为“生产性”的；由生产意义的过程，转变为改造文本的过程。②

7. 维客

维客（wiki）技术1995年由沃德·坎宁安首次创建。这是一种超文本系统，它支持面向社群的协作式写作，同时也包括一组支持这种写作的辅助工具。在维客页面上，每个人都可以方便地对共同的主题进行写作、修改、扩展或者探讨。系统可以对不同版本内容进行有效的控制管理，所有的修改记录都保存下来，不但可以事后查验，也能追踪、恢复至本来面目。可以说，“维客”不只是一种技术，一种系统，更是一种开放的工作、交流方式。

以往在网络论坛中，因为互动与开放性的特点，任何人都可以发表信息并对他人发表的内容进行评论，而拥有把关人身份的论坛管理者往往由于发帖数量的庞大无法做到一一核查，因此难免会有一些垃圾信息

① 刘瑞生：《播客：WEB2.0时代的典型传媒形态——国内播客现状研究》，《现代电视技术》2006年第11期。

② 杨桃莲：《众说纷纭话“播客”——近年播客研究综述》，《网络财富》2009年第5期。

或是恶意人身攻击的帖子未能及时清除，形成网络暴力。而维客“多人协助”的特点可以较为轻松地解决这些问题，因其传播主体是以群体协作凸显共性的方式来经营某种共同成果，任何信息都可以被任何人修改和删除，所以使清除垃圾文字、广告变得很容易，同时可以不断地对页面内容中的错误进行修订和探讨。维客用户通过共同管理和维护，既保证了信息的完整性和充分性以及权威性，也为社会的公共资源作出了贡献。这些特点让维客这一社区形态成为构建网络百科全书的最佳形态，从维客诞生到现在十多年的实践也恰恰证明了这一点，维客已经成为一个开放式的属于所有人共享的百科全书。而这部百科全书的编辑是所有的网友，所有愿意将自己的知识共享给所有人的热心人。而绝对的共享和自由也让这个百科全书经过所有维客的管理和参与，使每一个维客百科全书的词条上，剩下的是最有意义的内容和精华。

8. 微博

微博，即微型博客，是一种可以即时发布消息的类似博客的系统，用户可以通过手机、MSN、QQ 等多种途径发布信息，并实现即时分享。一般来说微博内容不长，多为 140 字左右，多为博主随手拍的图片或所想所见所感等个人生活化的内容。

微博形式精简，便于操作，用户只需掌握一定的文字输入法即可使用，而且它功能强大，可支持文字、图片、视频等多媒体信息，能够为用户带来舒适良好的信息分享体验。微博用户中集中了大量的“70 后”“80 后”，这些群体也是当前城市的主流群体，而且多乐于表达。在公众通过微博发布的信息中，以完全自创和原创内容为主的微博，占到了 54.2%。由此可见，自创性内容在微博信息中占据了很高的比例，它从侧面反映出微博能够在某种程度上刺激受众的自我表达欲望，激发公众参与信息传播活动的积极性和自信心。

同时，微博用户之间有较强的互动性，使用者可以通过点击“关注”成为其粉丝或建立相互关注的关系，从而建立多层次的社交网络，并且在庞大的微博社交网络中能够让信息短时间内病毒式地大规模扩散，使原本弱小的声音不断被放大产生裂变式的能量，促使更多的人加入其中进行关注与讨论，从而形成近乎民意的表达，撼动事件原本的态势与随后的发展。

9. 微信

与博客、论坛、微博等社交应用相比，微信有几个新的特点：一是“超”媒体。功能远超出“媒体”范畴，集合了购物、出行、娱乐、商务、医疗、生活服务等，成为“关系 + 内容 + 服务”的综合体。二是“强”关系。同为社交平台，微博主要是基于“弱关系”，关注对象中相当大比例是明星名人等陌生人，亲朋好友等熟人比例较低。而微信基于双方同意添加好友，情况恰好相反。三是“密”渠道。信息传播更依赖人际关系和社交网络，呈现裂变式、循环嵌套特征，中心难以确定，路径更为隐蔽复杂。但私密不是绝对的——“微信朋友圈妄议中央被处分”引发“朋友圈是客厅还是广场”的争论——在这里，客厅的门都是虚掩的，通过曲折的路径连通江河湖海，形如网上的威尼斯水城，私域与公域的界限变得模糊。四是“人”网络。从 Web1.0、2.0 到 3.0，互联网从信息“共享平台”“共建平台”发展成为“人的网络”。移动终端成为集纳丰富个人信息的“电子人”，微信等形成了“以个人为中心兼顾群体关系”的社会性网络。美国学者 JimBaniser 多年前造出的新词 Humannode（human <人>和 node <节点>组合），克莱·舍基多年前所预言的“湿乎乎”的人人时代，在这时得以真正成为现实。①

第二节　分散与融合——网络舆论特征

互联网的诞生及其所提供的信息传播的便利，使人们越发倾向于选择网络媒体获取新闻信息，在网上通过论坛、QQ、微博、微信等多种渠道发表自己的意见与诉求，通过与其他网民的互动交流，积极参与到社会公共事件的讨论中，并逐渐形成网络舆论。一方面，网络日渐成为一种新的民意表达渠道，网络舆论成为政府了解民情民意的风向标；但另一方面，网络舆论因舆论主体的广泛与匿名性又具有非理性和情绪化的特点，一些虚假信息或谣言还可能催生恶性的网络舆论，对社会产生危害。因此，我们需要对网络舆论客观全面地看待与分析，了解它的特点

① ［美］克莱·舍基：《未来是湿的》，胡泳、沈满琳译，中国人民大学出版社 2009 年版，第 116 页。

与传播规律，以发挥其积极作用。

从网络舆论的生成过程来看，舆论从生成到波动到消解的过程因为全都在开放的互联网空间中完成，所以作为一种新的舆论形式，网络舆论具备了与传统媒体舆论不同的个性特征，主要表现为以下几方面。

一　网络舆论主体的隐匿性和分散性

（一）隐匿性

网络舆论主体既不同于普通公众，也不同于社会群体或社会组织的“拟态公众”①，他们始终处于一种匿名的状态，我们难以通过 ID 断定他们的真实姓名、社会身份及职业状况。网络舆论主体因网络虚拟性而具有的隐匿性特征，也成为网络舆论主体较之传统舆论主体最为明显的特征。在这里，基于论述与理解的容易，我们将网络舆论的主体界定为在互联网上进行意见表达的网民。

在现实社会中，每个人都有自己公开、真实的身份，也都有各自需扮演的角色和要满足的角色期待，这就必然使他的言行、判断、思维会受到来自他人、群体、组织、文化、社会道德、法规等各方面的影响、制约和监督，从而在与外界现实的互动中个人的表现往往是有所装饰的。相对现实社会来说，网络是一个平等、开放、自由、虚拟的空间，可视其为是虚拟的社会。任何一名网络用户都可以在这个虚拟的社会里给自己赋予新的身份，扮演自己喜爱或需要的角色。在虚拟空间的保护下，个体拥有更多的“话语权”，并且真实身份的藏匿大大降低和减少了个体因发表某些言论而害怕滋生事端、受到威胁的担心。所以，在网络中，网民的表现远比在现实社会中大胆、自由、真实得多，能够对社会焦点问题直接发表意见，毫无保留地表明自己的观点和态度，这也为网络舆论在一定程度上是更多民意的反映提供了依据。

（二）分散性

网络的开放性使网络舆论的主体具有分散性的特征。互联网出现以前，由于地域、种族、交通等条件的限制，人们往往只能在特定的环境里获取信息和沟通交流，传统的传播方式也很难打破这种空间的限制。

---

① 沙莲香：《社会心理学》，中国人民大学出版社 1987 年版，第 320 页。

所以，形成一定社会舆论的主体往往是聚集在特定文化圈里、具有相同风俗习惯的人们。但是，网络出现以后，完全打破了传统的传播方式，其传播的空间不分地域，没有疆界，为最广泛的参与提供了技术上的支持。在网络空间里发表言论、形成舆论的主体，在现实社会里可能是遍布全国，甚至是遍布全球。各个地方、阶层、行业，各种信仰、肤色、党派的人们都可以成为网络舆论的主体，因此，网络舆论的主体在现实社会是非常分散的。①

二 网络舆论客体的丰富性和复杂性

（一）丰富性

网络舆论客体是指在网络环境中被网民所关注的焦点事件，与社会传统舆论相比，网络舆论客体远远要丰富、复杂得多，网络舆论内容几乎无所不包、无所不及，这一新特点的形成主要是因为网络信息的海量、网络受众的庞杂、“把关人”力量在网络传播中的弱化所产生的结果。

1. 从信息量的角度出发，网络舆论客体的丰富性指信息数量的海量使得可成为网络舆论客体的焦点事件或公共事件较之传统媒体时代明显增加

受到一些客观条件的限制，传统媒体的信息承载量是有限的。例如，报纸的版数及其所能容纳的字数是有限的；广播和电视要受到频道资源和固定播出时间及时长的限制。而网络媒介凭借技术的支持，完全不受版面空间和频道资源、时段等条件的限制，不仅可以借助海量的存储能力提供很多潜在的舆论客体，还可以通过超链接功能快速地汇总和整合信息。因此，当重大事件发生后，网络能够迅速做出反应，及时地提供丰富、多层面的信息，以满足受众急切获知重大事件发生缘由的信息需求，并不断进行信息或评论意见的更新，为舆论的最终形成创造条件。

2. 从内容多样化的角度出发，网络舆论客体的丰富性指由于信息源的多元化，导致网络舆论主题极为宽泛

因为网络用户人数的庞大以及他们在地域、行业的广泛分布，任何单位、企业、个人都可以成为网络信息的来源，所以大大增加了信息的

① 董德兵、宿亮：《网络舆论：特点、现状及引领途径》，《党政干部》2009 年第 8 期。

总量，而且又因网民在年龄层次、学历水平、社会地位等方面的千差万别，也就自然产生了极为宽泛的网络舆论话题。从舆论的主题来看，主要涉及政治、经济、文化、教育、军事、外交以及社会生活的方方面面。就意见本身来看，也是风格各异、五花八门，既有积极健康的言论和情绪表达，也有世俗化和灰色的言论和情绪表达，各种价值观念、处事原则、文化信仰、思维判断、道德规范都可以找到立足之地。

3. 网络传播中“把关人”权力的弱化也促使了网络舆论客体的丰富

传统媒体当中，由于传者掌握控制着信息选择、制作加工及传播的整个流程，所以“把关人”权力比较大，能够轻松实现信息的筛选与方向性传播。但是在高度开放且虚拟的网络空间中，传统意义上的传者不再掌握着信息发布与传播的主动权和主导权，成长起来的网络受众削弱了把关人的权利，成为互联网上真正的传者与主导者，所以缺少了对信息、话题的筛选后，各种文化类型、思想意识、价值观念等都可以找到“生存的土壤”，网络舆论的内容主题也就自然而然变得丰富起来。

（二）复杂性

在网络空间层出不穷的信息中，什么话题、什么事件会引发网民的关注与热议？网民所表达的意见究竟是理性思考所得，还是出于盲从或是网络哄客心态一味跟风？抑或是借助空间的虚拟与身份的匿名从而随意化、情绪化地宣泄？网络舆论是否就是普遍民意的代表？这些真实而又分散的网民意见能否成为决策者政策制定时的考量依据？这些问题都存在着，却又似乎难以简单地解释清楚。而且网络舆论方向自身还存在着多变性，往往对于网络新闻中传递出的同一个事件会出现多种不同版本的报道，网民在发表意见和评论时也会出现不同的倾向性；随着事件报道的进一步深入，传递的信息更全面、更深入，网民的意见和评论不仅会随之发生改变，甚至在受到新议题的刺激后，会终止原来的舆论参与。所以，就舆论本身来说，原本对政治、道德、经济、社会、意识应有的潜在权威性与评判性在网络舆论的复杂性中减弱了。由于网络媒体“把关人”作用的削弱、网络信息的海量、网络受众身份的隐匿以及网络空间的开放性等特点，使网络舆论内容混乱无序、缺乏理性，潜在权威性与评判性不足。

三　网络舆论本体的非理性

网络舆论本体是网民对某一焦点事件所表达意见的综合，也是网络舆论所呈现出的最直接的外在表现（包括内容与形式）。[①] 在此，网络舆论本体的非理性主要表现为两方面。

（一）网上发言缺乏理性，甚至很多意见仅仅就是情绪、情感的宣泄

在网络空间，任何人都可以传播信息、发布观点、展开讨论，并且网络传播强大的互动性优势吸引了大批公众的积极参与，他们可以在重大问题上迅速形成舆论。可是，网络舆论主体参与讨论时，大部分是以匿名状态出现的，尽管舆论主体的匿名性使网民在发表意见时畅所欲言，没有过多现实因素的束缚，却也因此使网络发言往往具有非理性特征，不少言论目的性不强、主题分散、导向不明，言论过于随意，情绪化色彩较为浓重。

并且由叠加和链接共同作用的“辗转相传”的环境中，任何一个终端文本，其文字、图像、图表、声音，都有可能会遭到故意或因疏忽而造成的折射和歪曲。所以，在受到某一事件的刺激下，尤其是在一些煽动性发言的误导下，加之匿名身份以及法不责众的心理暗示又弱化了网民的责任意识与法律意识，很多网民往往会处于一种非理性状态，把网络这种“虚拟”的世界当作宣泄个人情绪、焦虑、困惑、不满的窗口，发表和散布一些不合实情、不负责任、片面、偏激、个人主义色彩浓厚的言论，缺乏冷静细致、全面深入的思考，急于表明立场并盲目地对事件作出简单的是非判断和道德评价，造成社会舆论分散、谣言增多，偏激和非理性的言论层出不穷，乃至出现盲目跟风、猎奇心理、标新立异等现象，从而造成舆论的情绪化的源头。[②]

（二）群体极化现象明显，网络暴力时有发生

群体极化（Group Polarization）最早是由 James Stoner 于 1961 年发现群体讨论时的现象而提出。群体极化是指在群体中进行决策时，人们往往会比个人决策时更倾向于冒险或保守，向某一个极端偏斜，从而背离

---

① 关梅：《论网络舆论的生成特点及其传播规律》，《新闻界》2010 年第 5 期。

② 林凌、赵亚涛：《论网络舆论的基本特征》，《东方论坛》2007 年第 5 期。

最佳决策。但在更多的情况下，群体决策更偏向冒险的一端，这种倾向意味着与个人单独行动相比较，群体成员更愿意拿组织资源去冒险。虽然风险决策会有较高的回报，但是失败的决策常常带来灾难性的后果。[①]在开放的网络空间中，受诸多因素的影响，公众对某一个具体问题的看法与观点不尽相同本是一件正常的事情，网络意见的表达本应就是七嘴八舌、众说纷纭的，即便观点针锋相对、相互指责也不足为奇。然而，在网络交流平台上，公众一般都以群内同质化、群际异质化的特点聚集，观点近似的群体在观念上很容易朝某个方向发展，最终形成一致的观点，这就是群体极化现象。

目前的网络空间群体极化现象比较普遍，比如对贫富分化、腐败等问题的极端看法，有一些网络论坛（特别是一些中小个人论坛），经常聚集着大量观点相近的群体，一旦有能够刺激他们心理的事件发生，很快就能形成非常极端的舆论倾向。[②] 一如芝加哥大学法哲学讲座教授凯斯·桑斯坦认为：“在网络和新的传播技术的领域里，志同道合的团体会彼此进行沟通讨论，到最后他们的想法和原先一样，只是形式上变得更极端了。”[③]所以，在这种群体情绪暗示与群体信息压力的影响下，更多的群体成员不仅选择符合群体意愿的意见进行表达，甚至还会对表达自己理性观点的少数网民群起反对甚至言论攻击，用粗暴的方式维护群体形成的极端化意见，从而使这些微弱的理性意见很快被完全淹没在非理性的声浪之中。

当有触及某些社会问题或社会道德的问题出现时，网民们就借助网络的虚拟身份以道德卫士的面孔出现，肆意公布他人的隐私，侮辱他人人格甚至威胁他人的生命财产安全，以网络暴力的方式进行大规模的网络舆论讨伐。轰动一时的“死亡博客”事件就是网络传播群体极化现象的典型案例。2007 年 12 月 29 日，北京某公司 31 岁高级白领姜岩在远洋天地 24 楼的家中跳楼身亡。在生前的博客中，她将自杀原因归咎为丈夫

---

① ［美］凯斯·桑斯坦：《网络共和国——网络社会中的民主问题》，黄维明译，上海人民出版社 2003 年版，第 32 页。

② 林凌、赵亚涛：《论网络舆论的基本特征》，《东方论坛》2007 年第 5 期。

③ ［美］凯斯·桑斯坦：《网络共和国——网络社会中的民主问题》，黄维明译，上海人民出版社 2003 年版，第 47 页。

的不忠，并在博客中贴出了丈夫和“第三者”的照片。在她去世后，她的博客被网友转发到各大论坛上，引起网友们热议。许多网友炮轰“第三者”和她的丈夫，在网上号召其所在行业驱逐他们，激动的网友甚至找到了“丈夫”父母的家，在门口贴满恐吓的标语。应当说这件事情中网友对当事人越位讨伐的行为本身也是应当受到谴责的。

另外，非理性的网络舆论也极易引发“网络暴力”，还有可能延伸至现实社会中对当事人造成伤害。尤其是当一些网民个体在现实中受到不公正的待遇、经历来自现实的打击后，情绪的激动与失衡会直接反映到他所表达的意见中，使意见变成纯粹的情绪宣泄，并因此感染其他网民的情绪，影响和干扰群体中其他网民正常、理性的分析，使得最终出现的舆论意见与人们原有的意见产生一定程度的偏离。而且通常情绪化的言论很容易得到众人响应，一旦个人负面情绪与群体情绪相互作用引发出有害舆论，就会具有很强的煽动性和破坏性，借助互联网的快速传播使网络受众在情绪的暗示与行为的怂恿中，造成对现实生活与社会巨大的破坏。

四　网络舆论生成过程的开放性与交互性

网络意见之所以能够形成舆论，起码要在网络空间范围内经过多种意见的交流和争论，才能形成共同的或大体一致的意见。而互联网的兴起大大改善了公众公开表达民意的被动局面，在提供专门服务的论坛里，言论的尺度比传统媒体时代宽松许多。更为重要的是论坛上可以实现各种观点的正面交锋，表达和辩论平等地进行。因为生成舆论的这个过程是在互联网平台中进行的，所以依托网络传播开放性与交互性的特点，舆论形成的过程也具备上述特点。简单来说，有以下几点。

（一）使用网络媒介的门槛较低，使公众能接触更多的信息话题

网络空间的开放性首先表现为使用网络媒介的门槛较低，大部分公众能通过使用网络接触到更多的信息话题。因为使用网络媒介的门槛较低，只要有电脑或手机，会简单的操作，具备上网的条件，就可以实现信息与意见在网上的传播。所以说，互联网给公众提供了获取信息、接近真相、发表意见观点的渠道与可能性，从这个角度看，媒介渠道的增加（尤其是手机媒体的出现与手机上网功能的实现）、媒介工具的易得

性、媒介使用的便捷性以及网络信号的普及使话语权从传统的信息把关者手中分散到普通的千千万万个受众手中，真正实现了网络传播资源对受众的开放，增加了受众接触更多信息与真相的机会，从而为舆论议题的出现奠定了基础。

（二）网络舆论生成过程中的交互性

开放的网络空间，一方面吸引受众尽情表达真实想法，任何人不论其社会地位、贫穷富贵、文化高低、性别种族，在互联网上一律平等，所有访问者都能在其上发布自己的消息和对事物的看法。交互式手段将过去主要通过民间渠道传播的声音引向了主流渠道，使民意的表达更加畅通；一方面受众在表达自己意见的同时对其他成员的意见观点亦有所了解，意见间的参照影响着个体意见的表达，从而做出对意见环境的判断并调整自我意见的表述。这种意见的表达、判断与调整多是通过网络论坛、新闻回帖、邮件、即时通信等方式进行——网络受众在对某一问题或事件发表意见、进行评论的过程中，常常有许多网民参与讨论，网民之间于是形成互动场面，赞成方的观点和反对方的观点同时出现，相互探讨、争论、碰撞，甚至出现意见交锋。这种即发即见式的互动性强的交流方式使舆论主体之间的交流和沟通更加便捷与顺畅，网民可以迅速获知其他网民对此信息的看法、意见并作出回应，从而大大提高舆论生成的速度。

五　网络舆论形成的快捷性

一方面，网络媒介较传统媒介发布、传播信息的快速促使网络舆论形成的快捷。由于网络技术的优势和转帖的方便，网络新闻信息不仅发布速度快，而且传播的速度也十分惊人。同时，网络传递的信息具有实时更新的特点，一旦有新闻事件发生，特别是一些突发事件、自然灾害、重大事故或敏感社会问题，网络媒体就会充分发挥其开放与即时性的特点，予以追踪报道，并不断更新事态发展的最新消息，众多“公民记者”也借助数字化的传播方式随时对各类事件进行现场直播，以满足受众强烈的知晓欲望。当报道的信息话题吸引网民的注意，引发众人的热烈讨论，成为大家的关注焦点时，该信息话题自然也就成为网络舆论的热点了。并且网络彻底打破了地域界线，大大改变了传统政治运动中必须近身集结的模式，把个人电脑变成了公共生活的接口，让人可以在客厅、卧室等非常个人化的处所和整个世界对话，以互动方式直接进行公共参与，模糊了公共与私密空间的界限，网络空间成为政治表达的聚集地。

另一方面，网民之间意见自由、频繁与充分的互动也容易促使网络舆论的快速形成。当争议性话题出现后，网民可以立即在网络中进行意见表达，在“意见观点的自由市场”中，网民个体意见可以迅速地汇聚起来形成公共意见。而且各种渠道的意见可以迅速地进行互动，网上与网下相互影响，从而迅速形成强大意见声势。一旦有代表性的帖子得到大家的认同，引起共鸣，就会很快扩散开来，反复转帖或被跟帖，形成一个主导性意见，从而产生雪崩式的效果，把舆论推向高潮，使网络舆论可以最快的速度形成并传播，因此，重大新闻和热点问题在信息发布几天甚至几个小时内，网上就会“满城风雨”①。2009年元宵节晚9时左右，中央电视台新址配楼发生大火，网民“加盐的手磨咖啡”9时4分就在天涯社区发帖《CCTV大楼元宵夜起大火了吗?》，并上传手机拍摄的火灾现场照片进行实时报道。新闻事件在网络上成为关注焦点的同时，也迅速成为讨论的热点，从而完成“注意中心”向“讨论中心”的转化，这一过程也是网络舆论迅速形成的过程。②

六 网络舆论生成途径的多元化

随着网络技术的不断发展更新，普通民众在互联网上进行信息传播与意见表达的渠道更为多样化。目前，网民主要通过在线聊天、新闻跟帖、BBS论坛发帖或跟帖、个人博客（包括微博）或网上签名等多种途径来关注新闻事件、传播信息、表达意见观点，从而自觉主动地参与相关社会事务的管理和公共决策。网络舆论也是通过上述途径渠道，经由网民意见从个体到普遍的整合而产生出来的。特别是博客和微博，作为网民进行信息发布与意见表达的主要渠道，已经成为产生网络舆论的重要途径。

---

① 言靖：《网络舆论的特点及隐患研究》，《新闻导刊》2008年第1期。

② 吕文凯：《舆论学简明教程》，郑州大学出版社2008年版，第65页。

第三节　观念与逻辑——网络舆情判研

随着互联网技术的快速发展，尤其是移动互联网的普及，为网民表达、参与和聚合资源提供了条件，多元化语境下利益群体的差异化诉求瓦解着传统的社会关系和思想观念，传统的以血缘和宗族为纽带的人际关系模式被打破，逐渐向网格状、去中心化的开放性、发散性模式转变。微博、贴吧等自媒体的大量使用，使用户的人际关系不再受到时间和空间的限制而得到极大延伸，人际大网逐渐形成。手机、平板电脑、电视等传播载体的智能化、普及化，以及各种类型的 APP 的出现完善，信息传播渠道和载体呈现出多元化的特征，媒介形态越来越多，屏幕爆发式增长，在线视频用户跨屏使用成为潮流。

从本质上来说，互联网的快速发展，尤其是“互联网 +”模式的提出，使社会上信息传播的资源和渠道都被重新整合。当下，以互联网为依托，世界进入了大数据时代。大数据，顾名思义就是指无法在一定时间范围内用常规软件工具进行捕捉、管理和处理的数据集合，是需要新处理模式才能具有更强的决策力、洞察发现力和流程优化能力的海量、高增长率和多样化的信息资产。[①] 因此，大数据具有规模性、多样性、高速性和有价值等特点。伴随着数据获取技术的革命性进步、传感器等自动采集数据的成熟，互联网数据也日益受到舆情研判工作者的重视。传统上依靠社会访谈、民意调查等来获取社会舆情的方式，因为投入成本高，而且获取到的数据规模也相对有限，所以当下大多数舆情研究者选择利用互联网数据通过 Web 爬虫等技术手段来相对全面和廉价地加以获取舆情信息。这种完全摒弃或完全采用的两极化方法太过于绝对，因此，找到一种适应互联网游戏规则的舆情判研观念成为当下亟待解决的问题之一。

---

① 喻国明、李彪、杨雅、李慧娟：《新闻传播的大数据时代》，中国人民大学出版社 2014 年版，第 3—4 页。

一 对互联网时代舆论生态的判断

在“互联网 +”模式下，互联网只是被当成一个信息传播平台和传播渠道，对其的应用都是建立在我们社会的既有逻辑基础之上，而“互联网 +”是把互联网当作我们整个社会和市场的基础，是社会发展的基本动力之一，在该模式下，互联网将以自身的逻辑和观念来重新整合社会的运作模式。所以，从本质上来说，“互联网 +”模式下孕育出了一套新的发展逻辑，而这个逻辑就是当下互联网中人人必须遵循的“游戏规则”。在“互联网 +”模式下，新的舆论生态逐渐形成，其具体体现在以下三个方面。

（一）关系的重新建构

网络环境下时间和空间得到极大延伸，网民可以凭借各种电子化的即时通信实现从点到点、点到面的双向甚至多向互动性传播，人际交往由原来的单向链接模式转变为网格状链接模式，人们可以根据自己的需要在网络中组建各种类型的分众化交流群体，例如，用户可以根据自己的需求加入到QQ、微信或者百度贴吧的一些群组里面，同时，还可以将自己在某一平台或者群体中得知的消息分享到其他平台上与他人分享，这种基于网络传播下的人际交往使现实生活中单一的人际关系得到了极大的延伸，人们的“朋友圈”逐渐拓展到世界各地。

“互联网 +”模式下，移动即时通信的普及使互联网具有高效的互动性和聚合性，对于个体来说，建立人际关系的第一步是人际互动。所以，个体进入互联网环境中后，互联网的互动性使人际关系得到延伸，同时，它的聚合性又使延伸了的人际关系重新聚合起来，人际关系网在不断延伸和聚合的循环中逐渐变大，最后形成人际大网。这为在这一场域下舆论成型提供了必要的氛围。

（二）渠道的多元化

当下，随着智能手机、智能电视、电脑、iPad 等多媒体终端不断出现完善，人们可选择使用的屏幕变多，在线视频用户跨屏使用成为潮流，在台网同播模式下，越来越多的人选择使用多个屏幕观看视频节目。总之，随着信息发布平台的多元化，用户的跨屏使用将会更加频繁。艾瑞发布的《在线视频用户跨屏研究白皮书》指出人均使用屏幕的个数为 2.3

个，其中三屏用户占 46.8%，双屏用户占 37.4%，单屏用户只有 15.8%。这些屏幕的爆发式增长背后的媒介演变逻辑就是“互联网+”模式。这为舆论在形成过程中的认知互动、情感互动、意见互动提供了广阔的空间。

（三）整合

1. 资源整合

“互联网+”模式下，网络环境中最重要的资源变成了人际关系资源而不是内容资源，因此，传统媒体信息经营的 B2C 模式，即大规模生产，大规模覆盖传播，大规模广告经营，一切皆是以传者为中心的模式开始不适应当下的互联网环境。为摆脱困境传统媒体开始转变发展方式和发展理念，[①] 发展模式由原来的 B2C 模式逐渐转变为 C2B 模式。简单地说，就是由以传者为中心、封闭生产、单向传播的信息传播模式过渡到以受众为中心、开放聚合、互动社交、高效服务的传播模式。

传统媒体这一系列改革的重点在于开始认识到了受众的重要性，“互联网+”模式下，信息传播主体开始去中心化，并向网格化转变，网格中的每个细小节点都是由网民构成，网民之间的相互连接构成了网络中的人际关系网络。在这个大人际关系网络中，每个节点都可以任意地发送和接收信号，每个节点都可以与一个或者多个对等节点直接通信。互联网的连接性和开放性消解了传统社会信息不对等的状况，此时，任何人都可以在网上发声，传媒机构的话语权逐渐被解构。

社会关系重构后，人际关系资源的重要性越来越突出，“粉丝经济”“眼球经济”就是很好的说明。传统媒体曾经奉行以内容为最大资源的准则开始不适应当下的发展态势，因为大而全的内容生产模式已经不适应当下对内容有精细化要求的受众的需要。同时，媒体生产出来的内容再好，但是没有受众观看和点击，那信息内容也就没有任何价值，在市场竞争条件下，传媒企业想要生存，必须有把信息变现的能力，而能让信息变现的就是受众，所以，当下人际关系资源取代内容变为互联网中最大的资源。

---

① 王贵斌：《Web 2.0 时代网络公共舆论研究》，中国传媒大学出版社 2015 年版，第 96—97 页。

2. 渠道整合

“互联网+”模式下，为了得到更好的发展空间，传统媒体开始和互联网进行融合，各种新兴的传播渠道开始出现。互联网开发的视频网站、社交APP、阅读软件、电子报刊等信息接收和传播渠道受到了用户的喜爱和追捧。Wi-Fi和4G网络的普及，为手机用户创造了更好的使用条件，智能手机里种类多样的APP应用为公众提供了多元化的传播渠道。

资源和渠道的整合使互联网变成了一个高融媒介，媒介形态的更新速度越来越快，媒介间的界限也越来越模糊。

（四）“互联网+”模式下舆情变化呈现出新的规律

当下，互联网作为一个高融媒介，资源和渠道都被重新整合，整个社会舆论生态在悄然改变，同时，舆情变化呈现出了新的规律，本书将从以下三个方面对舆情变化呈现出的新规律进行梳理。

1. 舆情判研更贴近以关系为主体的数据呈现

“互联网+”模式下，人际大网形成，人际关系成为最大的资源，借助大数据，舆情研究的视角应该贴近社会关系的呈现以及社会诉求预测等方面。传统的社会舆情监测只注重网民“说了什么”，不重视网民之间的“关系”，因此，舆情分析的结果就只是抓住了浅层次的社会语义表达，不能具体掌握网民“为什么要这么说”的社会心理和其所处的社会关系网。所以，当下进行网络舆情判研就不能局限于对传播内容数据的分析，而是应该基于互联网数据对网络舆情之下用户之间的关联性进行分析。简单地说，就是基于各种社交媒体中用户之间的关系网络，以及用户之间的交流和互动特征，用以评估用户的影响力和社群之间的互动模式，了解了人际关系背后个体所扮演的角色以及群体之间对某事的态度、倾向后，才能更准确地进行舆情判研。

2. 舆情判研更依赖以渠道建构形成的统计模型

信息传播渠道作为舆论传播的载体，在舆情研究中占有重要地位，通过研究舆论传播渠道，可以了解舆情传播的规律和趋势。从近两年网络热点舆情事件首发曝光的传播渠道看，大部分的首发平台都是微博微信或者“知乎”，尤其微博因其用户多、门槛多的特性，成为舆论的重要发酵平台。但单纯地依靠某一个传播渠道是不足以将事件引爆的，所以现在的网络舆情事件一般都是跨平台传播，即渠道和平台间的信息传播轮换和相互刺激。

微博、微信和新闻网站等传播渠道之间也存在着跨平台传播的特点，所以现在的舆情热点事件在首发平台经过大规模传播后，信息从最开始的单一平台迅速向其他平台扩散，其他平台在获得最新消息后又会进行跟踪报道，这期间任何一个平台的最新消息都会迅速流向其他平台，以实现多渠道传播，而不同平台间发布消息的数量、质量以及所引发的舆情状况都会使热点事件的主要传播渠道在不同平台间转换。了解舆情首发点以及舆情传播渠道之间的关系后，进行网络舆情判研就可以从渠道方面获知其规律性，为舆情控制以及相关对策的制定创造先机。

3. 舆情判研更需要整合互联网中分散思维形成的科学计算

当下互联网环境中多元化的传播主体造成了网络中“碎片化”的信息传播，传统主流媒体把关人的角色在逐渐弱化，互联网的开放性使各种各样的言论和价值观都可能被网友所接受。此时，互联网中的思维是分散的、杂糅的，在进行舆情判研时，就需要注意到这些分散性的思维，并以数据化的形式对其进行分类统计，数据化的呈现方式能让舆情研究工作者更加直观、便捷地对这些分散思维背后潜藏的社会舆情进行分析和探讨。

在“互联网＋”模式下，信息技术与经济社会的交汇融合引发了数据迅猛增长，数据成为国家基础性战略资源。对舆情判研来说，互联网上的海量数据也构成舆情分析的基础性条件，以大数据为基础的数据分析是当下舆情判研的主要手段。

二　网络舆情传播过程中的重要节点分析

对于网络舆情传播模型的分析，通常要考虑三个要素，即网络舆论主体通过对网络舆论研究的文献综述可以发现，目前对于网络主体界定不一，主要有三种类别：一类是“模糊主体论”，持这一观点的学者没有给出网络舆论主体具体的、明确的定义，而是将其模糊化；[①] 一类是“网

---

① 刘建明：《舆论传播》，清华大学出版社2011年版，第171页。

络媒介主体论”，这类观点将网络舆情传播主体锁定为网络平台上的各种网络媒介，认为这些网络媒体对网络舆情的传播有助力作用；还有一类是“网民主体论”，此类观点认为在互联网平台发表言论的网民就是网络舆情的主体。[①]

具体到现实的网络舆情传播过程上，笔者认为参与到网络舆情传播过程的每一个个体、群体、组织都是网络舆情传播的主体。虽然不同主体的角色或有不同，代表的利益团体会有不同，发挥功效的强弱会有不同，但是他们都是网络舆情传播过程中不可缺少的组成部分，是舆论传播过程中的重要节点。

作为网络舆论的多元主体并不是单独对舆情产生影响的，而是密切联系、相互交织、互相成全的关系，并且随着网络舆情动态的变化而变化。从复杂网络关系来看，每一个主体以及他们之间的交互关系都是网络舆情传播模型上的重要节点，他们之间是“一对多、多对多”的复杂关系。

（一）草根网民

随着移动互联技术的发展，网络接入口的随时随地性，人们接触网络的物质门槛和技术壁垒降低，互联网社会人人可以“指尖发声”，世事可以“通晓天下”的愿景得以实现。草根网民在网络舆论大军中的角色可谓不可小觑。“事实上，大众媒介的议程设置功能在自媒体时代虽然依然留存，但却得到极大弱化，因为网络空间中的个体可以通过新媒体，从各种不同信源采集信息，并把它们拼成最符合自己的信息图像。对于这些个体来说，大众传播媒介虽然仍然能够发挥一定的功能，但是他们不会成为这幅图像的主导。”[②] 也就是说，在舆情传播过程中，个体可以自主地表达自己的看法，对舆情传播有推动作用。

尽管如此，互联网充斥着各种各样的声音，良莠不齐也是不争的事实。对于草根网民用鱼龙混杂来形容也不为过。不得不承认，由于认知

---

① 张伟：《基于复杂社会网络的网络舆情演化模型研究》，哈尔滨工业大学出版社 2014 年版，第 31 页。

② ［美］约翰·菲斯克：《关键概念：传播与文化研究词典》，李彬译，新华出版社 2004 年版，第 12 页。

的局限性，草根网民对于网络舆情事件的认知大多盲目随流，具有片面性，缺乏对网络舆情信息的过滤性，因而在发表观点时常带有情绪化，很难透过舆情事件表面现象去客观地、理性地分析舆情事件的内在矛盾。

（二）网络舆论领袖

传统舆论学中，西方学者对于意见领袖的理解为：“意见领袖通常更关注媒介报道，然后将相关的信息转述给不直接接触媒介信息的人，在这个过程中，这些意见领袖主动地选择与解释媒介上的材料，担负着媒介与社群之间的重要‘向导’；他们将媒介里再现的现实‘翻译’成当地群体的经验。”[①] 我们可以肯定意见领袖在信息传播中的中心地位，他们似乎具备“保持信息和控制信息两大优势”[②]，因而意见领袖在信息传播过程中发挥着举足轻重的影响力。

基于以上理论分析，我们可以得出，网络舆情传播过程中的意见领袖也担任着“翻译官”[③] 的角色，他们通常有着较为广泛的见解、更多的渠道，更接近网络舆情或媒介消息。他们凭借对网络舆情事态的分析和把握，能够更加深刻地发表自己独到的看法，并得到超越草根网民的关注度和支持度。简而言之，网络舆论领袖就是指在互联网平台上，针对网络舆情事件踊跃发言的群体，其所表达的观点对其他网民的意见产生影响，并且在一定程度上能够引起多数网民的认同和支持。

网络作为一个开放平台，虽给予每个人平等的发表言论的机会，但是现实中大多数网民仍然是被动的信息接收者，即使他们发言了也只是简单的应和，表达赞成或者反对，比如跟帖、转发、赞、踩等，只是简单地追随大多数人的意见。网民很少有系统深刻分析热点舆情的言论。“只有网络舆论领袖是最活跃的群体，他们在各种网站发表观点、聚集焦点、影响舆论的形成和倾向，左右网民的思想。”[④]

---

① 薛可、陈晞、王韧：《基于社会网络的品牌危机传播“意见领袖”研究》，《新闻界》2009 年第 4 期。

② 丁亮：《意见领袖在新闻叙事中的角色僭越》，《青年记者》2007 年第 22 期。

③ 邱素琴：《网络语境下“意见领袖”在理论传播中的角色与作用发挥》，《上海党史与党建》2010 年第 5 期。

④ ［美］约书亚·梅罗维茨：《消失的地域：电子媒介对社会行为的影响》，肖志军译，清华大学出版社 2002 年版，第 48、64 页。

（三）网络媒体

作为网络舆情传播模型节点的网络媒体是指狭义上的媒体，是相对于传统媒体而言的网络媒体，包括传统新闻媒体的下属网站（如人民网、新华网等）、商业网站的新闻频道（如搜狐新闻、网易新闻、新浪新闻等）、新媒体（如新闻客户端 APP 等）、自媒体（如微博、朋友圈、博客、社交网站、视频分享网站等）。网络媒体既包括官方媒体，也包括社会媒体，代表各自的阶层和团体利益。

网络媒体有对网络舆情事件追踪报道和深入分析的责任，对网络舆情热点事件的发展进度持续报道，强化了网民对舆情热点事件的关注度，促使舆情升级，产生强大的网络舆论场。

但是由于各自的利益追求和报道立场的不同，很难避免在利益的诱惑之下会出现争夺眼球的不实报道。尤其是以微博为代表的社交网站，往往是谣言四起的发源地，一定程度上恶化舆情，产生不良影响。

（四）政府

政府在网络舆情的应对上相对前三者较为滞后。一方面，由于互联网兴起不久，关于网络传播特点的把握和网络技术的应用还不够成熟。面对嘈杂的网络舆论，政府的处理手段还陷于删帖、封号，并不能灵活运用网络传播特点疏导舆情；另一方面，相关网络安全法律法规不甚健全，使政府在应对网络舆情时缺乏相关依据，稍有不慎，处理不当，反而适得其反，引起更大的负面影响。

其次，政府对舆情的关注缺乏主动性和自觉性。当舆情事件出现苗头时，政府缺少对舆情的敏感度，不能及时判别出舆情危机，缺乏舆情甄别意识和能力；加之部分政府官员认为网络舆情传播，小风小浪，不足为惧，或者存在躲避“风口”的侥幸心理，使网络舆情事件愈演愈烈，错过了舆情疏导的最佳时机。

再次，政府通常碍于面子“捂丑”“遮丑”，对舆情相关信息不公开、不透明，给网民留下太多想象和猜疑的空间，对政府形象带来极大损害。政府越是出于“面子”考虑，有意遮盖舆情事实，发表声明含糊其辞，信息公开迟缓模糊，使舆情真相难以大白于众，就越容易导致网民的误解和不满，使舆情恶化反而让政府丢了“面子”。

另外，政府在处理网络热点舆情时，并不重视网络舆论领袖在网络舆论引导和疏散过程中的积极作用。要么只注重网络舆情事件本身线索和网民的网络参与行为，要么将网络舆论领袖作为“滋事者”进行打压，不管是上述哪一种做法都不是合理、恰当处理舆情危机的好方法。

三　以数据为基础形成舆情判研的“基本要素”

在舆情判研方面对大数据的应用，重点不是掌握这些庞大的数据信息，而是要搜集整理出有意义的数据，再分析出这些数据背后所隐藏的社会意义和社会关系。

以“京昆高速多车相撞”为例，本书根据《新浪微舆情》对互联网上在2016年11月21—23日围绕关键词“京昆高速＋多车＋相撞”的22206条信息数据统计分析发现该事件传播的如下规律：

如图7—1所示，事件在2016年11月22日出现媒体报道的峰值，在当天早上9时左右全网关键词报道量高达2548条，其中微博1821条、新闻295条、网站212条、论坛105条、客户端44条、政务25条、微信24条。从报道量来看，微博、新闻、网站是主要的信息传播渠道，因此，在进行相关事件的舆论引导时应该以这三个渠道为主要的舆论阵地和观测对象，尤其要对微博上的舆论走向进行时刻检测。微博作为自媒体平台，其实是人际传播拓展后的缩影，所以微博上的观点呈现“碎片化”的特征，也很容易被不法分子利用，借一些社会事件煽动公众情绪，造成社会混乱。

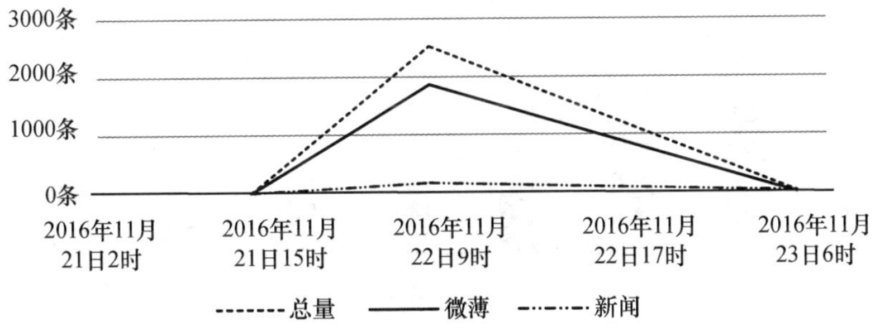

图7—1　事件报道峰值数据

注：此图只反映总量和排名前两位：微博、新闻的即时走势。

情感分析方面（见图 7—2），我们发现对该事件，全网敏感人群占 95%，非敏感人群只占 5%。说明在发生重大交通事故时，公众的神经处于敏感状态，所以可能容易产生冲动的情绪。交通安全涉及每一位社会公众，所以大家对类似事件都很关注，政府及相关部门在发生类似事件时应该多普及相关的交通安全知识，告诉网友若遇到此类事件怎么才能更好地保护自己。

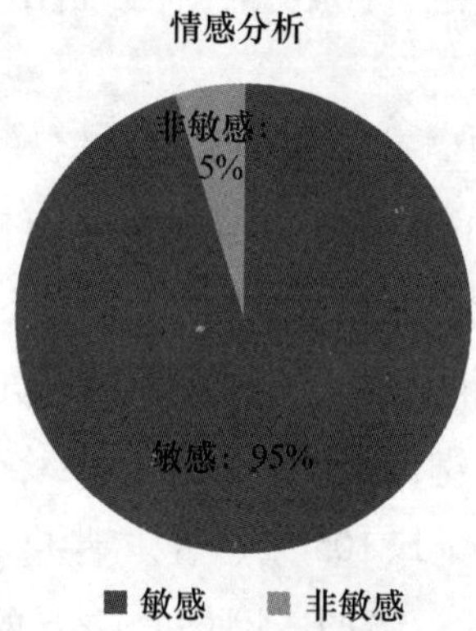

图 7—2　公众情感反馈数据

从地域分析来看（见图 7—3），对该事件关注度较高的群体主要集中在东部沿海地区，其中北京以及车祸发生地山西两地网友的关注度也很高。所以相关地区的舆情检测部门应该对该地区关于该事件的舆情走向进行关注，分析网友为什么会关注该事件，关注者都是哪些群体。

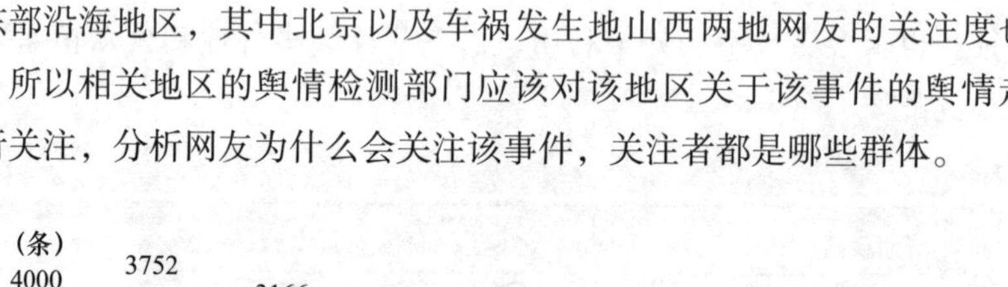

图 7—3　区域性事件关注对比数据

从网友对该事件所发布的信息关键词来看，主要有以下关键词（见

图 7—4），通过关键词分析，可以发现网友比较关心的是事故造成的人员伤亡情况、现场救援情况、伤者送医情况、善后工作以及事故原因等信息。所以为了避免造成公众和相关部门的情绪对抗，在事件发生后，政府及相关部门应该及时地进行信息的公开，对网友关注的问题进行解答。

图 7—4　关键词分析

在传播路径方面，呈现出如下规律（如图 7—5 所示），该事件的首篇相关报道于 2016 年 11 月 20 日 6 时 46 分 47 秒在速新闻发布，报道标题为：《新闻早报速速道来》。之后，更多相关报道出现，并通过央视网进行传播，经过这些网络传播，将事件扩散化，所以，舆情监测部门可将央视网这一批网站的报道内容和报道方向进行重点监控。

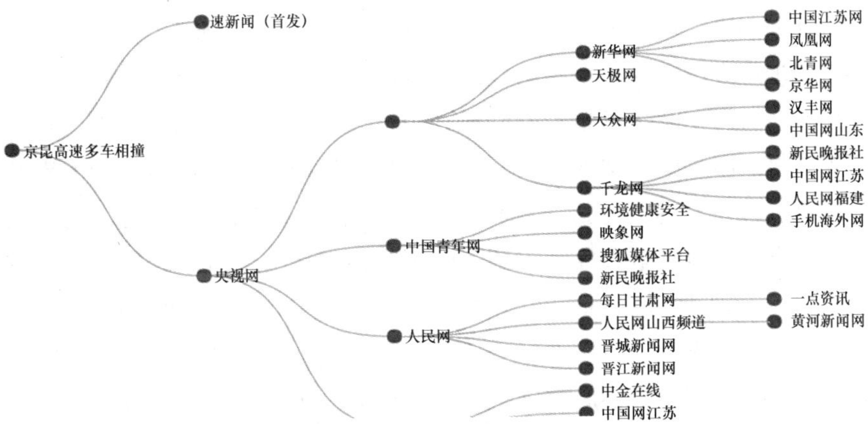

图 7—5　传播路径分析

根据对“京昆高速多车相撞”舆情数据进行的整理和分析，我们发现将热点舆情事件以数据的方式呈现出来后，可以用这些数据分析出网民的意见和情感倾向，同时识别出事件传播过程中的意见领袖和主要信息来源，对舆论走向进行预测或追踪。

之所以说大数据是舆情判研的基础，关键原因还在于，新媒体时代，想要快速了解受众的需求和想法，最好最快的方法就是对网络数据进行分析，例如，通过检测百度搜索引擎里搜索量最高的一些词语，就能大体了解受众的需求和想法，通过点击量的多少可以判断用户对该问题关注度的高低。百度曾经做过一个实验，每年在流感扩散开来之前，百度搜索引擎中关于“感冒、流感”等方面内容的检索次数较多，网民集中检索这些词汇的时间比大量患者去医院就诊的时间提前一个星期左右，这说明通过对数据进行分析，我们可以提前预知一些将要发生的事情，并且在有限的时间内对其进行预防。所以，伴随着大数据技术的日趋完善，通过进行数据分析，我们可以及时地对舆情进行预测。

四　保证舆情判研的“效价”在于科学的研究理念

对舆情判研来说，无论是传统的社会调查法还是现在的大数据法，其实都各有利弊，想要真正做好舆情检测工作，应该建立科学、有效的舆情判研理念。

（一）新的舆论生态下社会调查法的优势与不足

社会调查法最大的优点是可以获得第一手的信息资料和数据资料，同时，采用直接面谈和现场调查法等方法时，是与被调查对象直接近距离接触，所以更能了解相关的情况和被调查者的情绪，因此，采用社会调查法得出的结论更贴近现实和民众的真实情况，以此数据进行的舆情分析更加科学合理。但是，社会调查法的弊端也是显而易见的，首先，社会调查法受到时空条件的限制，因为要到现场去，所以距离就是个很大的问题，如果距离较远，那调查就会花费较多的人力和时间；其次，在进行直接访谈时，访谈者思想、知识、心理以及生理等方面的因素可能造成观察上的误差，从而做出错误的判断，当然，受访者有时候人为制造的假象也会影响到访谈者的观察结果；最后，采用社会调查法时采访对象的选择具有很大的人为性和随机性，当采访问题设计不当时，可能会出现被动式采访的问题，所以采访结果可能并不完全代表某一群体或某一地区真实的情况。

（二）大数据舆情判研也并非“十全十美”

在大数据时代，大数据法的优势是很明显的。首先，随着数据获取技术的发展，采用大数据法可以对互联网中数量巨大、类型多样的数据进行有效的处理，进行分析的样本数量不是传统调查法的百分之一或者更少，而是可以对全部的样本进行研究，这种总体性分析后得出的结论将更加完整和科学；其次，采用大数据法可以快速地对数据信息进行分析，因为网络上的数据呈爆炸式增长，每一秒都有大量的数据产生，只有提升对数据的处理速度才能让数据得到有效的利用，否则不断激增的数据不但不能为解决问题带来优势，反而会成为快速解决问题的负担；最后，采用大数据法可以获得宏观的趋势预测和分析，相对于传统的社会调查法，大数据法分析的是海量的数据，尽管期间可能会出现一些“噪音”数据，但是海量数据分析出宏观趋势的优势完全可以让我们忽视这些小小的“噪音”，因为对于网络舆情工作来说，最重要的一点就是进行舆情预测；同时，采用大数据法还可以节省很多的人力、物力和时间。

五　网络舆情判研要有一种适应互联网游戏规则的研究逻辑

“互联网+”模式下传播关系和传播渠道发生了变革，互联网的开放性和链接性更催生了巨大的数据量，数据变成了舆情判研的基础。当下，舆论以一种全新的方式呈现出来，进行舆情判研就需要掌握互联网游戏规则下的研究逻辑，为舆情判研观念提供逻辑支撑。

（一）舆论与一种新的表达平台联系在一起

自媒体兴起之前，社会大众表达自己的看法、意见一般都是在自己身边的小圈子里进行，参与讨论的少则两人，多则十多人，传播方式几乎都是以人际传播或者群体传播的方式进行，同时，因为时间和空间的限制，个人意见的表达并不能得到有效传播。伴随着移动互联网的普及，公众有了话语表达的新平台，内容生产和传播不再是记者和编辑的专利，社会传播的新常态是传播主体多元化，人人皆为传播者。移动社交媒体时代，信息传播和接受门槛降低，只要具备基本的识字能力，有表达的意愿，就可以传播自己的想法、感受、体验。政府、媒体、企业、个人都可能成为信息传播的主体，传播主体的多元，意味着表达的多元、思想观念的多元。在多元主体的舆论场中，众声喧哗，每个主体都有自己的阶层立场、价值观、现实利益，这些声音可能和主流舆论相一致，更常见的是与主流舆论的背离，形成社会舆论共识难度变大了。

但是，网友的关注使网络大V成为一部分人心中的意见领袖，他们的意见在舆论的引导中发挥着重要的导向作用，如薛之谦在微博上转发了一个北京地铁内一男子辱骂女子并抢夺手机的视频，并附文说“社会不该如此冷漠，应该曝光让该男子成为终极网红”。这条微博发出后，吸引了大批网友的围观，很多明星也开始转发，因此，该事件登上了微博热搜榜，同时央视新闻等传统媒体的微博也跟进转发了该事件的处理方法。这一事件说明，舆论的掌控权曾经掌握在传统媒体的手中，但是现在，开放的表达平台使社会大众也可以成为舆论的推动者和控制者。

（二）舆论与一种新的社交平台联系在一起

随着社交媒体技术的更新发展，微博、微信和“知乎”等自媒体的用户量和访问量在不断激增，这些社交平台参与的舆论事件数量也在逐年上涨。当下微博、“知乎”等平台甚至成了舆情的新源头，很多热点舆情事件都是通过这些社交渠道传播并引爆的，如去年的“魏则西事件”“雷洋事件”舆情风暴起源都是由“知乎”发帖引爆的，“和颐酒店女生遇袭”“丽江打人至人毁容”等热点事件都是从微博端口发出的。纵观这些刚发生的热点舆情事件，不难发现移动互联网塑造的新社交媒体平台已逐渐成为新兴舆论的载体，成为网民介入公共事务的首选方式，并且“知乎”、网络电台、论坛、网络直播、弹幕网站等个性化更加鲜明的社群已经诞生，在公共事务中扮演着重要的源头和推进作用，并且悄然改变着舆论场中的游戏规则。

社交平台的广泛使用在互联网中催生了一种“围观新常态”“吃瓜群众”“我只是打酱油的”等新兴群体的产生，说明在网络中，面对热点事件，很多人都乐于围观凑热闹。俗话说“看热闹的从来不嫌事大”，所以互联网中也会出现很多煽动舆情的“网络暴民”，当然绝大多数吃瓜群众的出发点是好的，就是促进事件的解决，但由于所获取信息的片面性以及舆论场中情绪的煽动性，使很多网友都对一些事件作出错误的判断，最后剧情反转纷纷被“打脸”，如“深圳罗一笑事件”。社交平台在不断地传播和催生着热点舆情事件，但因为难辨信息的真伪，所以最后结果可能会让一些网友“很受伤”。

综上所述，在互联网时代进行舆情判研时，数据的支持和正确的判研方法只类似于完整人体的“血肉”部分，我们还需要一条逻辑线索为“骨架”来支撑起整个舆情分析过程。在当下，舆论与新的表达平台和社交平台联系在一起，其呈现方式也不再是单纯的线下传播或者线上传播，而是线上线下互为助攻推动舆论走向高潮，因此，在进行舆情监测时不仅要注重线上的数据收集，还要统计线下的舆情思维，只有全面分析，才能做出正确的舆情预测。

第八章

辨析——舆情呈现端口：舆论与传媒的互动

人们透过舆论环境认识世界、改造世界，大众传媒显然在社会舆论中占据着不可或缺的地位。大众传媒不仅为公众传播社会事件的信息，而且还设置公众关注的话题，提供各方对这些事件的意见。大众传媒必须积极介入到舆论环境中去，在现代社会舆论引导中发挥重要的作用。

第一节　嵌套性平台——舆论与传媒的关系

在我国现行的社会运行模式下，大众传媒是舆论的重要载体，并且是舆论得以形成的一种重要机制。由于大众传媒的重要职能是传播和收集信息，它将大量的信息和知识传达给广大受众群体，而这些信息将为广大受众提供充足的议题，这些议题的设定为形成相应的舆论提供了重要的信息来源。而这些舆论，对于大众传媒来说，无疑又是新的信息源，也就是说舆论所形成的相应观点和意见必将通过大众媒体来体现和表达。在信息的流通中，大众传媒承载着舆论的形成和表达。所以说，大众传媒和舆论之间是互动的关系，大众传媒作为舆论的载体的同时，还要依托于舆论。

一　舆论对大众传播媒介的影响

在一些关于大众传播媒介与舆论的关系的研究描述中，大众传媒总是扮演传播议题、扩散意见、形成舆论、引导舆论的主动者的角色，舆论则扮演被传播、被引导的被动者角色。舆论对大众传媒的能动作用在这种描述中可见一斑，显得力不从心。因为大众媒介借助其现代科技手段，具备非常强大的扩散或压制舆论的能力，而舆论一旦离开大众媒介，则很难将分散的意见、态度和情绪汇总聚合成群体性的意见，并最终上升为公共舆论。可以说，如果缺乏大众传播媒介的参与，舆论从形成到扩散传播，再到对现实社会的推动和影响都难以实现和发挥。所以，虽然舆论和大众传媒之间不可分离、彼此依存，但二者间的地位是不平等的，大众传媒具有优势主导地位，对舆论的影响作用明显，舆论对大众传媒发生影响也只是间接的影响。归纳这些影响，主要表现在以下几方面。

(一) 舆论环境影响着传播者的传播行为

舆论的主体通常是社会公众，但有时也包括如媒体等构成的拟态公众。所谓拟态公众，一般多指专门从事舆论活动的有组织的群体，或是代表组织发言的个人。舆论的客体是现实社会及其现象、事件或问题，舆论产生于客体及相关信息的传播。在共同的意义空间里，传播者与舆论公众在诸如社会心理、历史记忆、传统文化积淀、道德价值观以及人际交往方式等多面都具有较高的一致性。传播者对舆论的反映和引导也得符合社会心理与期待以及共有的社会规范，必须遵守传统道德是非的善恶标准。这种约定俗成、传承下来的社会道德规范以及大的社会环境就可以视为是最稳固的舆论环境，大众传媒从业人员或者是普通的网络受众身处这个环境中，其报道、传播活动自然也会有舆论环境的烙印。

(二) “选择性四因素”制约着大众传媒舆论影响力的发挥

“选择性四因素”包括选择性注意、选择性理解、选择性记忆和选择性行为。在大量的信息面前，人们通常只关注自己所感兴趣、所关心的一小部分传媒信息上。群体类型不同，所注意的传媒内容也有明显不同。社会关系牢固的人或群体，会更加注意与他们相关的信息，而忽略其他信息。在这个意义上，对不合心意、不关心的信息的排斥是个体和群体对媒介信息设置的一道屏障。而且不同个体因为知识积累、认知思维、社会关系、生活经历等的不同，即便是面对同样的信息或文艺作品，每一个人的领会也各有不同。这无形之中也会带来对信息的选择性记忆。

某些内容或观点会记忆很久，另一些却很快就遗忘，这说明被记忆的内容恰恰暗合了当事人和群体的价值取向，会沉淀为新的信念或知识，成为新的意见或舆论的深层结构。

同时，尽管人们接触了相同的信息，但却不会因此采取相同的行为方式。由于个人差异、社会分化、社会关系的不同，人们采取的行为也是选择性的。例如，医疗卫生工作涉及广大群众的切身利益，有关医患关系方面的消息也与市民息息相关，比较容易引起媒体的关注，同样的一篇反映医患纠纷的报道，在有些普通受众的解读里，患者就是弱势群体，往往会从同情弱者的角度对医院进行批评；而有些受众或是属于医院卫生系统的受众，出于立场角色的相似，听到医院方面的申辩和苦衷，又会觉得院方是受害者，患者是无理取闹的刁民。所以，"选择性四因素"是舆论主体对媒介的选择屏障，一言以蔽之，即舆论主体的需要影响着大众传媒的活动，使它不得不考虑"满足受众的需要"。

（三）借助法律或政权组织，直接对大众传媒发生影响

借助政权组织对大众传播媒介施以影响的办法主要是向上级机关投诉、举行集会等。这是舆论与大众传媒之间的对抗性互动，对传媒报道持异议的舆论个人或群体借助法律的力量和权威性、强制性，对传媒施以压力，以制约其不合理的舆论反映。事实上，舆论主体的自我成熟才是舆论对大众传媒制约的最根本解决方法。只有舆论主体不断成熟，不盲从盲信，这样才能营造一个更理性的舆论环境，使大众传媒更理性化。①

二　大众传播媒介在现代舆论中的地位

舆论是公众对其所关心的人物、事件、现象、问题的信念、态度和意见的总和，具有一定的一致性、持续性和强烈程度，并对事态的发展产生重要影响。传媒在公共领域发挥社会公器的职能，通过传播和生产公众理性的声音，形成具有强大监督力量的舆论，从而守望着社会的正义。由此，为传媒本身赢得了"公信力"的"象征资本"。在不断累加的

① 宋颖：《试析舆论与大众传播媒介的互动》，《湖北社会科学》2002年第12期。

“象征资本”里，传媒权力的权威性与日俱增。

（一）大众传媒控制着信息来源

大众传媒对信息的拥有与控制不仅满足了日常生活中社会公众衣食住行、行为认知调节、知晓外界环境变化等信息需求，而且通过反映、协调个人、群体、社会三者间的关系，有效保证了整个社会系统的正常运转。个人、集体、社会团体以及其他形式的社会组织乃至整个社会运行系统都需要通过大众传媒所掌控的信息资源来实现其所要达到的目标，来自经济、政治等多个方面的多种势力都希望能够通过实现对大众传媒介的控制来达到对社会的控制。

（二）大众传媒对舆论具有引导作用

大众传媒的这一功能要求媒介自身要对整个社会现状拥有深刻、理性的理解与判断，并以此为基础进行准确的观察及真实的报道，然后选择恰当的时机以合适的方式将相关的社会问题呈现给受众，接受来自社会舆论各个方面的监督。社会是在各种矛盾的相互作用中经过整合而发展的，大众传媒通过信息选择与报道的方式反映着社会的各种矛盾，构造着社会的文化环境。它对客观事物的反映，总是媒介的主观反映，不论如何力求客观，必然会在社会上投下媒介自身思维方式和价值取向的影子。因此，大众传媒对社会舆论的导向作用尤为重要，尤其当前我国正处于社会转型时期，各种矛盾冲突频频发生，大众传媒可以通过传播信息、舆论监督、树立典型等多种途径对社会公众的价值观、思想观念、意见判断、社会行为等实行有选择的倡导、抑制、沟通和整合，从而在社会整合过程中发挥重要作用。

（三）大众传媒对舆论的报道是受众知情权所需

新闻自由包括公民通过媒体享有的知情权和表达权这两大权利，知情权是公民行使一切自由权利的基本前提，也是实现平等权利、新闻自由的基础。没有知情权，公民的言论自由权、选举权、参政权都是一句空话。大众传播媒介是我国公众实现知情权的重要渠道。受众通过报纸、广播、电视、网络、手机、论坛、微博、博客等多种媒介平台与表达渠道，以“舆论”的形式参与国家、社会事务的管理，实现民众与政府、国家间的互动对话，从而保障公民的言论自由、出版自由、知情权、表达权、监督权等各项权利。同时，知情权是民主宪政的基础要素。新闻界有权利报道政府工作情况并公布于众，民众也有权利要求和获知政府、媒介公开报道有关政府工作的情况。民众可以通过媒介渠道针对社会公共事务的处理、民主法治建设的完善以及国家干部队伍中出现的各种正面与负面情况等自由充分地表达观点，并借公共舆论的形式实现对社会公权力、国家公职人员的职务行为进行评议和监督。

三 关于大众媒介和舆论关系的理论

（一）议程设置理论

美国传播学家 M. E. 麦库姆斯和唐纳德·肖于 1972 年提出了议程设置理论，该理论认为大众传播往往不能决定人们对某一事件或意见的具体看法，但可以通过提供信息和安排相关的议题来有效地左右人们关注哪些事实和意见及他们谈论的先后顺序。大众传播可能无法影响人们怎么想，却可以通过给公众提供议程影响人们去想什么。议程设置是大众传播媒介影响社会的重要方式，大众传媒对事物和意见的强调程度与受众的重视程度成正比，受众会因媒介提供议题而改变对事物重要性的认识，对媒介认为重要的事件首先采取行动。而且受众不仅关注媒介强调哪些议题，还会关注这些议题是如何表达的，对受众的态度和行为产生影响。

该理论着眼的是传播日常新闻报道和信息传播活动所产生的影响，所考察的是作为整体的大众传播具有较长时间跨度的一系列报道活动所产生的中长期的、综合的、宏观的社会效果。它对大众媒介如何影响舆论形成或转变舆论发展方向的研究提供了思路。

（二）“沉默的螺旋”理论

“沉默的螺旋”是一个政治学和传播学理论，由诺埃勒—诺依曼提出。其理论基础主要来源于心理学、大众传播学和社会学。理论假设为大多数个人会力图避免由于单独持有某些态度和信念而产生的孤立。有三个关键概念：害怕孤立、意见气候、准感官统计。基本描述了这样一个现象：人们在表达自己想法和观点的时候，如果看到自己赞同的观点，并且受到广泛欢迎，就会积极参与进来，这类观点越发大胆地发表和扩散；而发觉某一观点无人或很少有人理会（有时会有群起而攻之的遭遇），即使自己赞同它，也会保持沉默。意见一方的沉默造成另一方意见的增势，如此循环往复，便形成一方的声音越来越强大、另一方越来越沉默下去的螺旋发展过程。

这一理论建立在人的社会从众心理和趋同行为的分析基础之上。观念的力量来源于社会的本质，来源于社会对被禁止的观点和行为的严刑，来源于个人对孤立的恐惧。恐惧的个人在社会中赞成的呼声不断升高的时候，表达自己的赞成的观点；在赞成的呼声下降的时候保持沉默，沉默进一步使原有的观点失去了民心。传统大众传播媒介对于社会舆论的影响一直是人们关注的重点之一，“沉默的螺旋”理论，试图揭示出大众传播媒介如何通过意见压力的制造影响舆论的形成或引导，对于大众媒介引导舆论到主流思潮上有一定的参考价值。

（三）影响不一理论

早期的受众理论由于受到传播效果研究中“魔弹论”的影响，把受众看作机械的、被动的反应体，认为只要媒介把某种信息传播给受众，受众就会立即有所响应。随着研究的深入，受众理论中的真理性成分逐渐增加。研究者们发现：同样的信息以相同的方式传播给受众，对于受众的不同个体来说，其影响是不一样的。这就是“影响不一理论”。通过研究媒介作用于受众时所受其他外来因素的影响和作用，实质就是考察舆论和公众对大众媒介影响舆论作用的制约因素。

（四）交往互动理论与话语伦理学

这两种理论皆由哈贝马斯所提出。在交往互动理论中，哈贝马斯把“社会”划分为“生活世界”和“制度”两部分。认为所谓生活世界，乃是积淀在语言中的各种“背景知识”和行为规范的综合体现，它代表了一个社会共同体的集体行为期待，不但个体的经验和行为准则，而且社会的文化传统，都是这种知识的产物。而“制度”则是从生活世界的结构中分化并独立出来的行为调节体制，如政治体制、行政和经济管理体制、法律体制等。

哈贝马斯话语伦理学思想的提出是为了重新整合遭到严重破坏的“生活世界”的合理结构，使“西方民主制度”重新获得稳固的基础。哈贝马斯主张重建交往理性，他将交往行为的三大有效性即“真实性、正确性和真诚性”要求提升到社会伦理原则的高度，视为人人必须恪守的规范，试图以此约束人的行为、人与人的关系乃至整个社会实践，弥合

“生活世界”与“制度”之间的裂痕，消除当代资本主义社会的矛盾和弊病，从而实现人际关系的和谐、人与人之间的平等和社会公正。话语伦理的基本原则是必须保障每一个人都享有平等、自由的话语权利，而这一原则得以贯彻的关键，在于建立一种得到所有话语主体认同的、公平合理的、民主的话语程序和规则，防止并杜绝权力的非法使用。在民主程序与规则的基础上达成的共识，应当视为得到公众普遍认同的决定而得到贯彻并被所有人所遵守。

这两种理论同样也适用于大众传媒与舆论的相关研究，他们强调行动者个人之间的以语言为媒介的互动。行动者使用语言或非语言符号作为理解其相互状态和各自行动计划的工具，以期在行动上达成一致。相互理解是交往行动的核心，意见一致的达成必须有接受意见者的参与，也就是说大众媒介与受众真正互动产生的意见一致才是有价值的。尤其在研究网络传播渠道相比传统媒体而言对舆论主体、客体及意见、态度、观点的表达所带来的重大变化以及网络舆论对社会现实产生的巨大影响和推动力方面有一定的理论参考价值，并据此延伸思考在网民自由、充分表达的同时所引发的网络暴力现象。

（五）框架理论

这些观点与理论可以用来进行舆论效果的研究，大众传媒如何进行舆论引导，如何分化舆论、发展主流舆论。美国传播学者托德·吉特林的相关研究其实也是在描述新闻媒体报道通过框架的建造，实现报道引导的目的。作者通过“事件叙述”和“语言分析”的方法，揭示了20世纪60年代的学生运动是如何在大众媒体的微妙干预之下，从最初“吸纳新成员，寻求支持”到“试图颠覆政治舆论，运动已经成为焦点”，直到最后“引火烧身，化为灰烬”。吉特林用细致的研究和极具穿透力的思考，解读了20世纪60年代的美国学生运动和大众媒介之间的恩怨情仇。缠绕作者的问题是：“为什么媒体要以如此方式来进行表达呢？为什么媒体的报道会干预这件事件而不是其他别的事情呢？”“媒介的框架究竟是什么？为什么会是这样一种框架而非其他？对于不同时刻、不同地点和不同的媒介，处理该事件和其他事件的框架应当遵循何种模式？新闻管理机构是如何借此加以管制的？”通过研究，吉特林发现，专业的、组织的、直接的政治、经济以及意识形态的合力共同构成了新闻事件，新闻的生产是一个权力系统，而霸权在新闻机构中被一些具有想象力的专业人员加以操作，并且是无意识的。吉特林还从技术的角度分析了霸权在新闻体制中的运作过程。

框架的概念源自贝特森（Bateson，1955），由欧文·戈夫曼（Goffman，又译为高夫曼，1974）将这个概念引入文化社会学。后来再被引入到大众传播研究中，成为定性研究中的一个重要观点。框架可以界定为采取一种集中的组织思路，通过选择、强调、排除、增加和精心处理等方式，通过标题、导语、引文和重要段落的体现，对新闻内容做出报道的做法。如对恐怖主义的报道。新闻框架影响了受众如何想，影响受众如何处理和储存信息，将受众的注意力引到事实的某些方面，从而使其忽略其他方面。长期的狭隘的程式化的报道难免会产生刻板印象，限制了受众的主观认知世界的活动，忽略了框架外的世界。但受众也是根据自己的认知结构对事件进行主观解释，并建构社会现实的。因此，在社会现实的建构中，存在着新闻工作者的框架和受众个体的框架，两者之间不一定存在高度的相关性。

（六）培养理论

20 世纪六七十年代，美国传播学者格伯纳等人开始进行一系列有关电视暴力内容的研究，对电视暴力进行内容分析以外，还测量电视对受众态度的影响，最终创建了“培养理论”。培养理论学派提出“主流效果”和“回响效果”理论。主流效果是指理应多样化的价值观，因接触电视而变得与电视所呈现的意见主流相似。这与沉默的螺旋理论不谋而合。“回响效果”理论指当电视世界的经验与个人经验趋于一致时，培养效果会如同空谷回音一样显著扩大。这又与选择影响理论有异曲同工之妙。

正因如此，新闻媒介的报道与宣传应极力贴近实际，贴近社会，贴近群众，这样才能使媒介效果达到最大。由于传播媒介的某些倾向性、人们在心目中描绘的“主观现实”与实际存在的客观现实之间发生着很大的偏离。同时，这种影响不是短期的，而是一个长期的、潜移默化的培养过程，它在不知不觉当中制约着人们的现实观。在这个意义上，格纳等人将这一研究称为“培养分析”。电视作为大众传播媒介，代表并引导社会主流舆论，从而使公众意见趋于一致。培养理论的核心观点是大众传播媒介在潜移默化中培养受众的世界观。这一理论应为新闻媒介所利用，积极引导主流舆论。

第二节　呈现与助力——传媒在舆论传播中的功效

社会节奏因为网络的普及而急剧加快，人们的交流空间也从过去的一城一隅一国跳跃到“地球村”的范围，影响巨大的舆论事件如战事、骚乱、盛会、灾难、经济危机等通常都会吸引全世界的目光。舆论主体数量的激增、舆论主体参与热情的高涨、舆论波及范围的扩张、舆论议题的层出不穷以及舆论意见自身更替速度的加快，使舆论事件的形成必须要动用大众传播媒介渠道才能实现。舆论的主体是公众，人们透过舆论环境认识世界，改造世界。大众传媒显然在社会舆论中占据着不可或缺的地位，它不仅为公众传播社会事件的信息，而且还设置公众关注的话题，提供各方对这些事件的意见。大众传媒对舆论环境的影响不是被动的，而是主动的。为了更好地引导舆论、促进社会健康有序地发展，大众媒介必须积极介入到舆论环境中去。

一　大众传媒使舆论主体不断扩大并形成对传媒的依赖

大众传播媒介尤其是互联网媒介的出现，不仅使受众接受信息的渠道更为多元，为受众建立了易于自我表达的途径，而且还通过信息通道的铺设，扩展了受众认知世界的范围，并通过信息互动加深了不同地理空间、身份空间、文化空间的受众对同一问题的交流与理解，从而使舆论主体不断扩大并改变着他们的时空观，形成对传媒的依赖。

在不存在大众传播媒介的漫长年代里，人们之间信息交流的方式就是通过口语、肢体语言、图画、书信等形式进行的人际交流传播方式。人际交流传播方式因为受到语言意义空间与空间距离的影响，再加上口头传播信息不易保存的特点，就造成个人生活半径狭小，生活内容固定化单一化，个人的交往群体也是相对固定且狭隘，大众的信息可接近面被约束在一个狭小的地理空间中，比如一个村、一个地区，最大到整个国家，大众所能接近到的信息量都很小。某一舆论往往只在较小范围内传播，舆论主体数量有限。当纸质媒体出现之后，大众的信息可接近面进一步扩大，对自身所处的地理范围之外的信息也可能部分地接触到，信息量进一步增加。而到了互联网传播时代，大众的信息可接近范围是整个世界。从最初人与人之间的口语传播发展到一些简单的文字传播载体如竹简、石碑等，再到纸质媒体与印刷术的出现，使大众传播得以成为可能，从而催生了报纸传播时代，而计算机则开创了一个全新的传播时代。

大众传播媒介尤其是互联网的出现打破了时空的局限，营造了“地球村”的信息环境，世界各地发生的重大事情、有价值的信息、突发新闻事件、娱乐绯闻八卦等凭借先进的传媒技术能在瞬间传遍各个国家，即使各人的交流群体仍然有限，但个人的间接外交范围很广。正如麦克卢汉在“媒介即讯息”和“媒介是人体的延伸”中所提到的，媒介不是冷冰冰的外在化的存在，特别是在电子化时代，它能引起人间事物的尺度变化和模式变化，它将改变人的存在方式，重建人的感觉方式和对待世界的态度，哪怕是在没有共同文化传统和记忆，没有使用共同的文字体系交往，不具有大致相同的生活条件和生活经历的人们之间，也能在同一时间讨论同一问题，标志着舆论主体不断扩大。大众传播媒介还改变着公众的时空观，“地球村”里所发起的议论、出现的事件和变动，似乎就近在眼前，它使个人如临其境，从而改变了人们的空间感。人们渐渐习惯于凭借大众媒介提供的间接信息和话题去认识世界，客观上造成了对传媒信息的依赖。

二　大众传媒使舆论客体扩大并使其公开化，从而导致客体改变

大众传媒报道的信息每天都是海量、及时地出现在受众面前，手机等自媒体更是将信息的传播刷新为同步播出，这种因技术优势带来的信息传播的迅速以及互动讨论的便捷，使公众议论的对象不断出现、形成，不管是新近发生的重大事件、社会热点问题，还是流行的现象和观念等都能化身成为公众的关注热点而成为舆论客体，并在舆论主题的参与讨论中发展和消失，舆论客体日渐扩大和翻新。舆论的最终目的就是力图使被关注的人或社会现象、社会问题，经过公开化的报道、讨论与道德评价后，让矛盾化解、问题得到解决，即舆论的最终目的就是使舆论客

体改变。

我国学者沙莲香将大众传播媒介营造的环境称为“拷贝世界”，突出了它的复制特征，她指出：“由大众传播形成的拷贝世界信息环境，是现代社会中人们无法逃避的生活世界，它同感性世界并驾齐驱，成为决定人们生活情感，生活欲望，期待，认知和态度的两大环境世界。”[①] 当人们听到看到传媒告知的消息时，即便没有身处事件现场，也能调动自己已有的经验和信念建构出媒介报道的信息环境。特别是那些具有典型意义的事件报道或故事描绘往往能够满足了人们的幻想需要，“接触大众传媒信息的过程，体验是内隐的，接受过程表现为对信息的自我享受。心理体验的这种幻想性和内隐性，说明拷贝世界可能比感性世界更深入、默契地作用于人的心理，转化为生活意识、个人意见和舆论”[②]。因此，从大众传媒和受众角度出发，大众媒介向公众反映的世界，报道给受众的舆论客体，不可能做到对真实世界的全面复制或模仿或再现，即使经过选择的已报道的具体事件也只能是从某个角度的、简约的概括，大众传媒总是依据一定的价值观，出于一定的政治或商业的意图，对外部世界进行加工和制作。而受众对媒介信息做出的反应是对媒介所建构的拟态环境的反应，所引发的舆论也因此有一定的局限性。

三　大众传媒对舆论的反映

反映舆论一直是大众传媒工作的主要内容之一。近代以来，随着报刊、翻译、出版等新式大众传播媒介的兴起，整个社会的信息传播体系更趋完备，信息流通便捷，也就形成了报章代言模式。报章代言模式主要通过在报刊上刊载新闻报道、时评、论说等内容来表达民众的诉求与呼声。报刊一方面采集、传递与受众利益相关、受众感兴趣的信息；另一方面又提供受众意见表达空间，让受众在意见的争鸣中对信息内容进行比较和鉴别，作出独立的意义解释和判断。之后，受众再将这些观点、态度回馈给报刊，报刊将受众的评论、判断再次传播，最终在这种互动中形成社会公共舆论。这种社会公共舆论经常是以社会的方式与国家政

---

① ［美］李普曼：《舆论学》，林珊译，华夏出版社 1989 年版，第 31 页。

② 陈力丹：《试论大众传媒与舆论的互动》，《北京理工大学学报》2003 年第 4 期。

府保持着一定的距离，维持着独立的地位。尤其是在晚清时期民族主义情绪高涨的情形下，报章往往通过对外交活动的报道与评论，显现出民间力量对国家事务的介入趋向。①

到现代大众传媒时代，则主要是反映舆论的同时，加强对舆论的引导。1995 年美国舆论学研究者普赖斯、奥斯哈加提出的“关于舆论的社会影响来源四方格”理论，用来辨别究竟是舆论创造了媒体还是媒介创造了舆论，以及研究大众传媒在社会舆论中处于什么地位的问题。该理论指出舆论的形成来源于两方面的社会影响：一种是规范的影响，诸如未成年时必须接受的关于价值观、基本人伦关系和行为举止的教育（主要通过学校和家长）；成年后社会主流文化的熏陶（国家的各种法律和法规、执政党的章程、社团的公约、具体部门的规章，以及这些权力组织的领导人不断发出的指示等）、宗教或准宗教的规范（教会的教规、信仰团体的思想约束等）都是舆论社会来源的组成部分。另一种是信息的影响，即以信息传播的形式造成的对舆论的影响，亦即由传播媒介造成的舆论。即媒介对舆论的反映方式同样可以对受众进行舆论理解的引导，这和媒体的议程设置功能不谋而合。

当然，不是传媒报道的所有内容都能成为舆论，也不是所有的舆论都会被大众传播媒介所反映。舆论的主体既然是公众，则不免带上个人的主观色彩，人与人之间复杂的社会关系以及个体因性别、年龄、宗教、职业、地位、收入、兴趣、教育程度、社会经历等差异形成的群体的不同，都影响着人们对信息内容的选择与接受，个人或是群体都习惯于关注、讨论那些与他们切身利益紧密相关或他们感兴趣的信息，这也就使他们对是否加入议题热议产生了自我判断，而判断结果自然会影响到舆论形成与发展过程的快慢。

四 大众传媒对舆论的引导

舆论是公众对现实社会以及现象、事件或问题的相对一致性意见，它有时是一种合理的判断，有时则是免责作用下的集体无意识。② 从舆论

① 马陵合：《公共舆论与晚清联美问题》，《安徽大学学报》2010 年第 1 期。

② 张志君：《舆论的传播规律与引导路径》，《现代视听》2008 年第 8 期。

形成过程来看，一般舆论在刚开始形成时期表现得非常隐秘，规模较小，难以精确地找到谁是始发者。某种舆论一旦形成后，便会借助一定的方式进行持续扩散，营造舆论氛围形成舆论合力。并伴随各种媒体对共同意见的传播产生舆论强势，形成公开的、规模较大的舆论场。即使事过境迁、公众关注力下降甚至出现遗忘和注意力转移，之前的舆论也仍然发挥着一定作用。也就是说，舆论形成、发展、成熟之后，并不一定意味着舆论传播的终点，它有的时候还会采取分化重组、循环复现等方式非常顽固地对特定的对象产生影响。因此，舆论调控与引导不仅仅关系到一时一事，而是关系到长远、全局。舆论引导并不是用行政力量消灭不合主流意识形态的意见和观点，而是采用符合舆论运行规律的方式，使符合主流意识形态的意见和观点得以增强并确立主导地位，使与之相背离的意见逐渐消解，从而使社会公众对积极的舆论予以认可和接纳。

（一）利用“沉默的螺旋”营造意见环境，改善舆论场

舆论的形成是大众传播、人际传播和人们对“意见环境”的认知心理三者互相作用的结果。由于大众传媒本身具有一定的权威性，以及传播内容公开性、显著性等特征，它所传播、暗示和强调的意见很容易被看作是主流的意见，被认定为是多数人的态度与意见。因此，受众在接受媒体传播的信息时，为了防止因孤立而受到社会惩罚，经过自我判断会较为主动地向这种“优势”意见靠拢，认为这些意见是可以公开表达而不会受到孤立的。这种认知带来一种心理上的压力或对安全感的需求，并产生判断和行为上的连锁反应。于是，“沉默的螺旋”现象开始出现，多数公众会在公开表达意见时采用媒体上不断重复的观念，属于“少数”意见或“劣势”意见的人就会屈于环境压力而转向“沉默”的附和。一方的“沉默”造成另一方意见的增势，使“优势”意见显得更加强大，这种强大反过来又迫使更多的持不同意见者转向“沉默”。如此循环，便形成了一个一方越来越强大，而另一方越来越沉默下去的螺旋式过程。于是，大众媒体通过营造“意见环境”影响和制约着舆论。社会生活中的舆论一边倒、关键时候的雪崩现象都是这一功能起作用的结果。

舆论也许一开始只是一种公开的意见，不一定是真正的公众意见。

但是随着时间的推移，在“沉默的螺旋”作用下，最初的公开服从可能开启自我说服的过程，而最终导致说服信息的内化，使公开意见转变为实际的舆论。

（二）通过“意见领袖”进行舆论引导

“意见领袖”又叫“舆论领袖”，是指在人际传播网络中经常为他人提供信息，同时对他人施加影响的“活跃分子”，他们在大众传播效果的形成过程中起着重要的中介或过滤的作用，由他们将信息扩散给受众，形成信息传递的两级传播，甚至更多级的传播，从而影响别人的态度，在一定程度上改变别人的行为。

根据美国传播学者卡茨和拉扎斯菲尔德等人的研究，大众传媒仅仅通过自身的传播无法达到最佳的传播效果，源于受众对信息的接收往往不是来自媒体，而是来自他所愿意倾听、信赖与遵从的人，即被他视为意见领袖的人。即便有的信息直接传达到受众，还须由意见领袖对信息作出解释、评价，在行为上作出导向，才能促使受众在态度和行为上发生预期的改变。换言之，媒介不能单独影响受众，要达到最佳的传播效果，一般都必须借助意见领袖。

意见领袖之所以能够影响别人的态度，改变别人的行为，很大程度上源于他的公信力，这种公信力的获得又源于以下几个方面：一是意见领袖自身有较强的人格魅力与较为良好的社会形象；二是拥有较高的社会地位或被认同度；三是他们往往具有较高的社会知名度；四是他们常具有较强的相关公众的关联度。他们在社交场合比较活跃，与受其影响者同处一个团体并有共同爱好，通晓特定问题并乐于接受和传播相关信息。

意见领袖在社会上任何群体和阶层中都有存在，他们与被影响者一般处于平等关系，并且随着环境条件的变化，如时空更迭、人际关系变化、社会地位的升降、社会参与频率的增减、人员背景的改变等等，都可能促使意见领袖出现变化成为被影响者。尤其是在进行舆论引导方面，主流传媒与意见领袖之间应当形成良性互动、优势互补的关系。主流传媒应当充分认识到自身的优点和不足，选出那些具有广泛知名度、社会美誉度的人做意见领袖。

(三) 借助“议程设置”设定优先议题

议程设置是讨论舆论引导问题可以参照的理论假设之一，它探寻的是媒介如何引导公众形成舆论或转变已有舆论，即媒介对于舆论和公众的影响模式。议程设置是媒介引导舆论的一种客观功能，也体现了媒介话语的意识形态权力。媒介间议程设置理论是对议程设置的后续和扩展研究。关于议程设置的经典表述，是美国政治学家伯纳德·科恩 1963 年所提出的：“报纸或许不能直接告诉读者怎样去想（what to think），却可以告诉读者想些什么（what to think about）。”①

具体可以通过以下几个步骤进行议程建构：一是突出报道主流话语层希望报道的事件或活动，并使其引人注目，在舆论的真空期进行舆论建构；二是对处在各界关注焦点的事件或活动加以演绎，或给予一定范围的意义，从而使人们便于理解；三是巧妙地寻找外力，借助外力为自己所设置的议程凝聚注意力，并反复运用自己所掌控的媒体资源进行全方位的累积式报道，促使自己期望的舆论迅速形成。在议程设置的过程中，主流传媒与主流话语层之间应该而且必须进行良性互动，以做到资源共享、优势互补；主流话语层与主流传媒应当和而不同。② 学者专家的研究发现，媒介议程设置的效果并不可能立竿见影地显现，一般往往都要滞后一两个星期。因此，为了确保议程设置资源的优化配置，就应当有一定的预见性，通过适度提前，进行议程设置预热。

除了媒介设置的媒介议程以外，媒介的服务对象受众也有自己的受众议程。网络媒体的出现与兴盛，改变了以往仅是通过主流传媒就能影响广大受众想什么的情况。新的媒介环境下，社会公众既是主流传媒的议程设置的影响对象，同时他们也通过自己的传播实践影响着包括主流传媒在内的社会各界的议程设置。从 2005 年陈易卖身救母事件中我们就可以看，出由于网络的匿名性和互动性，信息发布和传播权的泛化，网民的信息反馈可以即时呈现，使大众在整个事件中占据了主导地位，对传统媒介的关注点实施了有效的转移。整个事件过程中大众积极地发挥了自己把关人的地位，成为议程设置的主体和事件的推动者，网民根据

---

① 李彬：《传播学引论》，新华出版社 1993 年版，第 142 页。

② 张志君：《舆论的传播规律与引导路径》，《现代视听》2008 年第 8 期。

自己的价值判断，形成自己的观点态度，更重要的是把自己的观点态度用匿名的方式在论坛表达出来，八分斋和金官人的亲自调查为事态的发展推波助澜，而这些都是大众自发和自主的行为。

另外，媒介之间也有“意见领袖媒介”的存在，为不同媒介间共同设置议程，形成了大众传播的意见交汇和整合，对民意产生巨大影响。诺埃尔·纽曼等人在对1968年伦敦反越战示威报道的研究中发现，媒体之间也有意见领袖的存在，由于媒介异质性的存在，媒介间的等级不同、媒介形态不同或是拥有的话语空间自由度的不同，使媒介出现“共鸣”或是“溢散”的效果：在意见领袖报道相关新闻后，其他媒介跟进报道，并且前者所报道的内容往往为后者所采纳，形成一股连锁反应，这种由主流媒体引起而在媒介系统中产生一连串报道的连锁反应，就是“媒介共鸣”（resonance of media）效应；“溢散”是议程从边缘媒体到主流媒体而产生的舆论效应。“共鸣效果”意味着主流意识形态在整个社会生活中的扩散，“溢散效果”意味着对主流意识形态的某种突破。最为典型的例子莫过于“孙志刚事件”。2003年4月25日，《南方都市报》发表《被收容者孙志刚之死》的报道，并配发评论《谁为一个公民的非正常死亡负责?》，报道和评论随即被多家网站转载，在网络中引起强烈的关注。BBS等网络言论的火爆，使各地都市报也迅速加入了声讨的队伍，最后广东本地媒体、中央的官方媒体也跟进报道此案，从而形成了声势浩大的舆论浪潮并催生一部新法《城市生活无着落的流浪乞讨人员救助管理办法》。

由于网络媒介在时效性方面要快于报纸，而网络空间的开放性使信息也较传统媒体丰富得多，所以网络媒体通常会先于报纸对一些社会焦点话题、争议性事件或现象进行议程设置。一般认为，网络舆论往往体现出来得快、去得快的特征，对公众议程的影响会更短一些，报纸议程设置效果的时滞性要大于网络，对公众议程的影响会更长一些。可以强调的是，媒介间的议程交互显然设置了更为集中的议题，营造了更为持久和浓厚的舆论氛围，体现了更大的舆论强度，所以形成了舆论共振，传播影响力必定增强。①

（四）提高舆论引导水平，注重对舆论的价值引导

政府和社会应注重对舆论的价值引导，帮助人们树立正确的舆论传播理念，通过社会价值认可对舆论实行“惩恶扬善”，这样就有利于把握社情民意。媒介在进行舆论引导的时候，不是为了压制不同意见的出现，而是为了实现社会舆论的双向、良性循环。大众传媒可以通过报道或宣传群体组织中的“高赞同”意见或表现唤起其他成员的守约意识，通过对公众的说服使其自觉改变自己的固有观念、态度，与媒介保持一致的目的，从而实现强化主流意见的舆论引导目的。在进行重大突发性事件的新闻报道过程中，能够着眼于全局，有策略、有步骤地针对社会舆论的倾向以及社会公众的行为进行有效的引导，能够勇于揭露事实真相、敢于维护社会正义，充分发挥新闻媒介对整个社会舆论的引导与监督功能。在引导过程中，还要尊重受众的心理感受，如安全感、自我满足感、价值感等，及时了解群众心态，运用科学手段，建立社会舆情的收集、反馈处理系统，创新了一系列宣传的新手段、新形式以及新渠道，实现对舆论的引导、控制、规范更权威和艺术。

（五）科学利用公众的“恐惧诉求”，提升突发公共事件的舆论引导能力

恐惧诉求（fear appeals）是大众传播中一种常用的战术，通常是运用“敲警钟”的方法唤起人们的危机意识和紧张心理，促成他们的态度和行为向一定方向发生变化，这是一种常见的说服方法。它具有双重功效，一是它对事物利害关系的强调可最大限度地唤起人们的注意，促成他们对特定传播内容的接触。二是它所造成的紧迫感可以使人们迅速地采取对应行动。简单地说就是在所传播的信息中掺杂一些恐怖性的、威胁性的信息，促使受众产生一定的畏惧心理，最终达到警醒或警示的目的。

一般认为，恐惧诉求的直接诉求方式有正诉求和反诉求两种。正诉求，即警告，也就是明确告诉接受者：你若不按照传播者所说的去做，

---

① 袁志坚：《媒介间议程设置与舆论引导——对“杭州飙车案”舆论演变和媒介反应的回顾与分析》，《当代传播》2008 年第 6 期。

那么与此相关的不幸和灾难将会降临到你的头上。带有恐惧、痛苦、不安等因素的内容可以激起受众逃避或改变的情绪，从而导致受众摆脱某种痛苦或危险状态，以远离恐惧。反诉求，即说服。也就是告诉受众如果按照传播内容要求的原则行动，就会避免恐惧、痛苦、有害情形，从而福星高照。这种方式告诉人们应该按照怎样的方式行动，该怎样做才能远离灾难保证平安和幸运，从而消除恐惧心理。①

由于恐惧态度、行为之间彼此相关，所以恐惧诉求往往具有比较稳定和明显的说服效果。在进行突发公共事件的舆论引导时，可以通过科学运用传播对象的恐惧诉求，开展突发公共事件应急教育，希望通过特定的传播让目标对象切实感受到突发公众事件与其个人的关联性，从而改变他们事不关己、高高挂起的态度，将突发公共事件的危害降低到最小。

第三节　传媒变革下的舆论发展态势

传媒一方面博得了公众的青睐，一方面又刺激了更大信息需求，与其受众的联系也不断得到巩固。在这种形势下，一个庞大匿名的受众聚集在媒介周围。但与这种关系相比，受众内部的联系就要松散得多，很难形成统一的行动。由于信息主要源自媒介，公众对外界的了解，思想的触点也主要局限于媒介话语的界限之内，在缺乏额外意见参照的情况下，媒介控制了受众的看法，导演了受众的意见。这样，传媒就占有了大众或者获得了支配大众的权力，由此就取得了支配公共舆论的权力，取得了支配公共舆论的权力就取得了决定社会事务的终极力量②。

一　新旧舆论代谢加快，舆论质量将大大提高

随着传媒技术的发展，传播手段的多样化，信息传递的速度与社会

① 刘连海：《从“5·12”汶川地震报道看电视新闻报道中的恐惧诉求》，《才智》2009年第4期。

② 刘文辉：《传媒权力生成另一种考察视阈》，《北方论丛》2009年第4期。

变动同步进行，一时一地的事件经过传播旋即进入整个社会公众的视听，也就促使由信息引发公众关注、成为舆论议题、形成热议、舆论形成、发展与成熟的整体过程缩短。在前一个舆论还没有完全退出舞台之时，新信息、新话题又源源不断地出现在公众视野中，重新吸引公众的注意力，激发公众的问政热情，从而使旧舆论逐渐被淘汰出话语空间或被新信息带来的新知所消解，与此同时围绕新的更重要或者公众更为感兴趣的议题又产生了新的舆论，如此循环往复。舆论的持续性随着信息海量式的层出不穷、受众注意力的频繁转移以及社会进程的加速而相对缩短，这在一定程度上表明新旧舆论的代谢速度加快了。

新陈代谢是一切事物的发展规律，其结果是低级事物完成向高级事物的演进。第一，在网络化信息媒介环境的培养下，受众自身的媒介素养得到提高。面对新的媒介环境，受众从最初接触海量信息的本能兴奋，到被海量信息淹没后的茫然无措，再到有明确的方向感，网络公共话语空间的形成，受众自觉表达自己的意见观点、参与社会公共事务的管理，这个变化说明在网络化信息媒介环境的培养下，受众自身的媒介素养在与传播环境的大量互动中获得提高。个体面对信息的识别、选择、接受、理解、判断能力以及感知世界、认识问题、分析问题的能力都得到了锻炼与加强。比如“躲猫猫事件”就是由于舆论的强烈介入，从而对违法犯罪行为进行打击和惩罚的一个典型案例。舆论在民主社会中所扮演的首要角色便是对国家政府部门实施监督。第二，舆论是受过教育和知情的社会成员在广泛的辩论和商榷中推敲出来的，且为广大社会成员所承认的。这是公共领域的形成过程，也是一个启蒙过程，还是理性的公开运用过程，它起到了明辨是非的作用。第三，持续不断的传播让公众获得越来越丰富的知识与传播体验，增强了监督社会的使命感与荣誉感，为公众接触与传播信息的行为增添了更多的理性色彩，大众传播时代信息传播渠道的多元性也有助于人们对信息的真伪进行验证。所以说，舆论质量的提高是必然的，如此一来，以往那种封闭环境中流言家操纵舆论的现象将会大大减少。“人们参与公共事务是自发的行为，带有职务行为而发表的公共见解并不属于舆论的范畴，因此人们参与公共事务是从具体社会矛盾出发，抱有解决社会矛盾的良好愿望，这是舆论发展的方向，也是舆论发展的规律。”①

二　舆论共同体的扩大势必带来舆论影响范围的扩张

特别在电子传媒时代，传媒的权力发展到了极致。传媒通过对舆论的掌控，不仅在政治场域里制衡政治权力的理性运行，而且在经济场域和社会生活场域里，也日益显示出无所不能的霸权。② 南帆作了这样生动的描述：“今天，电子传媒在许多场合取代了传统的领袖。电子传播媒介发出号召，颁布权威的消息，预测明天的历史，并且不失时机地与民同乐。对于电子传播媒介来说，传统领袖从事演说的广场已经扩大到了全世界。在某种程度上，人们信赖电子传播媒介并不亚于信赖领袖。他们仰视的目光转向了电视屏幕和收音机。全球化的现实时常将人们抛入某种陌生之境；此刻，电子传播媒介主宰了人们的信息来源，成为导演大众的实际领袖。尽管观众或者听众之间缓和了集体性的狂热，但是电子传播媒介的召集和动员依然有效。”③

信息传播网络已经越来越成为当今社会肌体的神经。这不仅意味着信息传播在时间向度上是快捷的，同时也意味着在空间层面上是宽广的。尽管个体之间因为自身所属社会关系以及各种因素的制约和影响，未必会因为关注某一议题结成舆论共同体，但至少“共同关注”的可能性会因为信息共享的实现而远远大于话语权被垄断的传统媒体时代，他们能结成的共同体总会比在封闭环境中少数人结成的共同体大得多。而且因为群体的分化与差异形成关注话题的分化与差异，并最终产生不同的舆论共同体所关注、强调与实际干预的领域也有不同，使社会发展中不同层面、不同阶层的利益与问题都有人关注，有助于社会的全面发展与和谐建设。

同时还由于传播和社会发展的互动关系，传播会造成全球性的文化信仰上的共同体（当然也会造就经济利益上的共同体），这样的共同体面对与他们相关的信息的看法极有可能相似或相近，大范围的舆论由此形

---

① 李昌祖：《加强政府舆论引导能力建设的探究》，《江南社会学院学报》2008 年第 4 期。

② 刘文辉：《传媒权力生成另一种考察视阈》，《北方论丛》2009 年第 4 期。

③ 同上。

成。这种大范围的舆论实质上是其依附的共同体的扩大，即组成该共同体人数的增加，因而这样的舆论对社会的影响也就越大。从舆论导向的视角看，我们当然也由衷希望促进社会发展，利于国家政治、民主与法制建设，切实保障人民权利、改善民生，真实表达民心民意的舆论能够在大范围内形成，并且产生巨大的推动社会改革与进步的能量。相反，那些不利社会发展，严重违背社会公德，败坏社会风气，阻碍社会进步发展的舆论，其依附的共同体则越小越好。

三　小舆论群趋于增多，舆论的滞重状态得到“稀释”

随着互联网虚拟空间的开放以及社会分工的发展，人类分化成各种小群体成为一种常见的社会现象。小群体的公众会因为彼此较高的相似性与认同感，会形成关系稳定、彼此认同感强的小的舆论共同体，这样社会舆论也就自然分化成众多的小舆论群，消解大舆论的力量。小舆论群的意见未必是需要更多民众服从或认同的主流意见，也未必是需要媒介所着力引导的意见，但却不能因此而对小舆论群的意见置若罔闻。因为小舆论群的关注视角更注重对社会局部问题进行调整解决，从而使整个社会趋于均衡化、有机化。各个舆论群的力量彼此影响，相互抑制从而避免了大的社会动荡。[①]

互联网时代的信息传播逐渐分化为以社群传播为代表的，具有一定区隔度的小众化传播。这集中表现在以各种网络论坛为意见聚合的实际情境中。一些民间网络论坛也成为网民对新闻事件发表评论的热门场所，此类论坛按照内容的不同属性，自动、精确、快速分类聚合分论坛页面，形成了不同种类话题的讨论区。如创办于 1999 年 3 月的“天涯社区”，作为“全球华人网上家园”，下设 400 多个分论坛，包括娱乐八卦、天涯杂谈、情感天地、国际观察、时尚资讯等，每个论坛都聚合一大批固定人群，网民针对不同讨论客体，各自发表见解；另一中文论坛“猫眼看人”拥有 1420 万注册用户，于论坛首页设置板块导航，下设经济风云、时局深度、文化散论、健康社会等不同单元，有效分流不同兴趣用户。

---

① 吕文凯：《大众传播时代舆论形成的主要方式及发展态势》，《郑州大学学报》1999 年第 5 期。

各民间网络论坛因具有开放、包容的特点受到众多网民推崇，拥有大量高忠诚度用户。

基于“主题—回复”运作模式，网友围绕不同评论客体聚合板块进行发言，回复有时不直接针对论点，而是在交互性的讨论与话语博弈中逼近真相。各论坛与新闻时事相关的评论帖更是易引发网民追捧和热议，如 2015 年 6 月 23 日新华网（长沙）发表题为《走私“僵尸肉”窜上餐桌，谁之过?》的报道后，舆论出现一石击起千层浪的连环反应，事件冷却后，在“天涯论坛”以“僵尸肉”为关键字搜索，可得到 42321 条结果。其中，7 月 12 日，楼主“艺云淡然”的发帖《中媒大规模抹黑“冷冻肉”为“僵尸肉”为哪般?》更是获得 110755 次点击和 1129 条回复，网友@ robins 回帖表示“我看你说抹黑是因为你自己爱吃过期肉吧?”各方意见产生激烈交锋，在有对抗有协商的直接交流中，许多疑点被逐一厘清，形成信息分散却观点统一的评论趋势。由此可见，网络舆论的形成发展轨迹在激活公众新闻评论主体意识后依然有着与线下舆论形成时相同的结局，即意见观点的一致性，而这也正是舆论能够表现出其价值的核心因素。

四　舆论的敏感性加强，对社会的影响力通过传媒得到释放

我国正处在由传统社会向现代社会转型的过程中，阶层分化加剧，社会流动加快，各群体之间的利益冲突日显，文化思想的多元造成大量观点的纷争，这些应该视作社会转型所必然伴生的现象，是改革应有的阵痛。舆论对社会的作用更大程度上表现为认同社会发展的内在规律性，从而与意识形态趋于吻合。由于受信息的快速冲击，当代公众会及时地作出反应，通过表达的自由调动对政治生活积极的参与热情，并且公民会通过合适的方式表达出自己对国家与社会问题的思考与意见，在相互讨论、协商中相互学习，并影响着政府政策的选择与输出，同时也让他们的舆论力量获得迅速释放。例如通过公共舆论的监督、揭发、揭露来发现和制止公共领域中的违法犯罪行为，或者是在舆论监督下，以公共价值为基础，以确保公共利益的增进和合理分配为坐标，用公共利益的实现对公共政策所得的实际效果进行衡量，这些都是舆论对社会影响力得以释放的表现。

另外，舆论对社会有正负两方面的作用，积极的作用表现为认同社会发展的内在规律性，消极的作用则表现为违背这一规律性从而破坏社会的进步。传播的发达促使公众和决策者对现实社会的了解和看法趋于一致，同时通过公众和决策者在传媒平台上的频繁“对话”减小分歧，最终“说服”公众与社会权力机构就问题的看法与态度达成一致，或者也可以说，公众既然和决策者想法一致，也就没有必要对后者进行舆论对抗了，舆论仅剩下认同表现，这时候舆论吻合了意识形态。[①] 作为中国现代化领导核心的党和政府，应该对复杂多变的现状有正确的评估，对未来的发展态势有准确的把握，充分发挥党的报刊及各类新闻媒体的作用，引导民众了解改革的方向和未来的发展愿景，树立改革的信心，正确认识眼前利益与长远利益、个人得失与国家得失的关系。

毋庸讳言，当代的各种舆论，无论从范围还是强度来看，还远来达到均衡状态，引导舆论的任务还很艰巨。同时，左右舆论的大众传播媒介，也为各种经济和政治的力量所左右，信息传播的有序性、均衡性、公正性等方面也远未达到让人满意的程度。因而，这也导致了舆论复杂的一面，但可以相信，随着舆论对社会发展进程持续不断的影响，传播体制的日渐完善，舆论发展之势将成为人们普遍觉察到的一种社会意识景观。[②]

总之，大众传媒为广大公民参与民主政治提供了重要的平台，“从历史发展的逻辑来看，大众传媒促成了当代民主制度的建立，而民主制度和民主生活也刺激了对大众传媒的需求并推动了它对政治生活的介入，塑造了它参与政治的方式”[③]。大众传媒将与公民相关的政策和立法等制度方面的内容反映给广大公民，公民形成了公共舆论，而这种公共舆论反映了不同个人、团体、组织等对于相应政策和立法的看法。大众媒体将公共舆论迅速反映出来，使政府在决策和立法中，不能忽视相应的意

---

① 吕文凯：《大众传播时代舆论形成的主要方式及发展态势》，《郑州大学学报》1999 年第 5 期。

② 同上书，第 69 页。

③ 汪凯：《转型中国：媒体、民意与公共政策》，复旦大学出版社 2005 年版，第 4 页。

见和利益。在这个过程中，大众传媒作为一种重要的中介力量，将舆论及时地反映到民主政治决策和立法过程中，同时，将国家机构的决策和方针反馈给公民，使他们能够迅速地将自己相关的利益和看法同政策和方针相权衡，以判断民主政治进程是否触犯了公民的合法利益。大众传媒所承载的公共舆论，代表了社会中多元集团的观点和看法，而这些观点和看法是推进我国民主政治进程不可忽视的力量。“社会的多元发展、利益的集团化表达，就是当代民主国家公共舆论的基本现状。一般来说，民主国家的公共舆论大致都是如此，而且政府就是建立在公共舆论的基础之上的，这是民主国家所具有的共同特征。”①

① 谢岳：《大众传媒与民主政治》，上海交通大学出版社2005年版，第29页。

第九章

明晰——舆论的价值体现：舆论监督

舆论监督，是我国一个特有的概念。其本意应指的是广大人民群众对政府机构或公共组织或知名人士行为的评论和监督。现代社会，由于大众传媒的发展，舆论监督呈现出了一些新特点、新情况，因此，研究舆论监督出现的动因、探索舆论监督的新模式显得尤为重要和迫切。

第一节 社会监督的必然要求——舆论监督的动因

舆论监督作为社会监督体系中一种重要的监督形式，对于规范公共权力的运行、实现民主政治具有重要意义。然而，公众作为社会事务的直接或间接参与者、社情民意的表达者和公共利益的维护者，是舆论监督的基本话语来源；作为民主社会的根基，公众依法享有言论自由权，是舆论监督的权利基础，是舆论监督的权利主体与真正动力。同时，现代社会大众传媒作用日益凸显，并逐渐成为舆论监督的主体，舆论监督成为新闻工作者的职责要求之一。

一 舆论监督是实现民主政治的必然要求

舆论监督是公众通过民主方式参与国家管理和社会生活的重要形式之一，其形式和内容应该是非常宽泛的。开展真正的舆论监督，必须撤除那些人为设置的禁区，既包括对政务的公开报道和评论，也包括对国家公务人员施政活动的监督、评价。对公众反映强烈的重大问题有所交代，这是负责任政府的基本原则。

以封锁信息来避免社会恐慌的做法不但不能奏效，反而有害；负面信息并不一定会引起社会恐慌，传媒向社会公众提供及时、准确、全面的信息，反而能避免社会恐慌，化害为利。

对于政府而言，任何工作都不可能尽善尽美，出现一些问题和矛盾是正常的。人们不会因为出现一些问题，就全盘否定政府的成绩。所以在民主政治下，舆论监督是应该受到欢迎和保护的。监督的存在不但不会有损执政部门和人员的形象，反而有助于政府形象的树立。舆论监督的有效开展是实现民主政治的必然要求。

二　舆论监督是现代社会公民的主动诉求

人们对于社会中的不公平和丑恶现象具有一种天然的反感，如贫富分化严重、政策措施不力、行政执法不公、权力滋生腐败等一些社会现象，人们能够通过各种渠道捕捉相关信息，及时反映并能通过强大的舆论引起社会公众的共鸣，形成讨伐之势。因此，舆论具有一种社会监督功能。

随着公民意识的觉醒，他们越来越重视自身权益的维护和利益的诉求。而现代社会中，许多国家都提出了建设民主政治的口号和奋斗目标，公民的意志受到重视，权益受到保护。这样进行舆论监督就成为现代社会公民的主动诉求。

首先，公民的知情权中蕴含了舆论监督的因子。其次，公民的参与权要求对社会管理部门具有舆论监督权。

三　开展舆论监督是新闻工作者的职责要求

新闻宣传在科学地把握社会生活的本质和主流，着重反映社会发展中光明的、积极的、健康的内容，鼓舞人民群众奋发向上的同时，也对现实生活中存在的消极现象进行揭露和批评。因此，实施舆论监督是新闻媒体的重要职能，也是新闻工作者的职业要求。

首先，开展舆论监督是社会赋予新闻媒介的重要职能。舆论监督面临着：采访取证难，阻力大，知情者不愿意配合采访，甚至对记者施加压力；批评报道分寸也比较难把握，新闻报道的刊播难；还有错综复杂的关系网难冲破，地方保护主义难打破；另外，批评报道容易引火烧身，遭到打击报复。但同时，新闻媒介对社会赋予的舆论监督使命也义不容辞。

其次，开展舆论监督要求记者具备较强的职业责任感。实施舆论监督毕竟同开展正面宣传有所不同。它要触及一些人的痛处，伤及一些人的面子，记者也常常会因此成为“不受欢迎的人”。在这样的大环境下，如何去除新闻记者的无力感？记者要不断提高政策水平，不断提高自身的政治和业务素质；以较强的职业责任感来要求自己，深入调查研究，把问题搞清，事实搞准，做到客观公正，准确无误；用辩证的方法看问题，既要把问题搞准，又不能搞绝对化；揭露丑恶、批评不良；不能为了批评而批评，更不能感情用事。

四 网络舆论监督——一种不可忽视的社会监督力量

网络舆论监督作为一种网络信息交流与传播方式，具有网络传播的范围广、效率高、速度快、互动灵活的特点。同时，作为一种监督形式，又有传统媒体舆论监督的特性。

（一）网络舆论监督的自我设置议程

互联网中的公共议题形成打破了传统媒体议程设置的基础。因为网络环境是一种开放的环境，信息的传播不可能被完全控制。在网络媒体中，传播权被分散到了广大受众手中，网络信息的流向和流量的很难受到控制，受众在信息传播中有了很大的主动性。这就建构了一种新的传受关系，即信息的传播者与受众处在相对平等的地位上，从而奠定了网络传播中网民自我议程设置的基础。这一点，在微博中体现得极为充分。Web 2.0 使网络的互动性加强，每一个网民既是信息接收者，也是信息的传播者。每一个网民都可以发布信息并引导一个话题，也就是这种自媒体可以自我设置信息传播的议程。

自我议程设置就是网民利用取得的信息，依据自己的理解，对信息的传播采取控制，以达到设置议程的目的。自我议程设置是对传统媒体议程设置的扩展，有时它也可能为传统媒体“设置议程”。网民自我设置议程使得网络舆论监督更广泛、更快捷、更公平，也更能代表大众。它可以打破单一媒体监督的片面性与私利性，可以反映各方面的利益，使监督更具有广泛性的特点。

（二）网络舆论监督的开放性与透明性

由于互联网是一个开放的平台，所有人都可以参与舆论监督，任何人都可以通过网络发布自己的意见与见解。这种开放性与互交性就形成了网民的“公共领域”。网络信息传播不受时间、空间的限制，足不出户，就可与别人进行交流，也可以在最短的时间内了解世界各地发生的重大新闻，具有开放性、即时性的特点，在提高信息传播速度的同时，也增加了信息的公开性。

网络舆论监督利用网络这个开放的平台，在舆论监督中不仅快速、便捷，而且廉价、有效。群众的知情权、参与权、表达权和监督权得到充分的实现。具有“公共领域”中自由、开放、交互性的特点。

（三）基于“去中心化”的网络传播使得网络舆论监督更具广泛性

与广播电视相比，网络信息传播的速度更快、范围更广、成本也更低。网民可以将自己感兴趣的事件发布到网上，引起他人的注意。通时也可以通过网络了解世界各地发生的事情，并可以发表自己的看法。就这一点来讲，网络信息传播才真正实现了“处处是中心，无处是边缘”。

网络传播的这种特点，使网络舆论监督更具广泛性，无论是监督主体还是被监督主体，都更具广泛性。只要你可以利用网络，只要你在这个社会中活动，就可能成为网络舆论的监督者，同时也被整个社会所监督。

（四）网络舆论监督的高效与增压

从实际的监督运行角度来看，网络舆论监督的成本更低、效率更高、形成的舆论压力更大。而传统的舆论监督成本很高。一是监督渠道不畅造成的时间成本，二是监督手段匮乏造成的人力投入成本，三是难以取得信息而造成的监督范围过小。还有，监督者不可避免地会危及被监督都的权力、地位或安全。可能造成被监督者对监督者进行打击和报复，使监督者承担监督的风险成本，从而使大家不愿或不敢监督。

互联网的出现，解决舆论监督的渠道与范围的问题，同时在网络舆论监督中，监督者具有的匿名的特征，可以很好地保护监督者的权益，降低了监督的风险成本。这样就会有更多的人参与到监督中来，增加监督的效果。广泛的监督主体更易形成强大的舆论压力，提高舆论监督的效果。

第二节　合理的方式、理智的行动——舆论监督的模式

舆论监督发展到今天，随着社会经济文化的发展，媒介技术的进步，特别是网络媒介的大发展，已经具备了一些具有明显特点的模式：新闻媒介的公开报道、网络民意的自发呈现、社会民意的现实表达。

一　新闻媒介的职业监督

新闻媒介的舆论监督功能是由其本质属性决定的。新闻事业属于上层建筑，涉及的是意识形态的领域。舆论就是在特定的时空里，公众对于特定公共事务公开表达的大体一致的意见或态度。[①] 新闻媒介的职能中既有承载舆论、反映舆论的内容，也有舆论监督的内容。而且新闻媒介的舆论监督是属于职业性的。主要有公开报道和内部反映（内参）两种形式。

（一）公开的新闻媒体舆论监督

公开报道是新闻媒体舆论监督的主要形式、常见形式。公开报道要主要根据问题的性质、情节和要求的不同，采取不同的新闻体裁和报道方式。如最常见的批评报道，又分为揭露性的批评报道和事件性的批评报道。揭露性的批评报道是针对危害国家和社会安全严重的黑恶势力和国内外敌对分子、敌对势力，揭露他们是为了警示世人，天下并不太平，要居安思危。事件性的批评报道，主要揭露的是工作中的错误和问题，社会上的不正之风、不良现象，生活中严重不道德的行为，目的是惩前毖后，治病救人，教育世人，帮助被监督者纠正错误、改进工作和解决问题。[②]

---

① 吕文凯：《舆论学简明教程》，郑州大学出版社 2008 年版，第 138 页。

② 王强华、王荣泰、徐华西：《新闻舆论监督理论与实践》，复旦大学出版社 2007 年版，第 103 页。

（二）内部反映《内参》的舆论监督

《内参》是一种阅读范围有限的内部文件，通过《内参》能够让政府部门及有关领导直接听到群众的呼声，看到社会热点问题等，是领导了解民情和社会动态的重要窗口。多数《内参》以揭露社会问题为主，容易引起有关部门的重视，便于解决问题。这种内部反映有的时候不被承认是新闻舆论借鉴的形式，理由是它不能形成一种舆论。但是不可否认的是，通过发出《内参》，引起有关方面的注意，把矛盾或问题解决的情况并不鲜见。发挥新闻媒体的舆论监督功能，要重视公开性报道，也不能忽视内部反映《内参》的强大作用。

（三）网络民意的自发呈现

随着网络媒体的快速发展，网民数量急剧上升，目前，网络已成为最大民意汇聚地，很多网络热点话题出现后，直接考验着政府公信力与行政透明度，网络民意的自发呈现正在成为舆论监督的新形式。虽然网络民意存在分散性，意见表达也比较自由散漫，主观色彩浓厚，但可以肯定的是，网络民意对于社会不公和违法行为是具有一定的监督作用的。

二　社会民意的现实表达

社会民意的现实表达有多种途径，如情绪的宣泄、明确的意见阐述以及行为舆论等。其中情绪性的意见因其没有明确地表达出来，而只是能够知觉到，意见倾向不太容易被捕捉。明确的意见表达在现实社会中大都依靠大众传媒来表达和反映。这一点在前面的第一节内容中已经涉及。所以这里我们主要就行为舆论这种特殊直接的意见的表达方式来谈谈舆论监督的问题。行为舆论是指主要以行为的方式表达的舆论，这种情形中通常还会夹杂着语言和文字的意见表达，严格说是一种综合型的舆论，在行为中既有情绪的表达，也有公开的言语。① 例如 2010 年 12 月 6 日，据大洋网（广州）报道，一名身着警服的男子在吉林长春开车撞伤行人后殴打伤者，并扬言自己是警察，打死可以赔偿。引起群众反感，数千名群众将其围住并砸车。事后，经公安机关调查后，称该男子并非警察，并将处理借机闹事的打砸人员，将依法追责，警服男子的妻子参

① 陈力丹：《舆论学：舆论导向研究》，中国广播电视出版社 2005 年版，第 95 页。

与争执，现在在住院观察中。该起事件中，群众的“砸车”行为，虽然不能排除是有些人的趁机闹事心理在作祟，但是很大程度上也代表了群众对于执法犯法者（身着警服的男子）憎恶，对以强欺弱行为的痛恨。人们以一种极端的方式表达了对于执法阶层的意见，执法者理应懂法，为何却如此无法无天？人们的行为举止传递的是他们内心的诉求，是一种意见和态度。

第三节 辩证的认识——舆论监督的阶段性

舆论的形成和发展具有阶段性的特点，最初的分散不成熟阶段，问题发展过程中舆论的分化和整合阶段，最后的舆论意见趋向一致的阶段。相应地，舆论监督也具有分散、分化和定性三个阶段性特点。

一 舆论监督的分散阶段

舆论是一种公众意见和态度，它的最重要要素就是舆论主体、舆论客体和舆论本身。其中，有关舆论监督的因素主要是舆论主体。此外，意见的传播渠道也是一个因素。所以，我们研究舆论监督的分散化阶段不妨就从舆论主体和舆论传播途径这两方面来着手。

（一）舆论主体的分散化带来了舆论监督最初的分散化

舆论是人们公开发表或表达的对于社会问题的看法和意见，舆论自身带有很强的自发性，加上舆论的主体是一个相对的概念，而且就某一问题或现象的舆论主体的身份也呈现多元、复杂的态势，难以把握。所以当社会出现不公、丑恶现象时，舆论监督往往表现出其固有的分散化特点。

中国互联网信息中心 2009 年年初发布的数据显示：我国网民已达 2.98 亿人，博客 1.62 亿人。透过网络，社会各个阶层、各行各业的人都可以站在不同的立场、角度参与国家大事的讨论、评价，不仅参与人多，而且面广，各种不同的意见和建议、评论都能得到集中反馈。网民的特点一定程度上也代表了社会舆论主体的特点。舆论主体的身份多样、素质良莠不齐、利益诉求不同必然带来舆论监督的分散化，至少舆论监督的初期是这样的情况。

2011年11月16日，中广网官方微博上发布的一则新闻《安徽学校考试按名次排列座位遭质疑歧视差生》，这样按成绩排座位的现象是否普遍？这究竟是激励教育还是歧视差生？并由此引发了对于中小学日常上课时的座位也按照分数排合理性问题的讨论。在此，舆论意见表现出了它的分散化特点。有网友认为，这个记者本身就在招骂，拿天才的标准来衡量普通人的教学方式，这不是要误人子弟吗？试想一下，如果一班学生都像少年科大的神童一般聪明，还用得着老师费心思排座位什么的吗？没学过教育心理学的人，只知道用成人的思想来衡量学生，进而指责整个教育方法，这是一种很危险的行为。也有网友认为，这也是校方为了激励学生的无奈之举。一些学生或者经历过按照分数排座位的人则普遍认为，这种做法让他们的心里很难受。还有的网友则采取了消极承受的态度，认为孩子从小快乐地学习，长大必定痛苦地工作；从小努力地学习，适当吃点苦，长大定会快乐地工作和生活。众说纷纭的意见共同拷问着教育的公平问题，也让我们深刻认识了舆论监督初期的分散化特性。

（二）舆论的传播途径导致了舆论监督的分散化

网络时代，网民数量庞大，我们甚至不得不承认，互联网正在成为最自由的民众意见场。很大程度上，网络舆论代表了民意。但是网络舆论不是舆论的全部，更不能代替舆论。舆论的表达和传播还有别的渠道。人们这种不同的获取信息渠道的选择决定了舆论监督的分散化。

首先，人们通过不同类型的新闻媒体获得的信息可能导致不同的舆论意见。不同类型的新闻媒体因其新闻倾向和立场的不同，加之现代社会媒介技术高速发展，媒介竞争激烈，即使是在对待同一社会现象或问题的时候也有可能产生态度的不一致，甚至是截然相反的报道。这种情况下，再加上舆论主体身份复杂，产生多种不同的意见就成为可能，这也直接导致舆论监督的分散化。

其次，人们通过不同的媒介获得新闻信息也有可能产生不同的舆论意见。现代社会，虽然大众媒介普及，互联网已经成为很多人的生存必须。但是人们有时候还是会借助一些较为传统的媒介来获取信息。比如：地震海啸等突发事件中，大众媒介无法正常运转，人们无法接收大众传媒发出的信息或人们无法从正规渠道获知信息……这些时候人们可能还要凭借最原始的信息传播方式——人们口耳相传来获得信息。由于人们不可避免的臆断，再加上口耳相传的信息流失和添加现象，这些不确定的因素都导致了一个事实，舆论意见的多样化和分散化。

二 舆论监督的分化阶段

社会问题或现象出现，直接刺激公众意见的产生，虽然一开始，这种意见显得没有那么统一，力量也不够强大，因为人们大都是分散地从各自的角度出发发表的意见。但是舆论发展的规律告诉我们，随着事实和意见信息不断传播，即个别问题或现象成为人们普遍关注的社会议题的时候，社会舆论就自发地开始了它的分化和整合阶段，为最终形成一种较为一致或统一的意见做准备。舆论意见的这种发展趋势是我们无法控制和左右的。不管我们是否对其施加影响，舆论最终要走向一种比较一致的状态。

舆论监督其实也是一种公众意见，是公众对于社会中的某些现象或行为的一种态度的表达，这些现象或行为通常都是有悖社会道德或常理的，有时甚至是违法违规的。即便这样，人们处于不同的利益诉求和个人经历，再加上一些情绪化非理性因素的干扰，做出的舆论监督也不一定是一致的。经历了最初的分散阶段，逐渐冷却下来的头脑，使他们能够找准自己的标准，发出比较理智的意见。于是，舆论监督在这时就呈现出了分化的特点，因为看待同一事件或现象，人们的标准并不是同样的。

（一）高呼正义的声音

社会民众具有一种天生的正义感，鞭挞丑恶被认为是每一个人义不容辞的责任。虽然人们不会自我标榜是正义的化身，但是当社会出现不公的时候，人们都会有一种自发的主持正义的情绪。这可以说是舆论监督的一种天然动力。

2010 年 10 月 20 日深夜，西安音乐学院大三学生药家鑫驾车撞人后，又将伤者刺了八刀致其死亡，此后驾车逃逸至郭杜十字路口时再次撞伤行人，逃逸时被附近群众抓获。后被公安机关释放。2010 年 10 月 23 日，被告人药家鑫在其父母陪同下投案。

2011 年 1 月 11 日，西安市检察院以故意杀人罪对药家鑫提起了公诉。对于药家鑫撞人后又杀人的事件，从一开始，社会的舆论监督就表现出了主持正义的要求，尤其是事件发生的最初一段时间，舆论监督的声音虽然不完全一致，但绝大多数民众的情绪中都带有对药家鑫这种“令人发指”行为的控诉，很多人表现出了他们朴素的伸张正义的呼声。有对于年轻大学生前途的惋惜，有对于药家鑫行为的深刻解析，有对于药家鑫改过自新的请求，但是更多的人是要求维护法律的公平、社会的正义。在药家鑫撞人继而杀人的事件背后，固然也有他个人的悲剧成分，但是人们更多的是站在了正义的一边而无法顾及这个年仅 21 岁的大学生的命运了。

网上一则“大家对药家鑫事件有什么看法?”的提问帖子，引起了大家的关注。其中：“罪无可恕，罪无可赦，至少要他伏法，才能给张妙交代”，“没有什么看法，2 个字该死”，“怎么都说不过去啊，伏法是必须的”，“等死，等着他死”。这些意见无疑代表了舆论对于这一事件的看法，表现出民众主持正义、支持正义的天性，这也是舆论监督的主流。

（二）道德的坚定捍卫者

关于道德这个话题的讨论更是有趣。通常来讲，人们或多或少都会具有一些对传统道德的叛逆情绪，甚至是行为。虽然这些行为多数时候并没有对社会秩序产生影响，但是客观上这些行为推动了传统道德的一些修正和改变。比如，我国古代传统道德中对于女性的要求是：“在家从父，出嫁从夫，夫死从子。”相信现代女性对这一道德要求早已是嗤之以鼻了，女性在我们的社会中担负了重要的角色，她们拥有和男性同等的权利。可见传统道德中很多不符合现代社会发展要求的内容正在渐渐被我们抛弃。但是，不可否认的，当出现一定的社会问题的时候，人们会毫不犹豫地“化身”为道德坚定捍卫者，去谴责当事者的不道德行为。

在现代社会，媒介往往充当舆论代言人的身份，因此，很多时候媒介监督代表的就是舆论监督。这本身应该是一种社会的进步，媒介应该以反映民生、传达民意为己任的。但是这样单从道德出发的监督又带来了媒介审判的不良后果。在一个法治社会中，媒介审判或者舆论审判都是不合理的。

（三）客观理性的分析

在舆论监督的分化阶段，舆论意见呈现的是一种多元分化的趋势。

其中有对社会正义的强烈要求，也有对社会道德的维护情绪，也同样有理智的客观分析。大众媒介的发展，公众除了作为信息的被动接受者，同时也是信息的主动接收者。现代社会公民意识觉醒，民众的媒介素养不断提升，越来越多的人具有了这种客观理性分析的能力，而不是盲目追随公众情绪。

三 舆论监督的定性阶段

舆论监督是公众对社会中出现的不公或丑恶现象的看法和态度。在舆论发展的后期，舆论问题的解决或社会意见整合成熟的阶段，舆论也趋于成熟，舆论监督也趋于成熟。对某一问题或现象的看法不再那么纷繁复杂，而是表现出其明显的倾向性或态度。这就是舆论监督的定性阶段，社会舆论对于舆论问题或现象的解决方案基本确定。

在药家鑫事件审理的过程中，舆论曾就他的自首情节和杀人动因产生过激烈的争论。最初，舆论中道德谴责的声音占据了绝对优势。药家鑫撞人后杀人的举动被指为“天理难容”，“杀人偿命”是天经地义的事情，不管出于什么动机。2011 年 4 月 22 日上午，西安市中级人民法院一审宣判，被告人药家鑫犯故意杀人罪，被判处死刑，剥夺政治权利终身，并赔偿被害人家属经济损失 45498.5 元。消息传出后，不少人拍手称快，但也有不少人表示了对二审判决的担忧。这就一方面凸显了公众的道德审判要求，另一方面也凸显了公众对案件的分析逐渐趋于理性。因为药家鑫自首情节的认定与否，杀人动机都是影响法院对其量刑的关键。在案件二审判决还未做出的时候，随着案情的不断明晰，舆论监督已经有了比较明显的意见倾向，而且越来越多的人能够理性地对这一事件做出客观分析：比如：“药家鑫的悲剧不是两个家庭的悲剧，而是这个社会的悲剧。中国人民物质上表面看来是富了；但精神上已穷到了极点。”“毕竟是年轻的生命即将逝去，是社会的悲哀，虽然是罪有应得，但是放鞭炮有点过分了。但是能够说明人们对药家鑫之类人的痛恨!”2011 年 5 月 20 日，陕西省高级人民法院对被告人药家鑫故意杀人一案进行了二审公开开庭审理并宣判，依法裁定驳回药家鑫上诉，维持原判。对此，舆论表示了普遍的支持和理解。

第十章

明晰——舆论的自身要求：舆论引导

从舆论生成的角度看，在其产生的过程中可能会出现因为信息缺损、信息失真而导致的浮言、谬理传播。与此同时，在激活公众认知、情感之后，一些相关出现的公众态度也并非完全具有推动公共事务进程发展的正向动力，反而还有可能成为阻碍公共事务发展的因素。随着媒介技术的发展，互联网成为日益重要的公众意见集散地。网络为人们编织了大人际关系网，提供了多种媒介场景，使线上舆论成为社会舆论的中坚力量。但同时也由于网络的匿名性、自由行、交互性等特点，网络舆论已成为一把双刃剑，非理性的舆论发展到线下往往演变成暴力冲突或流血事件。所以，对舆论的正确引导是必须面对的重大课题。

第一节　舆论形成后的内在引导需求

这里要说的也就是公众的现实诉求问题。舆论主体对社会事物的关心程度来自他们自身的“关心领域”，包含公众的认知共鸣、情感共鸣和态度的一致性，这便成为一种公共的话题。公众将自己关心的问题通过与他人的交流、沟通上升成为公共议题，由此而产生的行为即是公共活动。当然，公共活动的调节不仅仅是在参与的公众和其间的意见领袖来完成。大多数情况下，在现代社会的体系下还有可能是政府来参与和引导公众的某些公共活动，而对于政府来说，这种参与显然构成了双赢的格局。政府不但会重视公共事务引发的公共活动，而且还可能通过一种议程设置的功能来完成处理公共活动甚至是形成的公共危机。对于政府而言，它们同样得面对公众基于社会现实而产生的共同心理和行为上的一致性表达，即公共活动。这亦是公众对现实的诉求方式。

一 舆论形成与传播是伴随人际交流的结果

（一）公共性的存在

公共活动领域是每一个人都生活于其中、不可能完全摆脱的领域，是由众多个人组成的公众不能不关心的公共领域。凡是借助公共权力或公共资源谋取可共享利益的活动都属于广义的公共活动，包括制度的确立和实施、改革和完善，宏观经济和社会政策的制定与实行，基础设施及公共工程的建设与管理，教育、国防、医疗卫生、社会保障、生态和环境保护等活动。虽然公共活动随着时代的变迁会有不同的内容和方式，但其基本特征一直是公共性。因此，公共活动领域问题的实质就是公共性问题，对公共活动领域的关注也就是对公共性的关注。对人类活动的公共领域和公共性问题加以思考，是哲学最重要的使命。

公共性，即可共享性，是相对于自利性而言的。自利性，简单地说就是排他性、独占性。凡是谋取排他性利益的活动就是私人活动。也就是说，私人活动的基本特征为自利性。由于私人活动主要是在家庭和经济领域中展开的，而家庭生活和经济生活又是人类最基本的活动，因而重视公共活动领域并不意味着要取消或贬低私人活动及其自利性，而是主张一种合理的自利性，反对那种过度扩张的自利性。每个人基本的生活所需，与其工作责任、劳动付出相一致的利益要求，属于合理的正当的自利性，是基本人权的组成部分，国家、政府必须给予充分尊重和保护。个人合理的自利性的实现不仅要靠个人的努力，更依赖于人们共同建构和维护的公共活动领域。

以哲学的眼光看待，作为“时代精神的精华”不是私人性的，而是公共性的，是对人类生活及其转型的自觉反思，是对人类存在的现实的和终极的意义或价值的探索。哲学的真正本性就在于关注公共性，即关注公众、关注整个社会、整个国家乃至整个人类。

社会秩序有自发和自觉之分。在人类社会之初，社会秩序是内生的，是自发地演化而成的。然而，随着私有制的产生，人们追求最大化的排他利益的活动导致了外生的社会秩序，即由政治活动来专门生产和供给社会秩序。政治活动是一种典型的公共活动。正是自发和自觉的社会秩序的共同作用，才维系了人类活动的持续发展。除了政治活动专门生产和供给社会秩序外，人类的经济活动和精神文化活动也可以附带地产生和供给某种社会秩序。也就是说，有时经济活动和精神文化活动要协助政治活动的秩序生产。为此，政治组织就须向经济组织和文化组织渗透，或以政治来统率经济活动和精神文化活动。精神文化活动主要以一种意识形态化的方式来参与生产和供给社会秩序。意识形态的基本任务是整合人们的思想观念及其行为方式，对合理的人类活动进行辩护，对不合理的人类活动进行批判。但如果经济活动和精神文化活动既没有利用公共权力和公共资源，也无意追求某种可共享的利益，那么，即使这类活动可以附带生产和供给秩序，也不能说它们是一种公共活动。

在市场经济条件下，一方面个人的主体地位获得了前所未有的提高，每个人都变成了追求自身利益的自由人；另一方面，基于分工的市场交换所造成的人们之间以物为中介的依赖关系的普遍化，又构成了一种新的社会秩序的生产方式，即市场机制可以自发地对资源起到有效的配置作用。尽管市场经济条件下经济活动所带来的秩序是附加的，不是市场主体自觉而为的，也不是利用公共资源造就和维持的，但在客观上却极大地缓解了以政府为主体生产和供给社会秩序的压力。因此，到了资本主义发展初期，在社会和经济事务方面，西方国家普遍奉行消极主义和放任主义政策，政府职能十分有限。其任务主要是保护个人财产，维系社会秩序，保卫国家免受外来侵犯。不过，随着单纯市场机制渐渐失效，近代社会的发展过程又是一个公共活动逐渐增长的过程：公共活动的任务日益繁重，政府职能日趋复杂。

（二）个体性的存在

与此相对应，以笛卡尔、康德为代表的理性主义哲学把主体性看成是一种“自我”或“经验自我”的意识能动性，把主体性作为哲学的第一原则，从“自我”“经验自我”出发来追求一种普遍必然性。笛卡尔指出，“自我”的根本属性就是思维，它先天地具有判断和辨别认识是否清楚明白的理性。在康德看来，尽管笛卡尔指出他的“自我”是实体，是一个和“对象意识”相分离的“自我意识”，但只是一个有限的实体，并不具有无限的完满性。因此，对我是清楚明白的东西不一定对他人也是清楚明白的，也就是说，有限自我的自明性不能保证其普遍必然性。为此，康德用“先验的自我”修正了笛卡尔的有限的经验“自我”。同经验的“自我”相比，“先验的自我”是普遍性的“纯我”，是一个具有纯直观形式和纯粹知性范畴的理性统一体。在逻辑上，它先于任何具体的思维，是存在于一切具体的感知、经验之中的纯形式。它不是个体的内部感觉，而是人类先天的知识形式。它是人类的自我，是人的理性本身。它不来源于经验，但并不在经验之外，是经验的综合统一的内在力量。它始终和对象意识是相互依赖的，对象意识的确立过程也就是自我的实现过程。尤其是他所说的“人为自然立法”，更是对人的主体性的极端表达。

（三）共在意识的存在必然

近代以来的“自我”或“先验自我”的意识能动性，是对大工业生产方式中人对自然积极的支配和与这种生产方式相伴随的市场经济对人的活动的自主性要求的反映，而对普遍必然性的追求则是对维系统一的社会秩序的关注和辩护。也就是说，虽然市场机制对社会资源可以起到有效的配置作用，但有效竞争的市场体系的营造，相应的市场竞争主体的培育，市场竞争规则的建立和完善等，都要靠公共活动来完成。市场经济是一种秩序经济，它的发展离不开生产和供给秩序的公共活动。然而，在自由资本主义时期，市场取向的公共活动忽视了市场经济所造成的人的活动的单一化和片面化，乃至人的异化。因此，自由资本主义时期公共活动创立的可共享利益，仍然未真正被广大民众所共享。

19 世纪末 20 世纪初，西方主要资本主义国家相继实现了工业化、城市化的发展过程，资本主义自由竞争阶段向垄断阶段过度。这一时期，不仅社会生产力的迅速发展和经济结构的巨大变化使社会管理经济的任务十分繁重，社会对基础设施及公共工程的建设与管理，教育、国防、医疗卫生、社会保障、生态和环境保护等公共性方面的需求越来越多，而且社会关系的日益复杂也带来了一系列的社会问题。为了满足社会日益增长的公共性需求，缓和、解决各种社会矛盾，政府开始转变过去那种消极、被动的状态，进而积极、主动地干预社会事务，政府成为一种所谓的“全能政府”，从而使公共活动及其领域变得越来越重要。原有的国家秩序生产和维护的方式，已经越来越不能适应时代的要求，迫切需要哲学社会科学更多地关注公共活动领域，探究解决公共性问题的有效方式和途径，以便政府更好地履行其职能。

而现代社会中表达公众关心领域和社会公共事物的最佳平台莫过于大众传播媒介，在这一平台上公众可以接受产生公共活动的认知材料和观点集成。换句话说，公众是通过传播媒介营造的拷贝世界和拟态环境来完成行为之前的所有准备工作。就此而言，媒介的作用就显得相当突出，它的倾向性会影响公众的社会认知、态度、行为，而在诸多倾向性中不乏一些可以形成大规模意见集合的议论——这正是舆论生成的前奏。

上述的实际情况从舆论生成到舆论引导过程中对公众意识识别的重要性。同时，也只有在很好解读公众态度层面下的意识状态才能产生积极的应对策略即舆论说服。

二　利用交流完成舆论引导中的态度改变——说服

（一）理论的证据——说服与态度改变

人们经常通过说服来改变他人的态度，说服成了改变他人态度的最有效的方法。当大众传播媒介作为生成舆论导向的因素时，就传播者而言是一种主观倾向性的表达。在完成舆论引导的目的时，一种十分有效的方式是以大众传媒的言论形式对公众形成说服，从而改变舆论或者巩固、扩展原有的舆论。"说服"又译为"劝服"，不论我国还是西方，说服在古代作为一种交往艺术都相当发达，但是涉及的主要是人际传播。现代大众传播的说服，按照哈贝马斯的说法，是一种"交往工艺学"，"借助交往工艺学，可以构成一种公众社会，交往行动可以通过专门化的影响，通过媒体如专业上的声望和价值联系……受到控制"①。当然，这里的传播效果还取决于公众对传播内容的反应，接受者一方也参与着讯息、观念的再创造。

心理学家霍夫兰德和他的耶鲁大学的同事对此进行了深入的研究，并在研究的基础上总结出了一个说服路线图，该模型涵盖了所有与说服

① ［德］尤尔根·哈贝马斯：《交往行动理论》，洪佩郁等译，重庆出版社1994年版，第243页。

效果有关的因素。接下来以心理学中说服的基本学说形成在舆论层面中可以改变态度的思路。

1. 说服路线图

这里所形成的说服路线图是一个以霍夫兰德路线图为基础，由西尔斯加以简化的说服路线图，同时将前人的理论应用在具体的舆论态度改变的说服机制中（见图10—1)。在这个路线图中，外部刺激由说服者、说服信息和说服情境组成，其中说服者的影响力取决于他的专业程度、可靠性和他是否受欢迎。说服对象的特点包括其投入或承诺、是否对说服有免疫力以及人格特征。在态度改变的作用过程中，被说服者首先要学习信息的内容，在学习的基础上发生情感转移，把对一个事物的感情转移到与该事物有关的其他事物之上。当接收到的信息与原有的态度不一致时，便会产生心理上的紧张，一致性机制便开始起作用，一致性理论认为有许多种方式可用来减轻这种紧张。有时候人们还采用反驳的方式对待说服信息，按照认知反应论的观点，人们在接收到来自他人的信息后，会产生一系列的主动思考，这些反应进而决定个体对信息的整体反应。但态度的改变主要取决于这些信息所引发的反驳的数量及性质，如果这种反驳过程受到干扰，则产生说服作用。说服结果有两个：一是态度改变；二是对抗说服，包括贬低信息来源、故意扭曲说服信息和对信息加以拒绝掩盖。

2. 影响说服效果的因素

从说服模型可以看出，说服效果受到许多因素的制约，这些因素主要包括以下几个方面。

（1）说服者方面的因素

与说服者有关的因素有两个：一是说服者的可信度，二是说服者的吸引力。其中可信度主要取决于专家资格和可靠性。心理学家库克等人研究了睡眠效应在什么情况下最易发生，指出当可信度这一线索一开始便与说服信息相联系时，该效应最可能发生。而如果这一线索在说服信息呈现之后出现，由于被说服者已经听完信息并加以认真考虑，这种效应不易出现。如果被试先听到这些线索再去听内容，他可能对内容完全不加注意，因而在忘掉说服者之后对信息内容毫无记忆。

由可信度引起的态度改变还存在着一个有趣的争论：某一领域的专

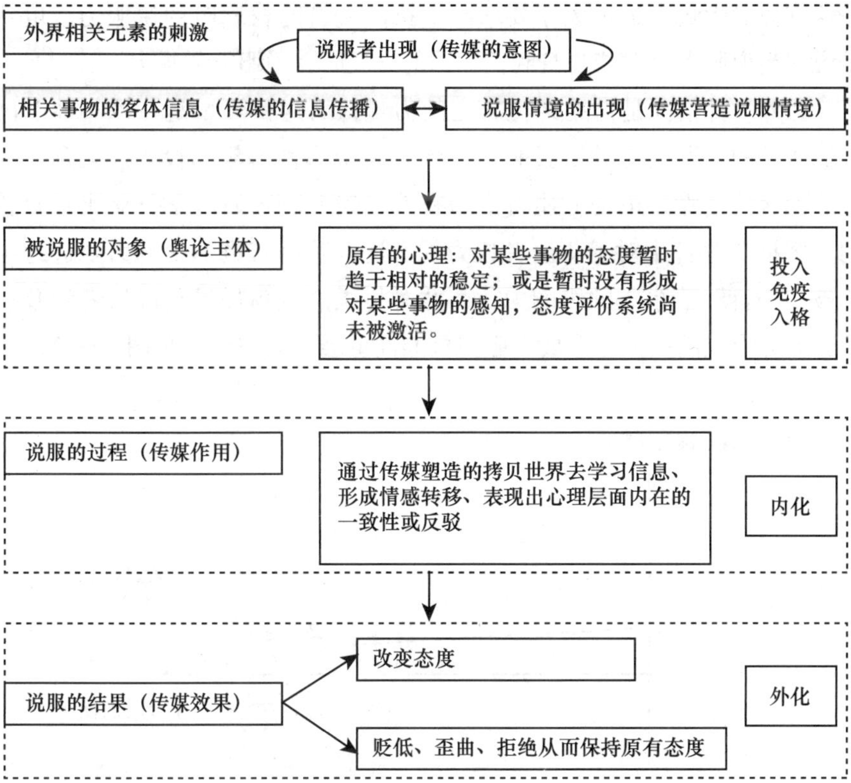

图 10—1　说服路线

家能否把他的专业知识的影响转移到其他领域，如果可以，其影响到底有多大？比如一个诗人在文学领域颇受尊敬，他同时还有自己的教育与政治观点，他的意见会不会比其他在这一领域知名度较低的人更有分量？比他们更易让人产生态度改变？到目前为止，人们仍然在寻找答案。

值得注意的是可靠性是说服者是否值得他人信任并对说服效果产生影响的一个重要因素。如果人们认为说服者能从自己倡导的观点中获益，人们便会怀疑说服者的可靠性，此时即使他的观点很客观，人们也不大会相信。就像“王婆卖瓜，自卖自夸”一样，她的瓜未必不好，但人们因为其意图而不买她的瓜。沃尔斯特等人就证明了可靠性的效果。在实验中他们让罪犯和地方检察官支持增加或减少执法人员的权利，并且假设当他们支持的观点对自己不利时，说服效果最好。结果确实证明了这一点：检察官的说服力在要求增加执法人员的权利时有所下降，而罪犯在这方面的影响力远远大于要求减少执法人员的权利时的说服力。也就是说：当说服者反对与自身利益相同的立场时，说服效果最大。

另外一种情况是借助某种特定的力量，而这种力量是在可靠性上已经被认可的，那么此时说服的天平将倾向于这种力量的投入。无疑，今天的大众传播媒介正是上述力量的有效表现者。比如对于公众比较敏感的“强拆”事件中对于执法者权力的态度，政府官员的影响力要远远小于被“强拆”当事人的影响力，而此时传媒的视角如果是以后者为基点对影响力形成的放大，形成说服的可能性也会大大增强（见图 10—2）。

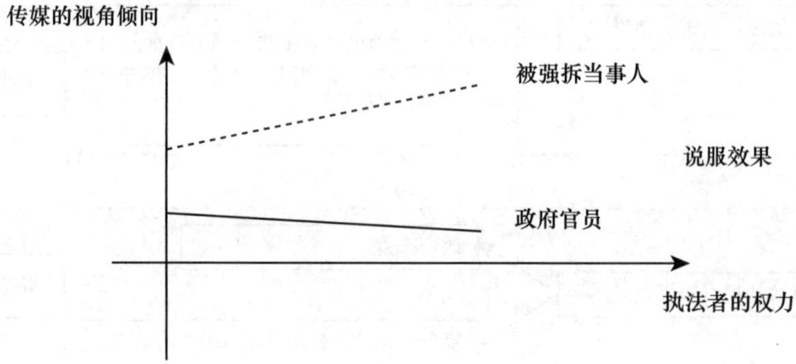

图 10—2 可靠性与说服效果

（2）说服者的受欢迎程度

人们经常会改变自己的态度，使其与自己喜欢的人一致。而说服者是否受人欢迎却由三个方面的因素决定：说服者的外表、是否可爱以及与被说服者的相似性。

一般说来，外表漂亮的人在说服方面更有优势，其中在差肯的研究中，研究者让漂亮的人和一般人去说服大学生参加一个请愿活动，结果前者说服了 43% 的人，而后者说服了 32% 的人。其他的人甚至发现漂亮的说服者可以掩盖其讲话方式的不足。除了漂亮，一个人是否可爱以及乐观也会影响他的说服效果，因为一个可爱的人往往是吸引人的，而吸引人的特征可以提高他的说服力。相似性也是喜欢的重要基础，所以它也有助于态度改变，参照群体与此有着紧密的关系。参照群体是个人认同的为其树立和维持判断标准，并提供比较框架的群体。如果人们重视自己所属的团体，它就是一个可信度极高的信息来源，成员信任它，并且相信信息的内容。人们常常改变自己的态度，以与自己相似的人一致。

从舆论学的角度看，怎样的人才能产生说服力呢？舆论的初期大量表意群体的出现呈现出意见的“散点”形式，这时需要出现意见领袖或舆论领袖来整合意见，这其中就包含着对相当一部分公众进行说服。舆论领袖又称意见领袖，他们是传播活动中表现活跃的一小部分人，他们对某方面的事态发展比较关心和了解，因此能向他们身边那些广大的公众群体提供这方面的有关信息，并对此作出相应的解释。一句话，舆论领袖就是积极主动地向人们提供某方面的客观事实并加以主观评判的人。舆论领袖的形成条件包括：为整个群体做出过突出贡献；赢得高级地位和赞许；群体中最积极的人。舆论领袖说服表意群众的作用可归结为：集中群众的智慧，把各类议论圈的差异逐步消除，促进意志合力加速形成；运用科学思维方式分析、评价社会问题，把群众的不同认识和分散的意见集中起来，唤醒人们的知觉；纠正公众中某些错误的观念，公众在社会讨论中一旦接触他们的意见，就会被真诚的信念和浓烈的热情所感染，成为忠诚的追随者。

（3）说服信息方面的因素

想要说服别人，不仅取决于我们自身的特性，而且也与我们说的话里所包含的信息有关，与此关联的因素有以下几个方面：

一是说服信息所倡导的态度与被说服者原有态度之间的差距。一般说来，差距越大促使态度改变的潜在压力越大，实际的态度改变也较大。但是它们之间的关系并非如此简单，差异越大的确会产生很大的压力，但不一定会产生很大的态度改变。有两项因素对这种关系有影响：第一，当差距过分大时，被说服者会发现自己的态度不可能改变到消除这种差异的地步。第二，差异太大会使人产生怀疑，从而贬低信息，而不是改变态度。弗里德曼等人对此的看法是：在某一限度内，态度改变随着差异的增加而增加，超过这个水平后，如果差异继续增加，态度改变开始减少。但是，如果说服者的可信度高，他能产生最大态度改变的差异水平也就越大。

与说服信息有关的第二个因素是信息唤起的恐惧感，它的影响方式与第一种差距相类似。也就是说，随着信息唤起的恐惧感的增加，人们改变态度的可能性也增加；但是当信息唤起的恐惧感超过某一个界限之后，人们的态度反而不会发生改变。

与说服信息有关的第三个因素是信息的呈现方式，包括说服所使用的媒体和单面与双面说服。从媒体的角度来看，大众传播加上面对面交谈的效果要好于单独的大众媒体。在说服信息非常复杂的时候，不生动的媒介（书面的信息）的效果较好。而当信息简单的时候，效果的顺序为视觉最好，听觉次之，书面语最差。从单面与双面呈现信息来看，当被说服者已经处于争论之中时，双面说服的效果要比单面说服好；当人们最初同意该信息时，单面说服的效果好。

（4）被说服者方面的因素

其一是被说服者的人格，它包括个体的可说服性、智力和自尊。有些人能被任何形式、任何内容的信息所说服，霍夫兰德等把这种人格称为可说服性的人格；而有些人则是任何信息都难以说服的，这样的人不具备可说服性。智力对说服的影响并不像人们想象的智力越高越难以说服，而是智商高的人与低的人一样可以被说服，只是在论点很难的时候，智商才起作用。自尊心较弱的人往往对自己的不足之处很敏感，不太相信自己，因而易被说服。

其二是被说服者的心情。贾尼斯和他的同事通过研究指出，心情好的人更易于接受他人的说服性观点。在一项实验中，他们让有些被试在读说服性信息的时候有东西吃（可以让其心情好），而另一些被试则无，结果前一组发生了更大的态度改变。米莱曼发现同样的效果也发生在有美妙音乐听的时候。布赫与舒尔茨用认知反应论的观点说明了心情的这种效应，他们认为心情好的人在争论出现时卷入较少，不愿去进行较深入的考虑，所以易被说服。心情对说服效果的影响最明显地体现在幽默的作用上，幽默的说服者常常会使他人心情愉快。为了保持自己愉快的心情，人们不太愿意去追究事情的真正原因，经常容易接受他人的观点。

其三是被说服者的卷入程度。约翰逊等人认为，卷入是一种动机状态，它指向与自我概念相联系的态度，卷入越深，态度改变越难。帕提等人把卷入分成两种类型：与问题相关的卷入和与印象相关的卷入。前者主要强调态度所考虑的问题与自我概念中重要方面的关联，后者则主要强调个体的态度反应受到他人赞成或反对的影响。被试卷入对说服效果的影响也体现在角色扮演对改变人们某些顽固态度的作用上。以吸烟为例，相信没有人不知道吸烟的危害，可是依旧有很多人戒不了烟。怎样才能做到这一点呢？一些心理学家提出利用角色扮演可以有效地改变人们对吸烟的态度。杰恩斯在一项有关戒烟的研究中，让被试扮演成一位肺癌患者。被试对自己的角色特别投入，他们看着 X 光片，假装自己正在与医生谈话，并想象自己正在手术室外面等待做手术，最后经历了由手术带来的痛苦。对这些人而言，这是一次激烈的情绪体验过程。结果很令人振奋：有这种经历的被试更成功地戒掉了吸烟。六个月后的追踪研究发现，经历这种经验的被试比没有此经历的被试戒烟更成功。

其四是被说服者自身的免疫情况，正如人体对疾病的抵抗一样，过多的预先说服会使被说服者产生免疫力，从而使态度改变变得困难。父母在批评与责备孩子的时候尤其要注意这个问题，因为频繁的责备会使孩子产生免疫力，从而使以后的说服工作变得很困难。

其五是个体差异，包括认知需求、自我检控和年龄。认知需求是个体参与认知活动的意愿，高认知需求的人喜欢从事复杂的认知任务，他们会分析情境，对认知活动作出细微的区分。很多学者指出高需求的人对说服往往采取深层的处理方式，他们仔细分析说服情境中的信息，并尽量确定论点的好坏。而低需求的人往往采取浅层的加工方式，他们只考虑并依赖偶然的线索和简单的规则，如说服者的吸引力或信息的长度。被说服者的自我检控程度也影响说服的效果。高自我检控的人对外界的线索敏感，而低自我检控的人对自己内在的要求更为关注。森蒂等人把自我检控与两种广告技巧联系在一起，其一叫作软销售，它强调产品在广告中的视觉效果，如包装是否精美等，而不注意产品本身的成分；另一种策略叫硬销售，它强调产品的质量、价值和用途，而不太强调外在的包装等线索。结果正如他们所预料到的，高自我检控的人易受软销售策略的影响，而低自我检控的人易受硬销售策略的左右。此外，年龄差异也影响说服效果。

其六是情境因素，这方面的因素包括两个：一是预先警告，如果预先告诉或暗示被说服者他将收到与他立场相矛盾的信息，此时这个人的态度将难以改变，预先的警告会使人产生抗拒，但这仅限于讨厌的信息。阿普斯勒的观点代表了人们对这个问题的一般看法：当个体对问题了解得很多时，预先警告会引起抗拒，而当人们对该问题了解较少时，预先警告反而有助于态度改变。二是分散注意，分散注意力能减少抗拒，因而对改变态度有利。

3. 公众自我在舆论说服中的角色

心理学家勒温研究了自我与说服的问题，发现人们自己寻找说服原因要比由说服者提供原因更有效。在这项研究中，勒温的任务是要说服美国人吃动物的内脏。他把参加研究的家庭主妇分成两组：一组先让她们看一段45分钟的演讲，演讲者强调吃动物内脏可以支援前线的将士，另外也讲了动物内脏含有大量的微量元素，对人体有利；另一组的家庭主妇则没有看演讲，而是问她们“是否认为自己的家庭应该吃动物内脏”，并给她们45分钟的时间讨论这个问题。结果第一组只有3%的家庭吃动物内脏，而第二组有32%的家庭开始吃动物内脏，可见自己产生的说服更能使人们改变态度。

为什么自己产生的论据更有说服力？最重要的原因在于自我说服使得人们的参与感加强，从而更倾向于自己所支持的态度；另外，当我们觉得他人想要说服我们时，我们往往以消极的态度对待之。所以，最有可能的是我们常常采用自己的论据，因为它来源于可靠的信息源——我们自己。

如果将上述心理学研究中的说服者视为大众传播媒介或社会的控制者，将被说服者视作公众的话，舆论的引导和对已经生成的舆论的控制便有了很好的机制，对于改变态度来说即可成为有效控制和引导社会舆论的良方。

（二）实践的要求——舆论引导中的说服

舆论说服有各种方式，如通过交换意见、参观访问、观看电视电影等方式，都有利于改变人们的偏见及一些不恰当的信念。大众舆论对改变人们的态度可以达到事半功倍之效，因为它可以使千百万人在同一时期内接受同一信息，它已经成为社会刺激的重要工具。当然，个人看电视、电影、报纸、杂志、广告和收听广播等方式，并非全部接受舆论内容，往往根据自己的价值观而有所选择。因此，大众舆论必须先了解群众的需要、动机、爱好等主观心理状态，以便进行有的放矢的舆论，达到转变人们态度的目的。

在舆论引导中通过说服转变人们态度时必须注意下列几个问题：

其一，舆论说服要实事求是，既不夸大，也不缩小。过分夸大会使人产生怀疑感与不信任感，过分缩小则不易引起人们的充分重视。有人将同一型号的汽车作了两则广告，一则广告说："这种车门的内把手太偏右了一点，用起来不顺手，但除此之外，其他方面都很好。"另一则广告中没有这一条，全都讲优点。结果顾客都相信前一则广告。这说明实事求是地介绍优缺点能获得人们的信任，从而容易接受舆论的内容而转变其态度。

其二，舆论说服要晓以利害。舆论必须使人们的内心感到有压力与威胁，只能听从劝告转变态度以消除心理上的负担。也就是说，舆论说服必须晓以利害，但也必须理智且实事求是地提供信息。

其三，如果需要人们立即采取行动转变态度的话，则舆论应该能引起较强烈的恐惧心理，使这种恐惧心理转化为一种动机力量，以激发人们迅速改变态度。例如，上述安全行车的舆论使人们认识到如果不注意安全行车则后果可怕，发生强烈的情绪体验，从而很快转变其态度。

其四，如果舆论者们可以延长一段时间改变态度，则不必过分强调危险，因为恐惧心理会随时间的推移而逐渐消失。但人们理智上却是清楚的，而且会逐渐占上风，认识到应该重视它，转变原先的态度。例如，吸烟致癌的舆论，过分作恐惧的舆论反而会发生抵触情绪，认为不吸烟的人也会得肺癌，即使生癌只要早期诊断、早期治疗也不会有危险。但理智上终究认识到吸烟有致癌的危险性，应该戒烟，但迟几天问题不大。由此可见，情绪性作用和理智性作用对于态度的转变随问题的性质而有所不同。

其五，舆论说服要逐步提出要求。要求人们转变态度时，应该分阶段逐步提出要求，不要急于求成。如果要求过高，不但难以改变原先的态度，反而会使人更加坚持原来立场，持对立情绪。实验社会心理学研究表明，要转变一个人的态度就必须了解他原先的态度，然后再估计一下两者的差距是否过于悬殊。若差距过大，则不宜操之过急，以免会发生反作用；而逐步提出要求，不断缩小差距，才能使人们接受。弗里德曼曾作对比实验。以家庭主妇为被试，向一组被试先提出一项要求，要求在她家门口挂一块牌子，待家庭妇女同意了这要求之后又提出另一项要求，即要求在她家院子里竖一个架子。向另一组被试同时提出上述两项要求。结果表明，最初提出较小要求，后来再提出进一步要求，这种方法比一开始就提出两项要求容易使别人接受而转变态度。

第二节 舆论引导中的关系因素

一 自发——由人际关系建立形成的意见一致可能

在实际舆论的行为发生过程中，处处体现着一种人际关系的建立和由于亲疏冷热所造成的意见、态度的极差。按照社会学的思路，人们建立人际关系时是按照一定的情景展开的，在不同的社区中，道德范式、文化观念等因素决定了人际关系的逻辑发展。同时也应该看到，随着社会发展中城市进程的快速出现，人们在建立一定人际关系时也会因此而区别于原有的社会形态。物质密度和精神密度的不断扩大，使基本关系的建立在随后的发展中显现出一定质量上的不同。整体的人际关系同时构成了前文中所描述的舆论环境。

换个角度来看，舆论行为在主体决策的过程中也会考虑到现存人际关系的问题。可以说这种关系在一定程度上制约或是激发了某些行为的产生。人际关系其实为舆论的主体行为在产生之初确立了一个参照系统，用以决策自己行为的发生。

此外，以我国社会形态中的人际关系建立为具体模板，透析在具体情境下的基本关系对人们舆论行为可能产生的一些影响。从人际关系的发展来看，中国人也许与西方人的人际关系有着一样的过程，但是如果从特征及其影响来看，中国人却有着自身文化所决定的独特的人际关系模式。从某种意义上讲，正是这种人际关系决定着中国社会的特色。

在这里，关系学是指建立和维持关系的种种方法，这些方法存在于中国的传统文化之中，包括以下几种：（1）拉或套关系：指与本来没有关系或关系疏远的人建立或加强关系。在中国社会中，请客送礼是拉关系的最常用的方法。也正是因为有人热衷于拉关系、套近乎，才使一些不正之风蔓延。（2）认或联关系：是指主动地认一些原来不熟悉的亲戚、朋友、老乡。中国人在见到同姓的人的时候常常会用“五百年前是一家”的话来认关系。另外，认亲、认老乡、认干爹干妈等都是认关系的体现。

比如《水浒传》中的高衙内就是因为认高俅为干爹而使自己身价倍增，从而可以横行乡里。这样的例子即使在现在的中国也不少。(3) 钻关系：钻在这里指钻营，《现代汉语词典》中对钻的定义是："设法巴结有权势的人以谋求私利。" 比如某人办一个公司需要有关领导的批准，怎么办呢？他先是通过领导的司机认识了领导的儿子，然后通过领导儿子的联系把这件事情办了。(4) 袭关系：袭即世袭、继承。有些关系是与生俱来的，比如出身与门第，后人只要继承下来，自然是身价百倍。这种关系在任何一个社会中都可能存在，但在中国的利用价值却更大。只要你是某某官员的公子或女婿，自然有人为你捧场，很多人会主动与你拉关系。①

在生活中，这几种方法常常掺和在一起，使中国人最终能够建立起自己的关系网。在日常生活中，我们把与我们有往来，并且给我们好处的人或团体叫作"关系户"或"关系单位"，不论是个体还是团体，关系户的存在是其生存与发展的必要条件。

二　约束——由团体关系建立完成的舆论过程

团体生活是人类社会生活的基本方式，而利用团体解决问题对人类的进一步发展也是必不可少的。尽管从组成上讲团体是由个体组成的，但实际上团体在问题解决中所产生的效应以及所使用的方式与个体有着明显的区别。早在20世纪30年代，随着时代的进步，团体问题受到了越来越多的关注。而对于舆论来讲，团体的决策过程在舆论形成、发展的道路上打上了公共的烙印并具有更加强大的社会影响力，形成"夺目"的注意和"炫目"的作用。

在团体决策开始的时候，大家的观点总是五花八门，只是在经过一段时间的讨论甚至争论之后，成员的观点最终才会整合为团体的观点。在这个过程中，由许多问题值得我们关注。

(一) 两类决策问题

从某种意义上讲，团体决策的好坏取决于他们在什么问题上做决策。人们遇到的决策问题实际上可以看作一个连续体，在这个连续体的一头

---

① 曾仕强：《人际关系学》，中国科学文化音像出版社2005年版，第77页。

是智力问题，这些问题有正确的答案，决策的任务就是找到这样的答案；在这个连续体的另一头则是与行为、伦理以及审美等有关的判断问题，这些问题没有唯一正确的结论，而是与每一个人的价值观、审美观以及内在需求有关。

摆在决策群体面前的不同的问题决定着人们接受什么样的影响，正如我们在前面已经讲过的那样，在社会生活中我们所接受的社会影响主要有两种：信息性的社会影响和规范性的社会影响。前者基于人们从他人那儿获得有关世界的信息，它影响着我们对智力问题的决策；而后者依赖人们对积极结果的期待，所以对判断任务的影响更大。

（二）多数人与少数人的影响

毫无疑问，团体决策往往是多数人意见的整合。比如调查人员访问了 225 名陪审团的成员，发现团体决策中 97% 的最终决策与多数人的意见一致。也就是说，如果团体的大多数成员最初支持某种选择，团体的讨论仅仅是对此观点加以强化。斯塔斯和他的同事指出，大多数意见最终被选择与信息性和规范性的影响有关，团体讨论更可能把注意力放在大多数人的意见之上，并且这种多数意见会产生更大的压力要求团体成员遵从。但是，并不是所有的团体决策都是选择多数人的意见，有时候少数人也会对团体决策产生影响，但是这样的人必须具备下列两个条件：

一是少数人必须是团体的领导：在团体决策中，领导者的地位往往比较突出，当决策中持有少数观点的人是领导时，领导有能力使自己支持的意见最终被团体采纳，这种现象在我们国家极为普遍。侯玉波等人通过对三个国有企业中团体决策情况的调查分析发现，在这些企业中高层团体决策实际上是由一把手决定的，同层次的其他人只参加讨论，而不是真正参与决策。这就是说，当大多数成员的意见与领导不同时，领导有权否决大家的意见。不仅如此，在同一层次的领导之间，人们的影响力也不一样，而是出现了一种叫作“权力极化”的现象。这种现象是指在一个团体中，主要领导与同级的其他领导在职位上差别不大，但在决策中的权力却差别很大的现象。比如在一个车间里，一把手与二把手的职位差别并不显著，但在决策当中，主要还是由一把手说了算，二把手的影响力与一般成员没有太大的区别。这种决策中的权力极化现象在某种程度上成了许多社会问题的根源，尤其需要研究和注意。解决不了这个问题，就不能真正体现社会主义的民主原则。

二是少数人对自己的观点极为坚持：在团体决策中，如果少数人极力坚持自己的意见，便可能引起决策团体的分裂，并最终改变多数人的意见。一些学者通过实验证明了这一点，比如让女性被试6人一组判断36张幻灯片的颜色，这些幻灯片都是蓝色，只是深度不同（被试不知道这一点）。另外，被试也不知道这6个人中有2个人是实验者的助手，这2个人按照实验者的要求把每张幻灯片说成是绿色（错误反应）。在研究中，马索思维奇还设计了一个对照组，由6名真正的被试组成。随后实验者向被试依次呈现这36张幻灯片，并要求被试大声报告自己的判断。结果证明少数人的确会对多数人的意见产生影响，与对照组25%的错误反应相比，实验组的错误反应多出了8%，达到了33%。少数人的这种影响除了与上面所说的引起团体分裂有关外，还与多数人对这种坚持的知觉有关，这种坚持导致多数人反而对自己的观点产生怀疑。我们也可以从弗洛伊德对古典精神分析的执着看出少数人对多数人的影响。

（三）团体决策规则

尽管在团体讨论中，信息性和规范性的社会影响会作用于成员的判断，但是对决策团体本身来说，它还有自己所遵循的规则，这些规则包括三个：一致性规则：在决策最终完成之前所有的团体成员必须同意此选择。优势取胜规则：当某个方案被50%以上的团体成员认可时选择该方案。多数取胜规则：在没有一种意见占优势时选择支持人数较多的方案。

1. 舆论中的团体因素

舆论的形成与变动的集体动力在人际或小团体的层面上最容易被理解，讨论与争论的概念在这个层面上是直接适用的。社会心理学家很久以来就一直在研究人们在面对的传播情景中解决分歧时的互动方式，特别是在此情景中的社会影响方式。莫斯科维奇认为，社会影响“来源于为取得一致意见而存在的分歧斗争”①。当团体内部发生争执的时候，其成员总是千方百计通过讨论来缓和或控制这种纷争，这样就能使团体重新回复一致的意见或达成新的一致。团体成员之间的冲突刺激了讨论，

① ［法］塞奇·莫斯科维奇：《群氓的时代》，许列民等译，江苏人民出版社2003年版，第186页。

通过这种讨论，团体内部的舆论得以形成或改变。努力消除分歧既是一种尝试也是一种说服，诸如人们对议题的探究，反思自己的看法，考虑他人的观点、意见以及动机。莫斯科维奇认为，这些传播和舆论变动的过程对团体的生存来说是非常必要的，它们可使集体适应新的社会环境。

对集体决策的研究描述了在包容性的舆论结构中集体与个体特征之间相互依存的关系，诸如意见分歧这样的团体内部关系在决定社会影响与个人决策方式的过程中具有重要的意义。比如，当坚定的多数观点遭到挑战的时候，如果多数派成员强烈地感觉到有责任执行团体的规范，越轨者往往会被压服。另外，当坚定的少数派强烈地鼓吹越轨的观点，而多数派又不那么坚定地忠于他们的立场时，多数派成员就会产生规范不那么正确的想法，而这种不确定反过来会使整个团体转向少数派的观点。团体的其他特征，诸如不同成员所持有的不同意见，在个体层面上也具有行为的意义。当表达出来的观点有许多，没有哪种观点是强烈的或能够形成绝对的多数，那么成员就可能通过团体平衡或达成共识，杜绝分歧而聚合成为一个整体。但是，如果明确界分的多数与少数之间的分歧很大，多数派总是想力图影响少数派，至少在某种程度上是如此。当分歧太大的时候，施加社会影响的企图会完全失去作用，越轨的成员肯定会遭到排挤或离开团体。

此情此景的每一个片段中，集团的各种特征都与个体的不同行为反应模式联系在一起。随着这些行为反应的充分表现，它就会作用于团体层面的关系的重构。在团体讨论的过程中，会出现两种相互关联的现象。第一，意见在团体内的公共领域中聚集，为问题及其解决方案提供了一个公用的思想参考库。第二，成员私下或公开地对这些意见与建议产生反应。他们也许会认同其中的某种建议，选择某种立场以支持或反对其他的成员。讨论使这些过程得以发生。通过讨论，观念与信息得到交流，团体得以达成某种共识来解释当下的事务，即使是竞争的观点也有助于这种解释。讨论还能够作为一种媒介，有助于团体内部舆论调整的表达与商讨。

即使在小团体的层次上，通过讨论解决分歧也并不总是平等的。权利的不同以及传播方式的不同也可能会增加某种意见的分量。团体的结构特征会导致不同的参与程度。有些人，比如新成员，会有兴趣关注讨论，但是却保持沉默。某个成员可能对某项事务非常关注，比如是否接受处于劣势的申请者，而且他会积极参与对这些问题的讨论。然而，在其他意义上，同一个人的参与程度可能很低。换言之，即使在小团体里，参与者与旁观者的区分在理解舆论构成与变化的动力时也是很重要的。

2. 舆论意见依托团体意见

团体决策的动量形成较大规模社会环境中的公共讨论。分析人士也经常把“讨论”“争论”这些术语运用于大规模的公共舆论形成过程中。不过，在从面对面的团体到较大规模的公众的推演过程中，我们一定要特别小心。作为团体参与讨论的公众概念模式有效地把我们的注意力指向公共舆论形成的相互依赖的过程，这一过程与我们在较小的规模团体传播中所发现的形式大体上相同。但是我们在解释这些宏观的传播过程时至少面临着双重局面。

其一，可能起作用的个人与团体如此众多，他们所扮演的角色更加多样化，这使我们的描述与分析更加困难。例如，公众的成员包括制定政策的个人、政府的委员会、有组织的压力集团、不那么直接介入的积极公众的成员，以及分布广泛的热心公众，他们随兴趣而动，但只通过投票或民意调查的方式而直接参与。在许多议题上，人群中的大部分人从来就没有参与过，或者参与程度很低而对结果毫无影响。

其二，公共讨论中所使用的传播手段种类繁多。分散而不那么频繁的非正式讨论在公众个体成员中非常普遍。政府与教育机构所提供的正式讨论环境非常有限。大众媒介为不同的团体提供了一些共同背景和一些交流，尽管在本质上缺乏互动性。在成员之间进行传播使用的技术上，大规模的公众需要更加系统化的集体参与形式，不仅仅是松散的人际联合，而是正式的政治组织与党派，这些组织能够把草根舆论向上传达给代表公众负责行动的机构；它们也能把精英的舆论向下传播，充当告知、劝说、激活热心公众的渠道。大规模的公众需要更加系统化的交流意见的方法，不仅仅是自由讨论，而且是经过大规模中介的交流以及有组织的舆论收集与散布，例如社论、读者来信以及民意调查，为的是在公共领域中确立共同的思想基础。

依赖大众媒介来进行公共讨论引发了在小团体中不存在的传播偏见的问题。面对面讨论的参与者不必依赖中介获知到底发生了什么、转达信息、跟踪团体的商议。但是，充当公共舆论介质的大众传播是很不一样的。尽管力图要做到客观报道，但是新闻媒介在决定传播什么样的讯息时是有选择性的。除了在收集与交流观念中起促进作用外，大众传播者在试图催生与塑造舆论的过程中还起着更直接的作用。媒介精英不仅仅是被动的公共信息与讨论的传递者，他们还是积极的参与者。

3. 值得关注的团体极化

团体极化是指通过团体讨论使成员的决策倾向更趋极端的现象。有时，经过团体讨论之后的结果比个人的结果更为冒险，后来的心理学家把这种现象称为“风险转移”。但是，随着对这个问题研究的深入，许多心理学家发现团体决策中有时候也出现与风险转移相反的保守情况。当个体最初的意见保守时，通过团体讨论的结果将更加保守；而当成员最初的意见倾向于冒险时，团体讨论将使结果更加冒险。

团体极化产生的原因又是什么呢？大多数心理学家支持社会比较和说服性辩论的观点。社会比较理论强调在极化产生过程中规范性影响的作用，而说服性辩论的观点则把重点放在了信息性影响之上。按照社会比较理论的思路，在团体讨论过程中，成员比较关心自己在某些问题上的观点与团体其他成员相比到底如何，人们在决策开始时往往认为自己的观点在社会要求的方向上比别人的更好。但在决策过程中，通过与他人观点的社会比较，他却发现自己的观点并不像当初想象的那样与社会要求相一致。因为人们希望他人能对自己做积极的评价，所以会采取更为极端的方式以与他人或社会的要求相一致，最终也造成了团体的决策趋于极端。与社会比较观点不同，说服性辩论的思路则认为人们在团体中的极化现象并非希望自己或他人对自己有一个积极的评价，而是认为人们期望获得有关问题的正确答案。在这里，论点对决策选择更为重要（信息性的影响）：因为人们从他人那儿获得论点和信息，如果多数人支持这些论点，个体也会倾向于支持它，并且更多支持而不是反对的论点会出现，从而使这种观点变得极端。

4. 团体极化的典型——网络舆论中的民粹主义

民粹主义是现代化的产物，是团体极化的表现之一。它与其特定的社会背景有着必然的联系。比如在加速现代化进程的步伐中，社会中的政治、经济、文化结构都会出现更替与重组，社会稳定性较差。这些因素具体表现为：(1）阶层划分，阶层间的社会认同产生差异。伴随着社会结构的变化，社会阶层更明显分化出来，不同的阶层在社会中的地位、背景不同，既得利益也不同，对事态的看法也就不同。平民阶层相对于精英阶层，没有能赋予权威的知识、财富或权威，容易与精英阶层产生对立。(2）社会矛盾激化阶层矛盾。(3）在社会化的过程中，贫富分化、地区差异、群体间的利益冲突、掌权者与平民阶层的尖锐对立等矛盾似乎是不可避免的。这些矛盾不仅直接影响人们对阶层分化的看法，还会使平民阶层对精英阶层抱有情绪。(4）“人治”失效，“法治”不全。精英不精引发民众刻板印象，我国传统社会是一个以伦理道德来维系社会稳定的“人治”社会，但现如今，我国处在“人治”不行、“法治”不健全的时期。面对新的观念、新的诱惑，为富不仁者、贪污腐败者、执法不公者、权钱勾结者、知识依附权贵者屡见不鲜，无处不在的社会不公使人们心中产生刻板印象。(5）对高速转型的不适应、挫折感，使多数公众中在生活面前变得怅惘无措。社会趋向于分化了之后人与人之间的差别扩大，原本和自己差不多的人现在却“高高在上”，而自己在相比之下反而显得更加落魄。同时，市场经济是机遇与挑战并行的时代，成功很多，失败也不乏。挫折感、不适应感随之产生，对社会不公平的抱怨也随之而来。(6）平民政治意识的苏醒。社会转型是一个复杂的过程，经济现代化，农村城市化，文化通俗化和政治民主化都包括在内。平民大众的政治意识逐渐苏醒而苦于没有参与的机会，政治似乎只是精英们的特权。

网络以强大的交互性给人们提供了一个群体聚会和讨论的网络虚拟的平台，人们相聚于这个平台，对同一件事情进行讨论，有一定的共同目标和归属感，从而形成虚拟的群体。网络群体性事件中带有民粹主义倾向并不意味着网民们都是坚定的民粹主义者，但网民们原有的带有民粹主义的观点经过网络群体的讨论后，容易最终走向“极端化”。

出现极化现象的另一个原因是信息的影响。辛茨等人以及近年来一些心理学家的研究证明，论据是使一种态度在群体中被激化的主要原因。在信息影响方面，积极的语言参与要比被动地听别人陈述引发更多的态度变化。格林沃德研究揭示，积极的语言参与可以扩大群体讨论的影响，使人们变得易于接受一种观点而使其极化。从这里我们可以得到启发：

首先，大众传媒对事件进行报道时应以客观公正的态度对事件进行全面完整的报道，严禁为追求轰动效应而断章取义或针对极端信息进行报道。如“替谁说话”，当事人逯军对记者的谈话长达十几分钟，在极端言语后，后面的采访中也有对记者的道歉和对事情的澄清，但新闻作品中却只截取了当事人的极端语录。这也是该事件急剧恶化的原因之一。其次，在社会事件引起网民热议的过程中，应注重“反对者”的影响，以及讨论的作用。大众传媒作为社会信息的重要载体，应当在展现强势意见的同时，对非主流但相对公正的意见与理智的意见进行展现，或者展开讨论进行直接的公开引导，以网络警察的身份对热议的问题进行疏导和答复、讨论。同时，可以培养论坛等网络群体的意见领袖。现在许多知名网站或论坛都培养了大量的意见领袖，将权威的、有代表性的言论置于网站的突出位置，来引起人们的注意，从而引导主流的言论。

三　新型——互联网形成新的关系格局

（一）舆论主体公众的新型关系建构

传统封建社会的经济形态以小农经济为主，人们的生活自给自足，人际关系是极其松散的弱结构关系，人们彼此之间几乎不存在依赖关系。工业社会时期，人们之间的生产生活都必须和他人产生一定的联系才能进行，进而实现自身的目标价值。这一时期人们对于社会关系的依赖明显增强并且呈上升趋势。伴随着社会经济的发展，社会生产力的提高，社会分工越来越明确，社会关系对人的要求也相应提高了，人们之间的交往变得频繁紧密起来，形成了联系紧密的社会关系。在如今的互联网时代，媒介技术的发展使媒介形式不断更新换代，越来越多的新媒介发展壮大起来，为人们建立了新型的网络关系，扩大了人际交往的范围，使得不同的公众之间产生错综复杂的联系。社会生产力的发展以及新媒体的壮大都会引发新的社会关系的改变，人们在这种环境下对于社会关系的依赖也越来越明显。在社会关系的发展变化中，人们要不断地进行自我调试以适应新兴社会关系带来的改变。

（二）新型关系带来社会舆论的形成变化

社会舆论的形成离不开社会传播，而社会传播又紧紧依靠着人际关系。在传统社会中，人与人之间的社会交往范围较小，相互联系并不是密不可分的状态。同时，这种社会交往还受到人们阶层的限制，不同等级的人们相互交流观点的机会几乎不存在，舆论往往存在于小范围的群体之中，这种舆论是低效且有限的。随着工业社会的到来，为适应工业生产的需求，人们改变了以往封闭的状态，学会了沟通、交流与合作，社会关系有了进一步的提升。这一时期人类的思想得到了解放，信息得以流通，舆论有了进一步发展的条件。随着互联网的普及，在网络社会中，人际关系较以往有了崭新的形态。网络社会从根本上改变了人际关系结构，形成了一种更为直接、广泛和深入的新型关系。人们可以随时随地在网络社会中发表自己的意见，并与无数关注着同一舆论事件的人们相互交流观点，人际交往不再受到时间和空间的限制，人们对这种新型关系的强烈依赖导致人们沟通和交流的潜在机制增加，保证了舆论的产生，不断地使舆论当中的意见进行沟通和交流，在最短的时间内聚合形成舆论的一致性意见。

（三）大人际关系网成就了社会舆论的传播泛化

当今时代，越来越多的人参与到网络中来，使得互联网建构起来了更新型的人际关系，不同于我们传统认知上认为人际关系，而是更为复杂更为广泛的大人际关系网。在这种人际关系网络中，人们转换了新观念，适应了新角色，行使了互联网所赋予的更多的话语权，即使是陌生人，但通过一个感兴趣的议题，即可建立起这种人际关系。这种交往对象可以是从个人扩展到陌生人，甚至是其他国家和地区的人们，形成一种跨文化传播，麦克卢汉所提出的“地球村”现象正在形成。“大人际关系网”使每一个节点的人都可能成为舆论传播的有效输出点，使舆论能够进一步形成广泛的传播，个人、集体和组织都可借助网络产生紧密的联系。在“大人际关系网”中，参与舆论讨论的人往往可以体会到自己不是一个人在战斗，而是群情激发，各抒己见，将意见传播到更远的地方，从而成就社会舆论的传播泛化。

在社会人际关系的变化的过程中，人们也不断调整自我来适应新型社会关系的改变。人际关系演变到今天，社会舆论也随之产生巨大的变化，从低效有限的舆论到逐步发展扩散，具有一定影响力的舆论，再到今天，互联网的出现使得越来越多的人频繁广泛地交流，高效复杂的网络舆论应运而生，在这种大人际关系网中，得到了广泛的传播。随着人际关系不断地发展变化，舆论所产生并发展的场景也随之改变，借助技术我们可以更好地实现舆论场景化，使舆论在不同场景中流动。

第三节 舆论引导的外部因素——传媒引导

一 传媒引导趋同的可能性分析

"传媒"一词的理解只关注其受众覆盖率显然是不够的，在更实际的评价系统中传媒对受众层所造成的认知、态度、观念和行为上的影响力，才能真正彰显其"主流"的价值。应该说，传媒所影响的并非仅仅是主流的受众，其权威和公信应该作为全社会公众产生社会认可。形成社会态度的精神和智力依托。某种程度上它更能代表公众的话语权，将公众对于一些社会问题、社会矛盾的公共辩论体现出来，并伴随在公众心目中投射下的影响力来驱动公共舆论的理性和正确。可见，传媒在社会公共舆论的产生和发展过程中始终会起到激发、维持和调节的功能，而这种功能同时也形成了引导舆论的重要维度。

从另外一个角度来看，正是舆论在社会中形成的强大影响力，也导致了传媒对其的"特殊关注"。美国学者将舆论的社会影响划分为两种基本的类型：纳入规范的社会影响和信息式的社会影响。两种影响均可表现出舆论的相关引导力。其中，大众传播媒介是一种重要的对舆论的社会影响力。舆论引导在"社会影响"这一整体中所处的地位在"关于舆论的社会影响来源四方格"① 中形成关于社会角度的阐述。从传播环境与社会影响两方面结合的层面，划分出四种变动着的对舆论引导之后产生重要社会影响的领域。

如果要更加具体地阐释这种社会影响，那么它将首先反映在社会人的心理层面中。美国社会学家托马斯的一个观点被概括为"托马斯公

① 1995 年，美国学者普赖斯和奥斯哈加提出了"关于舆论的社会影响来源四方格"理论（以下简称"四方格理论"），并列出图示。他们从传播渠道与社会影响两方面结合的角度，划分出四种变动着的对舆论产生重要社会影响的领域。

理”，即“如果人将某种状态作为现实把握，那状态作为结果就是现实”①。现代人生活在拷贝世界中，基本上把确认自己所处环境的工作委托给了大众媒介。如果大众媒介把某种并非真实的状态误作为真实把握，接受拷贝信息的公众通常就把这种状态视为真实的。因为在拷贝世界中，大众媒介提供的非本身可以感受到的见闻和判断锻造了公众对于现实的一种参照性的心理反应，在这里形成的认知、情感、态度、判断等因素往往直接影响舆论的形成。

诸如上述学者们的论述，媒介特别是传媒对舆论的引导往往是间接与直接相互伴随的，而为了达到引导的目的又经常会采用一些具体的做法。比如以媒介为主方对公众的说服，改变舆论或者巩固、扩展原有的舆论。“说服”又译为“劝服”，不论我国还是西方，说服在古代作为一种交往艺术都相当发达，但是涉及的主要是人际传播。现代大众传播的说服，按照哈贝马斯的说法，是一种“交往工艺学”，“借助交往工艺学，可以构成一种公众社会，交往行动可以通过专门化的影响，通过媒体如专业上的声望和价值联系……受到控制”②。

由此可见，传媒对于舆论引导存在着似乎天然的“基因”，但这并不是意味着可以以不变应万变，针对由不同的传播社区自身投射的语境、情景，引导也会显现出水平和效果上的差异性。

二　传媒舆论引导中的区域性问题

不论报纸、广播、电视还是互联网，都可能在不同传播社区成为主流，这是由技术层面的覆盖率所致。但更有可能是该社区对某种媒体的认可与接受惯性而形成，如果再加上民族、宗教等社区生态性的因素，“主流”将不再是常量而成为在各社区不同的反应变量。

在对聚居的城乡进行的媒介接触调查研究中发现：城市受众对媒介的接触较为集中，以电视和互联网为主；而在农村社区媒介的接触则显得比较分散，有些地区广播是主要的媒介信息接受方式（这亦与某些地

---

① 参见陈力丹《舆论学——舆论导向研究》，中国广播电视出版社2005年版。

② ［德］尤尔根·哈贝马斯：《交往行动理论》，洪佩郁等译，重庆出版社1994年版，第189页。

区半农半牧的生活方式有关）。在出现问题或纠纷时城市受众听取媒介意见的比率较高，但是在民族意识和宗教习惯的影响下，这种比率相对于普通汉族社区要低得多；农牧受众在反映矛盾和纠纷时则更加依赖传统的解决模式，寻求族长和宗教领袖的比率要远远高于对媒介意见的信赖。

这种情况的出现很显然使各种媒介对特定社区进行舆论引导时也会出现差异性。而总体上看，在聚居的城乡社区中，媒介舆论引导的能力确实存在“到而不达”的现象。在新闻传播业界和学界的研究中也仅局限于宏观舆论、普通公众和总体舆论引导的研究，而对怎样将传媒舆论引导力在具体情景当中的应用性探讨，特别是针对地区的舆论引导力和非汉语言文字传播媒介舆论引导力的具体研究，却由于种种原因而涉猎甚少。到目前为止，国内仅有极少数学者做过全面、系统的研究。有关新闻舆论引导力研究的论文数量也不多，地区新闻舆论引导力研究的论著更是仅有几篇，这些论著仅仅对新闻舆论引导力做过一些探讨。

当前各地区正处于高速的社会发展阶段，原有社会形态中的诸多观念均处在蜕变期。按照法国社会学家托克维尔的观点：凡正在经历高速社会变革的社区，其在相应的观念中都可能表现出一定的迷茫，此时需要一种带有公共意味的意识——舆论加以引导。

基于上述论证可以断定：传媒在各地区的公共舆论形成、舆论引导方面仍具有很强的控制性和穿透力。在目前各地区的社会发展中扮演着举足轻重的角色。研究这一问题的意义在于：不仅定位在对社会发展平衡性引导的宏观策略中，而且更加注重在相对特殊社区中的舆论监测、舆论反馈和舆论导航，试图探索一些新的方法和有效的途径去解决。诸如：突发性群体事件、社会传闻容易蔓延等非正常舆论形态所造成的负面影响，为解析社会和谐找到平衡的方程式。

三 传媒引导舆论的实践策略

（一）针对性引导的必要性

传媒在应对特殊传播社区时所要表现出的舆论引导问题应该实施一些具体的内容，包括：（1）传统传媒讯息传播与舆论引导的契合性分析。对媒介传播讯息所形成的讯息形态舆论进行评估；对可能由媒介讯息传递真空、失实、不当等造成的负面意见、观点实施评价性测量。（2）对传统传媒信息传播中的情感倾向性进行分析。针对在信息传播中比较敏感的民族情感、宗教情感建立尺度测评模式。(3)结合地区的传播环境对传媒营造的宣传语境进行舆论引导层面的软性控制。(4)探讨区域媒介和语言传播媒介在舆论引导中的议程设置规律。对媒介议程设置、公众议程设置和政府议程设置进行合理的“资源配置”。(5)对地区公众的信息接受习惯、接受心理，特别是在区域文化的交融与碰撞过程中形成的传授矛盾进行分析与研究，以期形成良性的“校正模式”。(6)对双语媒介在信息传播中可能由文字转换而造成的语意偏差现象进行调查分析，寻找解决问题的方法和途径。(7)对舆论引导的分层性做模式性探讨和分析。针对城乡差异、文化水平差异和生活习惯差异，舆论引导并非具有“通约性”。(8)通过调查研究构建媒介“说服”策略。作为舆论引导的一种重要方式，有效的说服对该地区公众的观念与行为的影响具有实际意义。(9)建立主流传统媒介的舆论监测机制，对可能产生和出现的负面社会舆论形成长效预警策略。

除此之外，必要的宏观策略应该植入每一个媒介的舆论引导能力中。这体现在:

突破舆论引导有而无力的瓶颈。近年来，在各地区发生的一些群体性事件，一方面是被一些别有用心的人利用，从而演变为背离人们利益的破坏活动。但另一方面，我们不能不承认，长期以来我们在舆论宣传上和统战工作中，忽视了对基数广大的受众的潜移默化的引导，使之成为舆论宣传和统战工作的“盲点”，所以才被一小撮别有用心的人利用，进而演变为恶性事件。因此，要解决地区的突发性事件，除了从调整利益入手，首先应该从新闻舆论的角度入手，考虑如何在突发事件的处理中发挥舆论的事前、事中、事后的引导能力，及时对公众的心理进行疏导，维护社会稳定。

减少舆论引导在特定受众区域可能造成的逆反。新闻舆论引导工作说到底是一项阐释党的路线方针政策、反映群众意见和呼声、解疑释惑、理顺情绪、积极引导社会热点、及时化解社会矛盾、实现政府与群众之间的良性互动的工作。但是，这种“引导”和“说服”，应根据特定的受众，分析这些民族的舆论形成、舆论形态、舆论行为等，从而确立适合这些族群和其社会心理特点的舆论引导，否则，用主观意志代替舆论的客观法则，一味地“大造舆论”，大搞“枪弹论”，只能造成舆论的对峙。此外，对这些民族舆论的潜在性研究也不容忽视，及时把握社会思潮的激变，把舆论引导的理念建立在科学舆论观的基础上，用民主意识和民意支撑来取得舆论引导的效果。

加大引导在公共舆论领域的渗透功能。要做到这一点，必须吃准舆情。舆情是有效聚合和引导舆论的关键，舆情不明，就要陷入盲目被动，费力不讨好，甚至误导舆论。舆情包括两个方面：一个是各级党委和政府的声音，一个是社会公众的声音。党和政府的声音是舆论引导的依据；社会公众的意见，可增强舆论引导的针对性和有效性。吃准舆情，首先要建立畅通的舆情管道，建立舆情观测点，形塑“舆论圈”，及时了解社会舆情，分析舆情，确立引导选题和引导的方法，使舆论引导具有针对性、有效性和渗透功能。

提升舆论引导的深层次引导力。要做到这一点，很有必要进行舆论的聚合和形塑。当前，由于社会分化带来的利益群体意见的分散性，给舆论引导带来了相当的难度。舆论引导实质上是一种意见的整合，通过引导使正确的积极的舆论扩大影响和消解错误的和消极的舆论，并用以统一思想。

（二）重视新媒体公众舆论心理疏导

新媒介的出现就像是“兴奋剂”，打破了传统媒介意见垄断的局面。意见量的级数增长和级数传播代表了在压抑状态下公众的释放和自我救赎。当网络、手机扮演着私人领域媒介的角色时，很快触发了以往公众处于“半沉默”状态下的公共参与意识，这种意识从一种“摸不着、够不到”的感觉转换成“只有想不到，没有不跟随”的情况。我们迎来的不仅仅是一个“全民记者”的时代，更是一个“全民评论员”的时代。应该看到，这种情况的出现并不完全是新媒介产生带来的变化，恰当地说新媒介的出现只是给积蓄已久的公众公共参与意识提供了展现的平台和活跃的机会。本质上讲，是我国进入现代民主国家后用一次次的经验和教训，一点点培养起来的宝贵财富。

微博是一种信息载体，同时又是意见载体，无数讯息形态的舆论意见通过这一平台逐渐丰富了公众的认知图式，甚至是在改变着原有的图式。伴随着便利与快捷的传播形式，最初只是少数人的意见观点开始汇集成一股强大的意识气团，以服从—同化—内化的逻辑路线改造并聚合公众的观点。在这样的集体行为中，个体暂时抛弃了个人的信念与态度，以集体的新的信念与态度作为指针；个体暂时抑制了私利所带来的痛感，而以一种公共利益的精神去追溯对于公共事务的解读、解决。

微博围观现象在这里不再是鲁迅先生笔下默然的中国人麻痹思想的体现，转而成为一种积极参与的精神，两种看似等量却体现了不同的意识主体心态。在微博语境的解读下，此时的微博围观是从行为表意的角度体现了对某种观点的支持与认可。虽然其并不直接表示出认同感，但是在现代快节奏的社会生活中，这种间接的表意足以完成对公共舆论的构建。因此，精神的实质从正向看是一种公众普遍的公共参与意识的觉醒与提升。

但同时也应该看到，公众的质量参差不齐。在大多数公众的认识水平、能力、素养尚未达到相应层面的情况下，此时的微博围观中也存在大量的情绪性表意和追随性表意，缺乏理性或许也是一个不争的事实。

从上面的分析可以总结出：能引起网民们热议的事情很多都与政治有关，带有一定政治倾向。主要的冲突对象为社会精英阶层，对精英阶层的刻板印象使网民在表达观点时比较极端，带有偏见、情绪性浓，且有一定极端平民主义。从这些网络舆论事件的特点来看，与平民主义特点（对社会精英或权贵极端的否认，认为平民是社会的被欺压者，而精英阶层不仅腐败，而且缺乏智慧并对他们充满敌意。很多时候判断事情不以法律或事实为标准，而以人物身份、地位或背景为标准决定态度）很为相似。从而可以判断，很多网络舆论事件中存在平民主义倾向，这一点在微博本身形成的“召唤性”聚集上体现得更是淋漓尽致。

第四节 舆论引导中的“重头戏”——网络舆论引导

观察互联网语境下的公共舆论在形成民主监督的意义上并非始终都具有充分的理性和推动公共事务正确发展的力量。从公众一开始出现的简单行为中富含的情绪性原子可以看出，这种可能是对于公共舆论精神的触发，对公共领域的形成提供“初始”动力，而一开始便已经存在着监督的诉求，其实是一种伴随被称为“监督”的情绪发泄。网络舆论推动的监督存在着一个“三期反映”状态。为了更加清晰准确地认识此时的民主监督，不妨对这个“三期”进行简单的梳理。

情绪舆论浪潮期。这一时期的特点是：由于大量情绪性因素的植入，监督带有明显的非理性特征。伴随公众日益增长的公共意识和社会参与意识，使这一过程中的情绪性迅速蔓延，造成大范围的情绪共鸣。某种程度上讲，这些情绪性又直接激活了更多群众的群体行为，大量表意群体的出现以情绪的方式产生聚合。与此同时，聚合也造就了参与者无畏感的上升；而源自于新媒介的另一个特征也发挥着强大的推手作用——匿名性，上述两种力量的螺旋上升使公众以自我发散的方式不断形成更大的情绪舆论浪潮。一时间，这种情绪舆论浪潮似乎铺天盖地，形成一股强大的民主监督热流。但是，应该看到，此时是非理性的监督诉求占据上风，并不一定意味着对相关公共事务的矛盾解决形成良性动因。反而，在这里的监督诉求中带有私利和发泄的成分。更危险的是，这种情态极容易被诱惑、被利用，其发展结果往往变成与最初的诉求恰恰相反的方向。

理性与非理性的博弈期。这一时期的特点是：伴随着相关讯息传播的真实性展现，一些最初参与的公众开始逐渐冷却情绪，形成思考。他们开始进一步地按照自己的逻辑认识轨迹去分析事件，以期将自己的认知推向理性的层面。但此时，仍然会有这样的问题产生，即能够快速冷却情绪并上升为理性思考的公众是因其认知水平、能力、素养以及占有文化资源而决定的。换句话讲，可能出现的情况是：知识水平达到一定层面的公众才能逐渐摆脱巨大情绪场的束缚，当他们形成总结性的思考，达到相对理性的认识时，理性的意见和态度的传播也仅仅是在他们所能信任和具有绝对掌控力的领域当中。况且这种最初的理性可能并不会为大多数所认可和接受；个体害怕或避免受到社会伤害的心理，也使理性的传播如履薄冰。正是因为上述情况的客观存在，少部分的理性公众可能只占参与到最初民主监督公众的 1/4 左右。这样就形成了情绪性的民主监督和相对理性的民主监督同时存在的情况，并可能出现博弈的状态。整个民主监督的发散曲线呈现出理性与非理性的波动。

理性监督转化期。这一时期的特点是：由于理性意见成为表意空间的主流，社会中纷繁复杂的情绪性意见表意群体逐渐消失。舆论的强度似乎并不像一开始那样“爆裂”，但这并不意味着舆论的价值开始减弱。反而因为理性思维模式的普及，舆论的价值才真正成为监督的有效支撑，民主监督也相应地进入了真正产生作用和发挥能量的阶段。

通过上述三个时期的表述，由网络舆论形成再到监督展开在不同阶段体现出具有差异性的监督效果与价值。对于大多数网络舆论而言，仅仅停留在第一和第二个阶段是由其自身存在的原因所决定的。但不论怎样，网络舆论的确给公众提供了一个表达意见时费力度较低的平台，同时在通过“快意恩仇”式的表意发泄中获得了相应的满足感，这也正是为什么公众会选择微博作为表现参与和发表观点的原因。值得注意的是，一些能够真正上升成为公共舆论的命题才有可能生成相对理性的民主监督，在网络舆论所能推动的实际监督到来之前，总是先以公共舆论的精神构建监督权力的方向与力度。

在公共领域媒介下公共领域话语权尽可能地去展现公共利益、公共精神、公共诉求，可是仍然会因为公共领域媒介创造的拟态环境并非完全与现实世界重合而造成实际的公共领域边际量偏小。以微博为代表的私人领域媒介在拓展公共领域的物理层面这一问题中确实功效斐然，但也应该明白，这种拓展仅仅是在公众的数量层面时是不够的，其中尚且存在“众意”与“公意”的混杂，甚至是大多数时候众意掩盖了公意，这也就缺失了公共舆论的精神和监督力的现实价值。那么，如何对互联网语境下的网络舆论环境进行过滤以达到净化的效果呢？基于 Web 2.0 平台的技术控制固然是一种方法，但是真正能够“长治久安”则在于网络舆论意见的发布方、代理方能够对具体的网络舆论形成心理学层面的认识与解读，从而既可治标又可治本。

（一）重视网络舆论中的情绪管理

网络舆论讯息传播是知情交融的过程。网络舆论讯息在传播的过程中带给受众的不仅仅是在认知平台上所起到的构建意义，同时也是将一种即成的情感通过网络舆论作品发散到社会的整体思维当中。伴随着受众对网络舆论重构的事态元素进行解读，由传播者在编码系统中集成的各类情感因素也随之潜移默化地产生影响。不论是在拟态环境还是在拷贝世界中，始终与符号编码系统同步运行的是编码者的情感系统，作为网络舆论传播者其社会基本属性仍然是“人”，这就决定了不可能剔除在信息传播中的七情六欲。而作为人的必然需求，情感的诉求也时刻影响着逻辑严密的符号编码，这就导致任何时候我们所接受到的任何信息中都带有传播者或多或少的主观情感体验。即便是作为职业的信息传播者，冷静和理智的信念也无法完全覆盖特定的情感诉求，而汶川地震时多位新闻记者和主持人情不自禁地潸然泪下正是一种很好的诠释。

（二）加强网络舆论中的观念引导

公共领域媒介与以微博为代表的私人领域媒介在信息传播的时间性和覆盖性上已没有明显的优势。但是在关于同样的公共议题形成的公共舆论观念引导方面却仍然空间巨大。这由于私人领域媒介在快速传递信息时可能留下的观念真空和形成的意见非理性。因此，可以毫不不夸张地说，以传统媒介为主的公共领域媒介在今天的传播语境下可以没有一支庞大的采编队伍，但是绝不能没有一支强大的评论队伍。

公共领域媒介在应对特殊传播社区时所要表现出的舆论引导问题应该实施一些具体的内容，包括：网络媒介环境下传统公共领域媒介讯息传播与舆论引导的契合性分析。对媒介传播讯息所形成的讯息形态舆论进行评估；对可能由媒介讯息传递真空、失事、不当等造成的负面意见、观点实施评价性测量。

（三）警惕网络舆论中的态度极化

出现态度极化现象的一个主要原因是信息的影响。辛茨等人以及近年来一些心理学家的研究证明，论据是使一种态度在群体中被激化的主要原因，在信息影响方面，积极的语言参与要比被动地听别人陈述引发更多的态度变化。格林沃德德研究揭示，积极的语言参与可以扩大群体讨论的影响，使人们变得易于接受一种观点而使其极化①。从这里我们可以得到启发：首先，大众传媒针对事件进行报道时应以客观公正的态度对事件进行全面而完整的报道，严禁为追求轰动效应而断章取义或针对极端信息进行报道。如“替谁说话”，当事人逯军对记者的谈话长达十几分钟，在极端言语后，后面的采访中也有对记者的道歉和对事情的澄清，但新闻作品中却只截取了当事人的极端语录。这也是该事件急剧恶化的

① 参见徐敏毅《牛心熊胆——股市投资心理分析》，四川人民出版社 2000 年版，第 58 页。

原因之一。其次，在社会事件引起网民们热议的过程中，因注重“反对者”的作用，以及讨论的作用。大众传媒作为社会信息的重要载体，应当在展现强势意见的同时，对非主流但相对公正意见与理智的意见进行展现。或者展开讨论进行直接的公开引导，以网络警察的身份对热议的问题进行疏导和答复、讨论。同时，可以培养论坛等网络群体的意见领袖。现在许多知名网站或论坛都培养了大量的意见领袖，将权威的、有代表性的言论置于网站的突出位置，来引起人们的注意，从而引导主流的言论。

第十一章

明晰——科学方法的使用：舆论学研究方法分析

第一节　定量研究在舆论研究中的应用

一　舆论测量的原理

舆论是一种社会现象。当社会出现新的变动或发展因素时，社会舆论就会应运而生，指示它的前景。注意观察舆论，科学地掌握和分析社会舆论，是把握社会发展命脉、解决破译社会问题的一把钥匙。对于社会问题，人们有很多认识的方法，存在着深知、浅知的差异，甚至一些隐忧的问题让人们无法正确地认识到它即将产生的危害。舆论所揭示的往往是被人们所忽视的，有悖于常理的话题，要想精确地认识这些话题，需要人们放下架子虚心听取别人的声音，用量化的手段来获得意见，毕竟数字是一种极佳的验证。舆论测量是对广大民众意愿调查与研究基础上的社会活动，运用数理科学、意向统计把人们对社会的认识纳入数理界面，即用“数字说话”。

（一）人们认识客观事物的多元性

人在社会中，既是独立的个体，也是群体中的一员，拥有思考能力和理解能力。对事物的认识，不管是现在的还是未来的，都会以理性的形式表达观点与见解，形成“一千个人有一千个哈姆雷特”。在一个多元的社会里，尊重不同的意见、不同的见解、不同的声音、不同的观念，既是尊重公民的言论表达自由，也是提供一条释放情绪的渠道。这么多的言论，是人们认识事物的必要路径，在日常生活中遇到不同的、个别的特殊现象，人们的认识过程就会从外表不断出现的多种单个事物中查明或深究其固有的一般特质，进而认识事物的整体，揭示事物的规律。恩格斯曾经指出："事实上，一切真实的，详尽无遗的认识都只在于：我们在思想中把个别的东西从个别性提高到特殊性，然后再从特殊性提高到普遍性；我们从有限中找到无限，从暂时中找到永久，并且使之确定下来。"我们对社会问题的认识，是一个由普遍性上升到规律性的过程，这个过程中，社会需要包容各种不同的意见，家庭的、单位的、企业的、团体的、个人的。兼听则明，偏信则暗，缺乏包容的胸襟和气度，是一种狭隘、虚弱的表现。对千百万甚至数亿人的认识加以归纳演绎和综合分析，不仅会反映社会规律，而且能更深刻、更准确、更完全地反映社会。

（二）民意结构的变化与可测性

民意是人民意见相互交融后的统一性认知，已经摆脱了个人或少数人的偏见与谬误。按照心理学的解释，人们的心理过程包括认识过程、情绪情感过程和意志过程三个层面。相应地，舆论作为一种精神意识的外在表现，在形成过程中也是有结构层次的：一是认知层面，是指客观事物的整体（或事物本身）直接作用于人的感觉器官时，人们对它的了解、看法和评价；二是情绪情感层面，是指人们在发表见解时流露出来的态度和好恶；三是意见外显层面，指的是舆论以什么样的形式表露出来，可以是言语上的评论，也可以是能观察到的行动倾向，比如民众的罢工游行、民众的聚众静坐等。这三个层面是一个连读的过程，即先有认知，才有情绪情感，最后是用"行为"表达认知。前两个层面属于隐性舆论范畴，后一个属于显性舆论的范畴，三者都是人们可以深切感知的，只不过前两个层面往往处于舆论的潜伏期，值得我们的警惕，因为这种舆论需要我们密切注意和观察，防止形成舆论的过激反应。由此，对舆论的测量就显得尤为重要。民意尽管是民众的思想，然而作为认知范畴在每一个阶段，人们大多数都愿意表达自己的态度，这种态度是可以测量的，能够测度出民众可感可知的特性，因此，民意的可测性为我们把握民意、引导民意提供了很好的基础。

（三）民意的指向性

民意的指向性一方面体现在它指向的对象往往是具有一定公共性的

社会事件和问题；另一方面体现在民意的态度具有方向性（如赞成与反对）、强烈程度（如非常赞成、赞成、一般、反对、非常反对）、多面性（指每一个层面构成的类别多样，如健康可以分为心理健康和身体健康，心理健康又可以分为智力正常、情绪健康、意志健全、行为协调、人间关系适应、反应适度、心理特点符合年龄七个方面）以及统一性等特性，这些特性某种程度上都能够使人们准确地了解民意的内容和观点，为社会管理的行为决策提供参考。长期以来，我们政府一直把“人们高兴不高兴，满意不满意，答应不答应”，作为判断和衡量工作得失的标准，就是说明我们重视民意指向性的最好例证。舆论测量是对民意的方向、强弱获取精确的数据，揭示民意追求的社会研究方法，为我们把握社会动向、解决民众利益问题提供充足的依据。

二 舆论测量的科学方法——民意测验

在社会研究中，测量是对所确定的研究内容或调查指标进行有效的观测与量度，根据一定的规则将数字或符号分派于研究对象的特征（即研究变量）之上，从而使社会现象数量化或类型化。[①] 也就是说，测量是在对抽象概念或理论概念操作化和概念化的基础上，通过一套指标体系测量人们的特征、行为和价值观念并使之数量化的过程。例如，我们现代社会出现了白领阶层，首先我们不会去考虑哪些人属于白领阶层，因为从生活常识上判断一个人是否白领，通常是和对方的职业地位、教育程度、从事体力或是脑力工作、经济收入等联系在一起。当我们职业地位、教育程度、从事体力或是脑力工作、经济收入等各分成高、中、地三种类型，并且分别用数字3、2、1表示，加总以后就会得出哪些人是真的白领阶层。

舆论测量就是在测量基础上发展起来的，采用社会调查的相关理论和知识通过数量化的研究，预测舆论的发展趋向。在社会学的学科视野中，民意是全体人民意见和愿望的总和，虽然从概念的范畴上讲舆论由于包括公共舆论、阶层舆论、群体舆论等，使舆论与民意有所差异，但是由于民意是舆论构成的主体，民意测验是舆论调查的主要方式，所以

---

① 邹农俭：《社会研究方法通用教程》，中国审计出版社2002年版，第44页。

在使用上有时与舆论调查混同。由此可以说，民意测验实际上就是舆论测量的一个过程。

（一）民意测验的由来和发展

民意测验源于19世纪的美国，它的最初形式是地方报纸《哈里斯堡宾西法人报》为了追求新闻的趣味性，在总统选举之前发放选票进行预测的模拟选举。这是历史上有记载的第一次现代民意测验。此后，民意测验成为报纸报道的一种常规化形式，民意测验的次数越来越频繁，调查对象的数量也越来越大。1912年美国总统选举时，《文学文摘》主办了空前规模的民意测验，成功地预言了总统选举的结果，从此民意测验成了一种有影响的社会调查方法，《文学文摘》杂志也成了美国民意测验的重要机构。一直到1936年，《文学文摘》的调查方法才受到质疑。那一年，罗斯福和兰登竞选美国总统，《文学文摘》共寄出了2000万张选票，回收237万多张，预言兰登当选，而当时还名不见经传的新闻学博士乔治·盖洛普主持的美国民意调查所根据美国人口的年龄、性别、职业、宗教信仰和经济收入等构成状况，采取"代表性抽样法"仅选取3000人进行民意测验，预言罗斯福将获得胜利，大选结果，罗斯福得票1800万张，兰登得票仅700万张。从此，盖洛普的民意调查所声名大振，成为世界著名的民意调查机构。盖洛普的胜利，一方面推动民意测验向科学化方向迈进了一大步；另一方面也促使民意测验走出了模拟投票的狭小范围，进入了政治、社会问题、管理决策等领域，拓宽了民意测验的实践天地。

第二次世界大战后，民意测验在世界范围内兴起，日本、欧洲等很多国家也都纷纷建立民意调查机构，不断改进盖洛普调查方法的不足之处。到20世纪60年代中期，民意测验调查已经趋于成熟。到目前为止，在技术上并没有更多的突破。

20世纪80年代以后，民意测验在我国也得到迅速的发展。很多省、市部门和一些机构都广泛采用民意测验的方法来了解社会情况和群众意见，像用民意投票考评领导干部的做法，已在全国普遍推广，有利于改进组织工作和领导工作。近年来，北京、上海和中央的一些部门，还围绕着经济体制改革、政治体制改革、城市文化建设、市政管理、法规政令的修订等问题开展了许多大规模的舆论调查，获得了有价值的信息，为了解一般民意动向、制定改革措施提供了重要的依据。目前，随着我国民主进程的加快，我国的各类民意调查机构逐渐壮大，除政府的民意机构外，媒体、高校科研机构、外资以及国内民营的调查机构也相继亮相，比如福建省社情民意调查中心、中国人民大学舆论研究所、环球舆情调查中心等。

（二）民意测验的程序和方法

民意测验是问卷调查的一种形式，调查范围大至全国，小到一个单位或群体。与问卷调查设计类似，其基本程序是：确定调查选题、确定调查对象和抽样方案、问卷设计、发放与回收问卷、整理调查资料、对调查资料进行统计分析，最后得出调查结果。在上述程序中，最为重要的就是调查对象和抽样方案确定以及问卷设计，这里我们先重点介绍这两面的内容。

1. 调查对象和抽样方案的确定

确定调查对象和抽样方案也就是要确定“调查谁”这一问题。从逻辑上来说，谁是舆论的发出者就应该调查谁，只要能够找到舆论的主体，就比较容易进行民意的统计。但实际操作中，要找到调查对象却是比较困难的，因为舆论主体涉及很多能够阐述意见的人，这些人散布在社会的各个角落，由于量大，要想找到每一位社会成员，在此基础上进行调查，也就意味着要用普查的形式，耗时、耗力，等我们获得数据分析的时候，舆论事件早已时过境迁，舆论也早已平息，这时的调查结果基本上失去了应用的价值。故而，为了避免在“调查谁”问题上出现的普查弊端，民意测验常规性的手段一定是抽样调查，即只调查其中的一部分人，而不是所有人。

抽样理论的着眼点在于个人能够代表典型群体，因为在相似的社会环境中，人们可能会有相似的意见，所以没有必要逐个交谈，只需抽取一部分人了解他们的想法就可以了。比如，一位来自北方某省的本科毕业生成为北漂，某种程度上可以代表其他来自北方其他省份的本科北漂一族。民意调查的目标是，通过询问其中部分成员一些问题，获得关于这个群体的总体可靠的信息和结论，因此样本的选择必须有代表性。

如何选择有代表性的样本呢？首选要根据调查目的选择正确的总体。比如，如果我们要调查网络游戏的某些情况，那么玩游戏的网民肯定是抽样的主要来源；如果我们要调查某个城市的城市建设状况，那么该城市居住的市民是主要调查对象。因此，要保证样本的正确性，关键是确定好总体。然后，在确定总体的基础上进行抽样。

在社会研究方法中，抽样方法分为概率抽样和非概率抽样两种。

所谓概率抽样也称为随机抽样，它是按照概率原理进行的，能够保证在一个确定的总体内每个单位被抽取的机会是一样的，根据概率抽样所获得的样本能够代表样本所在的总体。[①] 以随机抽样进行样本抽取，能帮助我们从局部了解总体的概况，避免抽样过程中的人为误差，保证样本的代表性。

在随机抽样中，抽样方法主要有：

（1）简单随机抽样：这最基本的概率抽样，对总体中的所有个体按完全符合随机原则的特定方法抽取样本，抽样时不进行任何分组、排列，使总体中的任何个体都同样有被抽取的平等机会，即对所有分子都一视同仁，毫无例外。

（2）等距抽样：将总体各单元或元素按序编上号码后，计算抽样间距，然后从间距以内的任意一个数字开始，按照这个间距抽取样本，一直到抽满规定的样本为止。例如，要从1000名学生中选出100人为样本，就可以先根据随机抽样法选出第一个人，以后每隔十个人再随机抽取一人。

（3）分层抽样：这是将总体单位或元素按其属性、特征分为若干个层次或类型，然后从每一个层次中随机抽取一个子样本，将这些样本合在一起即为总体的样本。例如我们要做关于手机使用行为的调查，根据手机用户的年龄、性别、籍贯、文化程度以及经济收入等先进行分组，然后每组抽取样本，使各元素的代表性优于简单随机抽样。

（4）整群随机抽样：就是将总体按照某种标准划分为一些子群体，用随机的方法从总体中抽取若干子群体，将抽出的子群体中所有个体合在一起作为总体的样本。

（5）多阶段抽样：在整群抽样中，当子群体个体数目较多，而彼此间差异性不大时，常采用经济的方法从大群体开始抽样，再抽到比较小

---

① 仇立平：《社会研究方法》，重庆大学出版社2008年版，第100页。

的群体，最后抽到个人。也就是说把抽样分成几个阶段进行。比如我们要调查初中同学对英语授课质量的看法，可以先以年级为单位，3 个年级各抽取 5 个班，再以班为单位，每班抽出 3 个组，再以组为单位，每组抽出 2 个学生，共得到 90 个样本。在这一过程中，年级、班、组、个人分别是四个阶段的抽样单位。

非概率抽样方法又称非随机抽样，它不是按照等概率原理抽取样本，而是根据研究者的主观判断或条件便利等因素选择样本。由于非概率抽样总体中的个体被抽取的机会不均等，无法用统计方法对抽样误差加以控制，所以，民意调查比较倾向于随机抽样方法来推论总体状况。

民意测验对抽样精确度要求较高，一般情况下常用的抽样误差规定在 1%、5%、10% 等，大于 10% 的抽样误差意义不大。民意测验的误差的范围不能大于 ±5%，像美国的总统选举预测，误差范围要求不能大于 ±2%，但即使是在这样的精确度范围内，仍有可能会出现预测失败的情况。例如，1976 年卡特与福特竞选，盖洛普的预测是两个人得票率分别为 48% 和 49%，因而福特将当选，但实际结果是两人的得票率为 50.1% 和 48%，卡特当选。这次预测失败不是由于抽样方法不科学，而是由于两人得票太近了。[①] 因此，许多媒体拒绝在选举前发表民意调查数据。由此可见，调查数据的准确性是决定调查结论的关键。

2. 问卷设计

民意测验要保证科学性，问卷设计也是重要的环节。一份完整的问卷调查有以下几个构成要素：

（1）说明信：主要是向受访者介绍访员的身份和主持研究的单位，简单说明研究目的和研究内容，请求受访者合作，许诺对受访者的个人资料给予保密以及简单说明受访者的选取方法。写作说明信时要注意语气和措辞，使受访者认识到调查研究的意义，从而愿意接受调查。

（2）填答说明：告知受访者如何填写问卷。包括答案选择的方法、答案选择的数量、填写注意事项、一些概念的解释和说明等。

（3）受访者基本资料：包括受访者的姓名、地址、年龄、电话、职业等个人资料。

---

① 袁方：《社会调查原理与方法》，高等教育出版社 1990 年版，第 247 页。

（4）调查正表：正表是由各类问题构成的，是调查的主体，也是调查问卷中最主要的部分。

（5）结尾：问卷结束前，应对受访者表示感谢。另外，要有问卷编码、访员姓名等信息，如果是邮寄问卷，要写上回寄地址等相关说明。

调查问卷中，正表中问题的设计直接影响到调查研究的质量，设计的种类也有多种。

开放式问题不给受访者提供具体答案，受访者可以直接表达自己的意见。这种问题可以使受访者不受答案的限制，进行比较深入的研究，比较适用于了解人们的意见、态度、价值等方面的问题，但是通过开放式获得的资料难以整理和编码，统计分析难度较大，并且要求受访者要有一定的文化水平和语言表达能力，不适合做大规模的调查，可用于问卷设计前的探索性调查。

封闭式问题与开放式问题正好相反，就是提出问题时，对每一个问题都提前设计好了答案，受访者根据自己的情况和理解直接选择合适的答案即可。

矩阵式问题将同类的几组答案排列成一个矩阵，由受访者对比回答问题的提问方式。适用于同类问题、同类回答方式的提问。例如，以下列出了我校影视鉴赏教室节目播放质量的四方面指标，您对这几个方面的满意度如何？请做出评价（见表 11—1）。

表 11—1　　矩阵式问题量表设计

	很满意	满意	一般	不满意	很不满意
播放时间					
播放地点					
播放种类					
播放质量					

相依问题也是常用的设计，因为在调查时，有这样一种情况，有的问题只适合一部分受访者，而一个受访者是否需要回答这个问题，则要视其对前面某个问题的回答结果而定。这样的问题，就称为相依问题。

如下：

您是广告从业者吗？

①是→ 请问，您从事广告职业有多长时间了？________年

②否 您认为广告策划中最重要的环节是什么？

市场调查□ 广告创意□ 广告预算□

广告传播效果□ 广告媒介策略□ 广告目标□

其他的还有排序式问题、多项选择式问题、两项选择式问题、坐标式问题等。另外，还要注意设计问卷时的编码问题，一般来说，编码设计就是按照数字逻辑来进行，每一种选项情况只有一个唯一的、不重复的编码。比如 1、2、3、4、5，而不能是 1、5、3、2、4。

民意测验不同于一般的问卷设计，设计要求一是提出的问题不宜过多，应以观点、意见、建议、态度等各种主观认识和感受为主要内容；二是回答方式尽可能简明，一般都采用封闭式或半封闭式的回答方式；三要避免使用难懂的词语，使一般的人都能够理解提问的内容和含义。

三 定量分析的其他方法

在舆论测量中，虽然民意调查是最主要的方法，但是还有其他一些方法也可以获得民意中的数据，进行量化研究。

（一）焦点小组座谈法

这种方法是在一种自由和宽松的环境下，采用座谈会的形式，通过精心设计，在一位主持人的主持下与小组成员进行交谈，来获取人们对某个舆论问题的认识。一般焦点小组组织 6—10 人参加，也可以多至 12 人。座谈时，除了通过交流获得信息，还可以采用问卷形式，一般持续一到两个小时。

（二）控制实验法

在传播学中，控制实验用于测定特定的信息刺激或环境条件与人的特定心理或行为反应类型之间的因果关系。这种方法始于 20 世纪 40 年代，最为著名的是霍夫兰心理小组进行的美国陆军试验。此方法主要用实验室实验和现场实验的办法考察人们的态度，实验的过程包括确定实验课题、选定实验对象（用抽样方式或选择特定的代表性小组）、控制与

实验（将实验对象置于实验控制环境，按既定程序向他们提示测试材料，收集反应数据）、统计分析数据从中推出某些发现与结论，同时对实验的假设进行验证，最后提出实验报告。

控制实验法是从心理实验的角度获得数据的，优点显而易见，就是可以使研究者紧密控制项目和受试者，逻辑程序严密，可以对实验因素加以控制，从而突出某些变量的作用。但是，因为这种方法的实验环境是人为设置的，与实际生活中复杂多变的实际状况有一定的距离，所以实验的结果往往会有误差。

第二节　定性研究在舆论研究中的应用

舆论调查获得数据属于量化的资料，但是，这些数据只是舆论的表面现象，要想能够切实地掌握舆论反应的本质，还需要做进一步的工作，即内容分析，也就是在对调查资料整理、分类、简化、统计分析的基础上进行思维加工，从感性认识上升到理性认识，这个过程是舆论测量的重要环节，也是研究舆论、观测舆论的主要工作。

一　定性分析的作用与特点

定性分析不同于定量分析，定量分析是对舆论现象数量上的分析，以发现和描述舆论的规模、态度的认知程度以及事物之间的关联，无法说明舆论为什么会具有这种规模，为什么会出现这种态度和意见，事物之间为什么会出现关联。也就是说，它无法对舆论现象的质和量的差异作出解释。例如，在舆论调查中，发现年轻人对中国大学生就业的双向选择有58%的支持率，而老年人的比例只有24%，那么如何解释这种差异，年龄因素与人们对大学生就业的看法之间的相关性说明了什么问题，只凭统计数据是无法回答的，这只有靠定性分析才能解答。所以，在舆论调查中，定性分析不仅要对现象的性质和本质联系进行研究，还要能够从数量的特征和各因素之间进行精确的定量分析，才能深刻地、准确地把握舆论，观测舆论。

具体地说，定性分析具有以下几方面的作用：

1. 对统计数据的结果做出理性的说明和解释

在舆论调查中，获取资料后的第一步是统计数据，分析数据结构，描述舆论问题中的状态，分析变量之间的相关度等，第二步就是对统计结果进行理论分析。例如，北京师范大学在2015年对成年人动画的观赏与消费的1450份问卷调查中发现，成年人对观看动画片途径的选择中收看电视台播出的动画节目的比例占43.7%，通过网络收看的占37.8%，收看电视收费频道的动画节目占3.89%，如何解释这一差异呢？这就要做各种理性分析。采用历史比较法得知，以往我们看动画片往往只能通过电影、电视媒体观看，时间与地点都不能自主，随着媒介渠道的增多，不仅观看动画片的途径增多，而且观看的方式也发生了改变，通过现在调查的数据来看，随着时代的进步，青年人群收看习惯已经发生改变，新媒体尤其是网络的兴起，为动画片的普及提供了重要推动力。由此可以进一步认识到，如今网络已经成为青少年接触动画片的一个重要手段，动画营销的推广应该有所偏向，由以往的传统媒体向新媒体发生偏移，以提高承认接触动画相关信息的几率。① 这样的结论说明比单纯的统计描述更能深刻地理解所研究的现象。

2. 对研究假设进行验证

某些舆论调查是提前做出明确的研究假设，然后收集资料，进行调查，了解客观事实。因此，在舆论研究阶段，需要结合统计分析的结论对研究假设进行检验和论证。例如在《上海手机电视市场调查研究》中，研究者提出了两个研究假设：一是手机电视有广泛的受众需求，受众对手机电视持普遍欢迎的态度；二是智能手机终端和手机电视自费标准是手机电视市场发展的主要障碍。假如调查资料的统计结果与研究假设不一致，就要分析为什么会不一致，如果一致，也要结合具体资料进行理论分析和讨论，从各个角度、各个方面来论证和发展理论。上述调查结果表明，受众对手机电视的需求不旺盛，对手机电视业务也不积极，手机电视市场的开发者应该重新认识并重视受众需求和态度问题。②

---

① 刘斌等：《成年人动画的观赏与消费的调查与分析》，《现代传播》2011年第3期。

② 高红波：《上海手机电视市场调查研究》，《现代视听》2009年第7期。

3. 通过个别的具体的现象上升到普遍理性的分析，指导实践

舆论调查由于是抽样调查，分析样本的目的是希望通过有代表性的人群分析总体，从具体现象中发现问题，抓取主要矛盾，透过表现揭示事物本质，进而找到舆论产生的根源和趋向。民意往往代表了大多数人的意见，诚如前文讲的具有指向性，因此，我们获得的理性结论都是为现实服务的，通过对理性的把握，寻找控制舆论、引导舆论的方式方法，提供解决实际问题的措施和方案，或是提出政策性建议，改进我们的工作，满足民众需求，指导实践。

二　如何进行定性分析

进行定性分析的方法有很多，如分析与综合、归纳与演绎、抽象与概括、形式逻辑等，这里我们介绍几种在舆论调查中常用的分析方法。

（一）比较法

比较法也称比较分析法，它是通过对各种事物或现象的比较，来确定它们的共同点和相异点，并揭示它们相互本质的特征。这种方法是区分事物最为常用的方法。比如我们要了解我国娱乐节目的状况，最好的方法是将它和西方娱乐节目相比较，要了解某城市交通状况，只有与其他城市相比较才会清楚。

运用比较法分析舆论调查的资料，必须有统一的、科学的标准。没有统一的标准就无法进行比较，没有科学的标准，也不能进行正确的比较。例如我们很难把学校的工作效率与企业的工作效率相比较，但是我们却可以把电视广告的传播效果与网络广告的传播效果相比较，因为他们两者之间都是建立在广告媒体基础上，传播效果的研究也是以广告受众为调查对象的。

运用比较法分析舆论调查的资料，不仅要注意现象上的比较，也要注意本质上的比较，还要善于发现和比较本质的异同。舆论调查研究的重点之一就是要在表面上差异极大的现象之间发现共同的本质，或在表面上相似的现象之间找出它们的本质差异。

比较法可以分为类型比较法和历史比较法。前一种是横向比较，后一种是纵向比较。

1. 类型比较法

类型比较法就是对各种类型进行比较的方法。要用这种分析方法，首先就需要根据事物的某些共同点把相同事物归为一类。分类是科学研究的基础工作，在归纳过程中，通过对大量现象进行辨别和比较，发现它们相同的地方加以总结概括，然后根据事物的经验标志进行分类。例如新闻按报道内容分为经济新闻、社会新闻、时政新闻、娱乐新闻等。在抽象的研究过程中，比较分析的目的是从具体事物的各种属性和关系中抽出某一本质特征，进而更深入地了解客观现象。例如我们可以从新闻的报道特点中抽取“真实性”这一本质特征，无论什么类型的新闻，真实性都是新闻的灵魂。

舆论调查属于社会学的范畴，由于舆论现象的复杂性和独特性，对它进行分类就不能像自然科学如生物学、物理学那样分类比较。例如要了解当前民众对我国西部大开发政策的意见，就必须结合中国西部当前的现实环境、经济条件和社会发展水平，还要和中国南部、中部等其他地区相比较，这就加大了舆论调查的难度。为解决这一困难，社会学家韦伯提出了一种建立“理想类型”的方法。所谓理想类型法就是从具体独特的现象中抽取一些主要性质，舍弃其他性质而建立的典型或标本。如，“民主制度”“发展中国家”“现代企业化制度”等。这些类型都存在于抽象概念之中，有些与现实并不相符，但它们又是由一定历史阶段社会环境中的一些具体因素构成，有了这些理想概念，就可以与其他具象事物进行比较。

2. 历史比较法

历史比较法是对不同历史时期的社会现象的异同点进行比较和分析，由此揭示舆论现象的发展趋势或发展规律。这种方法常常把调查问题置于特定的时期，通过纵向的历史时期比较，认识事物的现象和特点。历史比较法常用于舆论调查中的宏观研究，通过舆论发展的逻辑推演来说明和解释现实社会中的舆论现象。历史比较分析往往要先确定不同历史时期的社会现象具有哪些本质差异，如表11—2比较了传统社会与现代社会家庭的基本特征，然后通过这些本质差异比较分析出某种结论。

表 11—2　　传统社会与现代社会的家庭特征

	传统社会的家庭	现代社会的家庭
家庭组织	大家族性的组合	夫妻的组合
家庭规模	扩大家庭	核心家庭
家庭功能	众多；生产和分配	较少；消费
家庭成员之间的责任关系	混合性的；多而重	简化性的；少而轻

资料来源：袁方：《社会调查原理与方法》，高等教育出版社 1990 年版，第 389 页。

历史比较法还可用于一般性的具体比较，然后上升到某种理论的高度，对这种差异作出说明和解释，或者提出一些新观点。像中国互联网络信息中心每半年举行的一次网络发展状况统计调查，就有很多通过年代的比较掌握网络受众、网络社区、电子商务等发展状况的。图 11—1 数据表明：截至 2014 年 12 月，我国手机网民规模达 5. 57 亿，较 2013 年年底增加 5672 万人。网民中使用手机上网人群占比由 2013 年的 81. 1% 提升至 85. 5%。手机端即时通信使用保持稳步增长趋势，使用率为 91. 2%。手机网络游戏从爆发式增长变为稳步增长，预计 2015 年市场份额将进一步扩大。手机旅行预订用户增长达到 194. 6%，是增长最快的移动商务类应用。手机网购、手机支付、手机银行等手机商务应用用户年增长分别为 63. 5%、73. 2% 和 69. 2%，高于其他手机应用增长幅度。在移动互联网的推动下，个人互联网应用呈上升态势。即时通信作为第一大应用，使用率达到 90. 6%。平板电脑凭借娱乐性和便捷性成为网民的重要娱乐设备，2014 年底使用率达到 34. 8%。

3. 因果比较法

俗话说：事出必有因。客观世界中任何现象的产生、发展和变化都有必然的外因或者内因。因果关系是客观联系之间的一种普遍的、必然的联系，舆论调查中的很多现象都有着发展变化的因果关系，找到这些关系，为我们追本溯源，从“根”上消除不良舆论提供了线索。因果关系在科学研究中有着极为重要的意义，对于舆论调查质的分析而言，同样占有重要的地位。

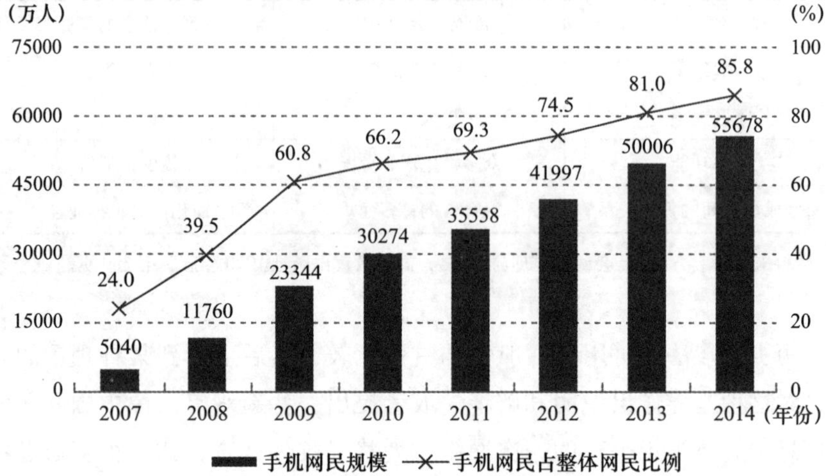

图 11—1　手机上网使用状况

资料来源：中国互联网络信息中心第 35 次中国互联网报告。

科学研究中，分析因果关系有多种方法，自然科学中常用实验法，在统计调查中，采用相关分析、因素分析、回归分析等统计方法。在无法采用定量分析的情况下，可采用定性研究。英国哲学家穆勒就为我们进行这种研究提出了五种由客观事实归纳出因果关系的一般方法：求同法、求异法、求同求异法、共变法和剩余法。

4. 结构功能分析法

结构功能分析法是舆论调查中较为常用的一种分析方法。它是在分析某一舆论现象时，探寻这一现象在一定的社会系统中所发挥的作用和影响，也就是这一现象的社会功能以及这一现象与社会系统和系统各个组成部分的结构，并将这一部分或结构与某种功能对应起来。

必须指出的是，结构功能分析法与因果比较分析法都有对舆论问题研究原因的方面，但是结构功能的特征是通过考察某一舆论现象对所隶属的总体结构在调适、整合等方面的功能，或保持社会系统良性运作的功能来解释舆论问题。而因果分析则是根据结构条件对某一舆论现象的影响来解释舆论产生的根源。因此，结构功能法比较适用于解释一种舆论现象的存在，而难于解释其变化发展。

那么如何进行结构功能分析呢？可以从下面步骤入手：

（1）把所研究的现象先放置于一定的社会系统中，说明这一系统的内部结构和外部结构，分析这一现象在社会中的地位和作用，对社会运转和发展有什么重要功能。

（2）从性质和数量上分析这一现象与其他现象之间的关联。

（3）结合各种分析法对这一现象作出解释和说明。

结构功能分析是一种系统分析，它以系统论为依据，侧重从整体的结构和运行上说明具体现象，了解了系统的各组成部分的特征和功能、系统的整体特征、系统内部与外部结构和功能等有利于我们很好地把握和研究舆论现象的各种联系，便于从整体上认识社会现象。

第三节　混合研究法在舆论研究中的应用

将定量和定性方法进行结合的主要原因在于舆论研究本身是多面的、多层次的、多视角的，因此，学术界需要那些能够融合各种形式的材料和证据并整合当前多种研究视角的研究方法。正如传统学派所秉承的观点所表明的，定量和定性方法的本体论和认识论互不相容，因此二者之间有不可逾越的“鸿沟”，这使定量、定性相结合的方法常常受到挑战。那么，定量和定性方法之间的区别就决定了二者之间的“鸿沟”是无法逾越的吗？如布莱曼所强调，就认识论和本体论来讲，研究方法比研究者通常认为的更具有“流动性”。博格曼甚至作出了更为系统的论述，建议在混合研究方法的应用中“混合”不同的数据收集和分析方法，而不是“混合”边界模糊的定量和定性方法，这赋予了研究者们一种全新的视角。

其一是在具体操作中一方面区分“数据收集方法”（如无结构式口述访谈、建立在封闭式问题上的调查研究）和“数据分析方法”（如定性的内容分析、福柯式的话语分析、定量的内容分析、结构方程模型等）。

其二是研究者可根据具体研究问题、理论和目标选择不同的搭配来理解他们的数据。总体而言，完全打通定量和定性方法之间的区隔虽不免有些极端，但布莱曼和博格曼的研究的确提供了混合研究设计极大的可能性，即根据研究目的、数据类型甚至研究者的资质选择合适的策略来系统地连接数据及相应的数据分析方法。

一 混合设计类型

（一）三角互证测量型设计

运用该设计的目的是“更好地理解所要研究的问题而获得关于同一主题不同的、但是相辅相成的数据”。

用这种方法即可以将量化和质性分析结果做比较，同时也可以用质性分析的结论来验证或扩充量化分析所无法揭示的信息。三角互证设计是指一个特定阶段的研究设计，在该设计中研究者同时、同等地使用量化和质性方法。在收集量化和质性数据时是同时进行的。因此，也叫作“并行三角互证设计”。研究者在分析中将量化和质性数据结合起来进行解释，或通过数据转换来整合这两种数据。由于同时收集数据并对数据进行分析，因此是一种高效的设计。但是这种方法需要对量化和质性研究有一定的掌握和良好的专业素养，研究者需要具备更多的经验和付出更大的努力，在比较这两种数据的分析结果时也存在困难，有时甚至需要处理两种数据结果存在差异的棘手问题。

（二）嵌套型设计

这种设计方法是在量化和质性研究中选择一种研究方法为主而另一种研究方法为辅。在主要的研究方法中，没有优先次序，另一种研究方法是插入其中的。采用这种方法的前提是一种研究方法提供的数据信息不充分，需要用不同的数据来回答不同的问题。在一个结合量化和质性方法的研究中，当需要采用量化和质性材料一起来回答研究的问题时，就可以采用嵌套型设计。当研究者要在量化研究中使用质性材料时，这种设计方法也特别合适。在数据收集时，这种设计方法也有一定优势，不需要花费太多的时间和资源，因为其中一种数据的采集是辅助性的，这种数据的量要比另一种少很多。

（三）顺序解说型设计

这种设计的目的是用质性材料来帮助解释初步的量化结果。因此，质性材料的收集和分析在量化数据收集和分析之后，一般情况下是量化数据优先。由于该研究从量化阶段开始，因此，更加重视量化方法的实施。量化研究中出现一些意想不到的结果时，采用这种策略就显得非常有用。在出现意想不到结果的情况下，后面进行的质性数据分析会更加仔细地检验这一非预期结果。顺序解说型设计比较简洁明了，两种研究方法相对独立，且易于实施，并且便于对结果进行描述和报告。但是，这种设计也存在一定的缺陷，由于需要研究者对两个相对独立的研究环境花费较长时间进行数据收集，当这两个环节都很重要时，这种设计就显得耗时耗力且复杂，难以把握。

（四）顺序探究型设计

顺序探究型设计和顺序解说型设计有很多相似的特征，通常也分为两个阶段实施。与顺序解说型设计策略相反，这一模式的特点是，首先进行的是质性研究数据收集工作，接下来才进行量化研究数据收集和分析。研究中质性研究具有优先性，并将两个研究阶段的结果在解释阶段进行整合。因此，这种研究设计是用量化的结果和数据来补充和说明质性研究的结论。莫尔斯指出了选择此种策略的一个目的：确定在所选择的总体中某一现象的分布情况。这种研究设计适用于既想探究一种现象，又想拓展质性研究结果的研究。与顺序解说型设计类似，这种设计也需要充足的时间来完成两个阶段数据的收集和分析，这对某一类研究来说是一种缺陷。同时，要在质性研究的基础上进行下一阶段的数据收集存在一定困难。

二　混合研究方案

1. 量化数据的收集和分析

首先，为了获得量化研究的部分数据，其次，依据调研问题和获得数据的情况采用 Stata11.0 对数据进行描述性统计，并且分析变量之间的相关性，通过变量选取并采用多层线性模型（HLM）、倾向评分匹配等计量模型对数据进行分析，并对模型分析结果进行解释。

2. 质性资料的收集和分析

质性研究主要包括研究者与被试者的单独访谈和访谈对象的群组讨论，以及对访谈对象进行一段时间的观察三种形式。在此过程中考虑到访谈对象的特殊性，因此采取封闭式访谈的形式，即访谈全过程由研究者与单个被访谈对象单独进行，并且对访谈内容录音。研究者会在调查过程中根据被调查者的一些话题，有侧重地进行某些问题的深入访谈。研究将政策文本分析、个体深入访谈、小组讨论、班级中行为的观察相结合，能够在数据收集过程中突出不同的重点和从不同的角度论证结论。

在质性研究中内容分析是一种主要的分析技术，它通过分析文本（受访者的描述、笔记、摘要）发现“重复出现或主要”的语言词组来分析不同分类和主题。此研究的整个质性研究包括了记录与核实记录、编码、分类与合成、软件分析，以及结果的可靠性和有效性描述。

3. 量化研究与质性研究的结合

结合量化研究和质性研究的结果形成一系列的结论或理论分析框架的过程叫作“混合研究合成”。这也是混合研究方法非常重要的一个研究步骤。此研究对结论的构造是“补充结论形成为一系列论据、一个理论或者一种叙述”。一方面，采用多层线性模型、倾向评分匹配法等计量方法在确定和测量一些切实存在的可量化的影响因素时是有效的；另一方面，对访谈资料进行深入分析和关注整体数据，将对解释和理解那些无形的影响因素更加有效。因此，结合这两种类型的分析方法，能够更好地从不同的视角舆情中呈现问题。这意味着质性研究和量化研究能够回答同一个研究问题的不同方面。

三 关于混合研究法在舆论研究中需要说明的几个问题

根据风笑天对混合研究法的定义，即真正意义上的混合方法研究是对研究问题的不同方面分别使用定性和定量两种方式展开研究，并一起完成回答研究中心问题或总问题的任务。[①] 结合一些国外学者的研究，发现在混合研究法的实践过程中存在着一些争议性问题。

（一）混合研究的维度划分问题

国外学者里奇，从三个维度对混合研究进行划分（见表11—3）。

---

① 风笑天：《定性研究与定量研究的差别及其结合》，《江苏行政学院学报》2017年第2期。

表 11—3　　　　　里奇对混合研究法的三维度划分

方法	部分混合研究方法		完全混合研究方法	
时序	同时	前后顺序	同时	前后顺序
同等地位	部分混合同时同等地位设计方案	部分混合同时主从地位设计方案	完全混合同时同等地位设计方案	完全混合前后顺序同等地位设计方案
主从低位	部分混合前后顺序同等地位设计方案	部分混合前后顺序主从地位设计方案	完全混合同时主从地位设计方案	完全混合前后顺序主从地位设计方案

我国学者蒋逸民在《作为第三次方法论运动的混合方法研究》中整理归纳出四种混合方法设计类型（见表 11—4）。

表 11—4　　　　　蒋逸民对混合研究的维度的四分法

	三角互证设计	嵌入式设计	解释性设计	探究性设计
定义	在一个阶段的设计中研究者同时、同等地使用定量和定性方法	以一种方法为主，另一种方法为辅的混合方法设计	一种两个阶段的混合方法设计，用定性数据来帮助解释初步的定量结果	一种两个阶段的混合方法设计，该设计的意图是定性方法能有助于拓展和深化定量方法
形式	结合模型、数据转换模型 定量数据验证模型、多层模型	实验模型、相关模型	后续解释模型、参与选择模型	工具发展模型、分类发展模型

资料来源：蒋逸民：《走出定量社会学双重危机》，《浙江社会科学》2009 年第 10 期。

不论上述何种维度的划分，应该看到：在一个研究中研究者可以用量化或质化研究中的一种方法的优势去弥补另一种研究方法的劣势；能够整合和证实其中一种方法发现的结果，对另一种方法发现的结论提供更好的证明。当只采用量化或质化中的一种方法来研究时，可能无法获得一些洞察力和理解力，而采用这种方法还能够增加结果的普遍性和概括性，使得量化和质化研究共同产生更加丰富的知识，达到理论和实践灵活转换的目的。

定性研究文献中的文字、图形和叙述内容可用于补充定量研究文献的数据信息；同时定量研究工具的数据能用于增加定性研究方法所采集到的语音、图片和讲述的准确性。因为研究者不仅局限于一个问题和方法，回答的研究问题会更加深入和完善。

（二）关于混合研究法实践的案例分析

1. “阶段性”结合

定量研究与定性研究结合的一种常见的情况是，研究者在定量研究前期步骤中，增加使用了定性研究的某些具体方法和技术，被一些学者叫作二者的“阶段性”结合。比如，在定量调查之前，采用定性研究的手段，如深度访谈、参与观察等，对这一现象进行一些深入探索，为研究后期工作如设计调查问卷、设置度量参数作铺垫。

例如在《国际自媒体涉华舆论传者特征及影响力研究——以 Twitter 为例》中，研究者相德宝在数据挖取后，运用定性与定量结合的层次分析法，邀请国内外 10 位 Twitter 研究专家给评价指标权重打分，设计传者影响力层次指标。并在指标的基础上展开后续数据分析得出结论。[①]

2. “主辅式”结合

在定量研究的后期步骤中，研究者增加使用定性研究的某种具体方式与方法，帮助对定量研究中统计分析的结果进行理解和解释的结合方法称为主辅式。[②]例如，对预先抽样选取好的总样本，发放问卷，开展调查，再从总样本中选取部分样本进行深度访谈，用深度访谈的结果帮助分析问卷调查后定量统计分析结果的意义。然而，将定量研究方法作为辅助定性研究分析结果的手段的案例却很少见。虽然有研究者曾尝试通过将定性研究所收集的深度访谈的谈话记录、文本分析得出的资料，利

① 相德宝：《国际自媒体涉华舆论传者特征及影响力研究——以 Twitter 为例》，《新闻与传播研究》2015 年第 10 期。

用数据技术软件录入到电脑中，转变为可进行量化统计分析的材料来进一步开展研究。但在具体操作的过程中，或多或少地违背了定性研究的一些前提假设和哲学基础。这也证明了用定量研究的工具、手段来处理定性研究的素材，其结果可能往往达不到用定性研究方法分析量化数据资料的结果。

3. “融合式”结合

第三种情况是对一个大的研究项目中的不同主题，分别使用定性研究和定量研究的方式参与研究，并用不同研究方法得到的结果分别回答中心问题衍生出的不同子命题或总问题的不同方面，并最后共同回答研究中心课题或核心问题。① 例如，研究者李春雷与贾立平以“什邡事件”② 为突破口，尝试运用定量与定性两种不同的研究方式来厘清舆论场之间的作用机制，寻找结合党媒意见与网上舆论的多维路径。而要回答这一中心问题，就必须先阐释清楚两个问题：首先，突发事件中党媒意见与网上舆论的沟通特征；其次，两个舆论场沟通失衡的症结原因。

为了回答上述两个紧密相关的问题，笔者将研究设计对应分为两个部分：首先运用定量研究方法，深入什邡市进行实地调研，由市中心向四周辐射，科学分层抽样，发放问卷调查，考察当地居民对主流媒体的意见和态度，并基于此，得出两个舆论场域之间的四点沟通特征。

其次，为得出两个舆论场沟通失衡的症结，笔者采用文本分析法和深度访谈的定性研究方式，先梳理《四川日报》《中国青年报》等官方媒体对事件的报道，对报道内容进行“文本”解读；同时在样本中选取具有代表性的市民，来表达对传统媒体报道的看法与认知、满意程度。得出报道信息的真空与报道框架的极化增加沟通成本。最后，综合对调研数据的分析，得出化解两个舆论场沟通危机，合二为一打造唯一舆论场的结论。可见，正是通过运用定量与定性不同的研究方式，该研究分别回答了为得出核心问题的两个不同子问题。

---

① 风笑天：《定性研究与定量研究的差别及其结合》，《江苏行政学院学报》2017 年第 2 期。

② 李春雷、贾立平：《突发事件中传统媒体沟通党媒意见与网上舆论的进路研究——基于“什邡事件”的实地调研分析》，《国际新闻界》2015 年第 11 期。

综上所述，研究者无论在单一选取定量研究法、定性研究法中，还是在研究过程中，将二者合二为一，应采取实事求是的态度。对于混合研究法的使用中，具体采用何种程度的结合方式，也是如此。应当以回答研究问题的需要为选择出发点，继而依据核心问题与子命题的需要，选择与之相适宜的研究方法。如果研究问题与命题假设仅适用于定量研究或定性研究其中一种研究方式，不要生硬地采用两种研究方式，妄图增加结论科学性与严谨性，反而画蛇添足。但当命题假设、回答问题可由母命题拆分为几个需要测量的指标既有量化数据也有质性数据的子命题时，研究者应果断采取混合研究法来展开严谨论证。

从研究设计的角度来看，研究方式的选择也是一种权衡，无论采用单一研究方式，或是二者融合的方式，研究者选择时都应设立一个标准——研究问题的合适性，从而采取合适的研究方式，达到回答问题的研究目的和效果。

（三）混合研究法在舆论研究中的方法、路径探究

1. 存在质疑的问题

尽管本书提及了诸多混合研究法在舆论研究领域运用的益处，但在具体实践过程中，定量研究方法与定性研究方法的融合是无法一蹴而就的。

首先，在研究设计前期，在研究母题与其衍生的子命题提出后，哪一子命题选择定性研究方法分析，哪一子命题选择定量研究方法回答，目前舆论研究中还没有统一的定论；其次，在研究分析中期，回答各命题时定性与定量的样本数量分配的问题。虽然目前在定量研究中混入质性指标测量的数据，已有前人的经验，但如何在定性设计中使用定量数据还未有更多可参考的案例。并且，两种不同性质数据混合使用，会否造成测量单位不对等而无法转化使用的情况，还需要结合舆情实际案例进一步探讨分析。最后，也是最实际的一个问题，哪些软件或新技术手段可支持混合方法研究呢？当前舆论研究中使用到的大数据软件，大多为捕捉量化数据的互联网舆情监测工具，并未发现测量质化数据的专业权威计算机技术工具。

经上述分析，混合方法研究将有助于完善定量与定性研究的各自缺陷，但其具体可行的研究方法在融合过程中产生的疑问需要从研究母题

与课题解决方法出发。

2. 实践上的可能

上述定量研究与定性研究方法在融合过程中在前期设计、研究中期出现的大多数问题，只要抓好研究课题要回答的核心问题，就可迎刃而解。

研究者为回答研究核心问题，鲜少能仅用单一思路直观解决，往往需要相互论证，才能显示结论的严谨性。比如，研究者需要分析某地一舆情事件，并提出日后类似事件发生时的应急措施、建议。研究者要对事件的来龙去脉了解清楚，还原事件原貌、了解事件发生原因，继而才能提出具有可实施性的建议措施。那么，就产生了在这课题之下的子命题或是子任务。

不管是还原网络舆情事件还是线下舆情事件原貌，单一依靠大数据检测工具或大范围调查问卷是不完整的，会疏漏前文提及的隐性舆情。显性舆情的反馈通常与大众自己了解舆情事件所产生的第一观感不会有太大出入；隐性舆情往往更能给研究者惊喜，为后续事件原因的探讨提供新的视角与思路。

在探讨事件的发生原因时，通常的做法是设立几个假设命题即假设原因，通过调查分析逐一论证。在此适宜用量化数据度量的命题用定量研究方法设计分析；适宜用质化数据的则用定性研究方法；若既有量化数据也有质化数据，可用两种方法同时分别展开两个分析过程，用得到的两个结论相互论证；若需要量化数据与质化数据的同时支撑，可在一个分析过程中，分阶段适当使用两种研究方法。

定量和定性方法各有其缺陷，混合方法或许可以克服这些缺陷而实现优势互补，提升我国社会科学研究水平。混合研究能更好地适应当前大数据时代背景，辅助舆论研究顺应时代趋势，对于提升以复杂社会为背景的研究课题的严谨性、说服力具有促进作用。而同时舆论研究也需同时观照宏观的社会环境与微观的个体因素，达到研究目的，更好回答研究命题假设与核心问题。因此，混合研究方法在舆论研究领域或许大有可为。

参考文献

中文著作或文集

［古希腊］柏拉图:《理想国》，郭斌和等译，商务印书馆 1986 年版。

［日］北川隆吉主编:《现代社会学》，沙莲香译，中国人民大学出版社 1994 年版。

陈刚:《大众文化与当代乌托邦》，作家出版社 1996 年版。

陈力丹:《精神交往论》，开明出版社 1993 年版。

陈力丹:《舆论学：舆论导向研究》，中国广播电视出版社 1999 年版。

高小康:《人与故事》，东方出版社 1993 年版。

高小康:《大众的梦》，东方出版社 1993 年版。

龚文庠:《说服学——攻心的学问》，东方出版社 1994 年版。

［德］尤尔根·哈贝马斯:《交往行动理论》，洪佩郁等译，重庆出版社 1994 年版。

［德］黑格尔:《法哲学原理》，范扬等译，商务印书馆 1961 年版。

［德］黑格尔:《历史哲学》，王造时译，生活·读书·新知三联书店 1956 年版。

［德］康德:《实用人类学》，邓晓芒译，重庆出版社 1987 年版。

［英］科林伍德:《艺术原理》，王至元等译，中国社会科学出版社 1985 年版。

孔令智等:《新编社会心理学》，辽宁人民出版社 1987 年版。

［奥］赖希:《法西斯主义群众心理学》，张峰译，重庆出版社 1990 年版。

［美］李普曼:《舆论学》，林珊译，华夏出版社 1989 年版。

林秉贤:《社会心理学》，群众出版社 1985 年版。

林语堂：《中国新闻舆论史》，上海人民出版社 1937 年版。
刘崇顺等：《大潮下的情感波动》，中国社会科学出版社 1993 年版。
刘建明：《当代舆论学》，陕西人民教育出版社 1990 年版。
刘建明：《基础舆论学》，中国人民大学出版社 1988 年版。
［英］罗素：《西方哲学史》（上下册），何兆武等译，商务印书馆 1983 年版。
［英］麦克布赖德等：《多种声音 一个世界》，中国对外翻译出版公司第二编译室编，中国对外翻译出版公司 1981 年版。
［加拿大］麦克卢汉：《人的延伸——媒介通论》，何道宽译，四川人民出版社 1992 年版。
孟小平：《揭示公共关系的奥秘——舆论学》，中国新闻出版社 1989 年版。
［捷］米兰·昆德拉：《生命中不能承受之轻》，韩少功译，作家出版社 1989 年版。
［苏］纳奇拉什维里：《宣传心理学》，金初高译，新华出版社 1984 年版。
彭聃龄：《认知心理学》，黑龙江教育出版社 1990 年版。
［美］塞缪尔·亨廷顿：《变革社会中的政治秩序》，李盛平等译，华夏出版社 1988 年版。
沙莲香：《社会心理学》，中国人民大学出版社 1987 年版。
沙莲香主编：《传播学——以人为主体的图像世界之谜》，中国人民大学出版社 1990 年版。
邵道生：《中国社会的困惑》，社会科学文献出版社 1996 年版。
［美］施拉姆等：《报刊的四种理论》，中国人民大学新闻系译（1956），新华出版社 1980 年版。
［美］施拉姆等：《传播学概论》，陈亮等译，新华出版社 1984 年版。
时蓉华主编：《现代社会心理学》，华东师范大学出版社 1989 年版。
［德］舒尔茨：《从传媒的视角看国家、民族、宗教》，华夏出版社 2004 年版。
［美］托马斯·德·曾戈提塔：《中介化》，王珊珊译，上海译文出版社 2009 年版。
［美］托玛斯·刘易斯：《细胞生命的礼赞》，李绍明译，湖南科学技术出

版社 1995 年版。
王海光:《旋转的历史——社会运动论》,上海人民出版社 1995 年版。
[美] 维纳:《人有人的用处》,陈步译,商务印书馆 1989 年版。
[美] 大卫·理斯曼等:《孤独的人群》,刘翔平译,辽宁人民出版社 1989 年版。
谢高桥:《社会学》,巨流图书公司 1983 年版。
[印度] 奥修:《隐藏的和谐》,何文珊等译,上海三联书店 1996 年版。
[德] 雅斯贝尔斯:《存在与超越》,余灵灵等译,生活·读书·新知三联书店 1988 年版。
姚俭建等:《无形的历史隧道》,上海人民出版社 1994 年版。
喻国明等:《中国民意研究》,中国人民大学出版社 1993 年版。
张锦华:《传播批判理论》,黎明文化事业公司 1994 年版。
张雄:《历史转折论》,上海社会科学院出版社 1994 年版。
知非:《中国幼稚病》,中国社会出版社 1996 年版。
钟义信:《信息的科学》,光明日报出版社 1988 年版。
朱学勤:《道德理想国的覆灭》,上海三联书店 1994 年版。
朱学勤:《风声雨声读书声》,生活·读书·新知三联书店 1994 年版。

英文著作或文集

Glasser, T. & Salmon, *Public Opinion and Communication of Consent*, London: the Guilford Press New York London, 1995.

Holt, Rinehot and Winston, *Society for the Psychhological Study of Sosial Issues*, Opinion and Propaganda, 1965. Janowitz, M. & Hirsch, *Reader in Public Opinion and Mass Communication*, Scotland: A Division of Macmillan Publishing Co/Inc third edition, 1981.

Lane, R. & Sears, *Public Opinion*, Prentice-Hall, Inc., 1964.

Lemert, *Does Mass Communication Change Public Opinion after All*? Chicago: Nelson-Hall Chicago, 1981.

Noelle-Neumann, *The Spiral of Silence*: *Public Opinion-Our Social Skin*, Chicago: The University of Chicago Press, second edition, 1993.

Ogle, *Public Opinion and Political Pynanucs*, Hougbton Miffilin Company,

1950.

Oskamp, Attitudes and Opinions, Prentice-Hall Inc. , 1977.

Powell, *Anatomy of Public Opinion*, Prentice-Hall Inc, fourth edition, 1956.

Price, *Public Opinion*, Sage Publication, Inc. , 1992.

Qualter, *Opinion Control in the Democracies*, Macmillan Publishing, 1985.

Schwartz, *What do You Think?* E. P. Dutton & Co/Inc. , 1966.

Small, *Public Opinion Ad Historians*, Wayne State University Press, 1994.

Thurstone, *Attitudescan be Measured*, *Amercian Journal of Sociology*, 1928.

Weiman, *The Influentials People Who Influence People*, State University of New York Press, 1994.

后 记

对于舆论学层面的研究无论是偏重社会学还是偏重社会心理学都是浩瀚的。在相当长的一段准备时间当中通过阅读大量的相关书籍去探求合适的线索，找寻理想的端口。关于舆论的解读大多数情景下首先被置于现象的分析当中，但正如我们知道的，其最终的目的并不仅仅是诠释现象，而是要找到一些核心和实质的因子并产生应对的思路。进入到舆论引导层面，舆论本身存在的基因就会逐渐发生作用，确定舆论的方向、强度、密度等并不完全是在其出现之后才去通过各种数据进行定位，或者这并不是一种十分明智的做法。找到这些基因存在的方式和其作用的环境或许可以做到在舆论引导层面的未雨绸缪。这就需要我们进一步去探究一些深度的问题，去剖析有关舆论基因的本质，正如是否能够找到这些基因的端粒酶一样，它召唤着从行为结构到心理解构的反向判断。

在舆论产生和发展的过程中个体行为和群体行为的表现都是一定心理势能转化的结果。不同的舆论表达可能是个体认知、态度、情感差异在他们“关心领域”的具象反映；较为一致的舆论表达则可能是群体心理和社会当中存在的主流文化心理的作用结果。不论如何，正常的社会人在产生行为之前是慎重的，正所谓“三思而后行”，他们需要积累足够的认知去达到向相对稳定的态度的转化，而态度一旦形成就很快成为人类评价系统中具有决定性意义的要素，是否产生行为、产生怎样的行为都有可能在这一环节之后被定向。人类社会的舆论行为也遵循着认知—态度—行为这一过程。

从可以感知的舆论行为入手透析舆论人的心理成分和组合价值，这既符合心理学的研究范式，同时又通过这一成熟的思路去挖掘导致社会舆论产生和发展的内在驱动力，并为舆论引导提供可以参考的程式，这正是成书的根本目的。

在近十年的教学研究中，关于舆论学的理解时刻让我战战兢兢，这不仅仅因为它是一门综合性很强的学科，同时是因为每一个时代中人们思想和观念的变化无时无刻不在产生变动，而这一变动往往导致相关的研究沉溺于现象，在舆论牵动神经时即会出现无所适从的不平衡心理，同时这种心理又会迅速地折射到社会当中形成一次次快速的轮回。因此关于舆论学的解读仅仅依靠某一单一的学科是很难最终形成十分准确的分析的。此种情况下，由于自己的知识水平和认识能力以及阅读理解能力的有限，可能对于这一问题的诠释尚未达到一定的高度，但我仍然希望愿读本书的同人给予诚恳的批评和指正，期待醍醐灌顶的教诲。

当完成本书的写作时，我内心更充斥着一种沉重感，常常会想起我的老师曾经不断重复的教诲：用真心去解读知识，用良心去应用知识。时光荏苒，虽然可能并没有完全透彻理解，但是仍然得感谢这种教诲和提点，它让我在成长的过程中获益良多。

在出现懈怠的时候，需要友人和同人的激励。新闻传播学院的领导给予了莫大的支持；同人、好友也给予了鼓励和诸多宝贵的意见。这些见之于情的财富值得我永久珍藏。

卢毅刚

2017 年 11 月　兰州